한 번쯤, 뮤지엄

일러두기

- 현대미술 작품명은 되도록 원제 그대로 표기하고, 고전미술 작품명은 한글 표기를 따랐습니다.
- 본문 내 작품 표기는 ' ' 그림 아래 작품 표기와 영화, 잡지의 경우 〈 〉, 도서명은 《 》를 따랐습니다.
- 미술 전시 특성상 전시 유무가 수시로 바뀝니다. 반드시 해당 미술관의 홈페이지에서 전시 정보를 참고하시기를 바랍니다.

한 번쯤, 뮤지엄

박소영 지음

산하

목차

서문

뮤지엄에 도착한 여러분에게

뮤지엄을 사랑하는 여러분, 환영합니다. 어디론가 여행을 떠날 계획을 세우며 "아, 그래도 뮤지엄 한 군데는 가봐야 하지 않겠어?" 하고 생각할 텐데요. 처음 발 딛는 낯선 곳에서 어느 뮤지엄을 어떻게 돌아봐야 하는지 막막하기도 하지요. 약간의 친절한 안내가 있다면 그 과정이 좀 더 수월할 겁니다. 제가 이 책을 쓰게 된 이유입니다.

저는 유럽을 비롯해 미국과 아시아의 여러 나라, 러시아, 중동까지 전 세계 뮤지엄을 200여 군데 이상 방문해왔습니다. 물론 많은 시간이 들고 비용도 만만치 않았답니다. 다녀온 여러 나라의 뮤지엄 중 어디를 소개할까 고민이 많았는데요, 여러분께 소개할 곳은 바로 미국의 뮤지엄입니다.

왜 미국인가 의문을 갖는 분도 있을 거예요. 그동안 곳곳의 세계 뮤지엄을 다녀보며 느낀 것은 의외로 '자본의 중요성'이었습니다. 예술과 자본? 언뜻 연결이 안 되는 것처럼 느껴집니다. 하지만 생각해볼까요? 지금 당장 좋아하는 화가의 작품을 소장하여 집에 걸고 싶다면 가장 필요한 것은 무엇일까요? 화가에 대한 관심과 애정, 작품에 대한 완벽한 이해가 있다면 그림을 소장할 수 있을까요? 그림은 하나의 재화입니다. 정당한 가격을 지불해야 하지요. 이름 있는 뮤지엄에서 볼 수 있는 그림이라면 상당한 가격을 형성하고 있다는 것쯤은 대부분 알고 있을 겁니다.

누군가 다빈치의 그림을 소장하고 싶다면 다빈치에 대한 해박한 지식과 그림에 대한 안목보다는 (인정하기 싫지만) 아무래도 자본이 가장 중요한 요건일 겁니다. 2017년에 다빈치의 그림으로 여겨지는 '살바토르 문디' 작품의 경우 이를 증명하듯 지구상 가장 비싼 가격에 낙찰이 되었었죠. 경매 수수료를 포함해 약 5억 달러(한화로 6천억 원 이상)에 달했습니다. 낙찰받은 사람(사우디 왕세자, 모하마드 빈살만으로 알려져 있습니다)이 지구상에서 다빈치를 가장 깊이 사랑하거나 가장 많은 연구를 한 사람은 아닐 텐데 자본의 힘으로 소장하게 된 것이죠.

꼭 다빈치가 아니어도 미술 시장에서 인기가 많은 피카소 혹은 반 고흐의 그림 가격을 생각해본다면 예술에서는 '자본'을 무시할 수 없습니다. 불편한 진실입니다만 그렇기에 낙후된 국가에서는 소위 명화라고 일컬어지는 작품을 구경조차 할 수가 없는 것입니다. 예술을 향유하기 위해서는 자본이 필수입니다. 그것도 막대한 자본이요.

도금시대라 불리는 1800년대 후반부터 미국에서는 수많은 부유한 기업가가 탄생하게 됩니다. 제2차 세계대전 이후에는 세계 자본의 중심이 점차 미국으로 이동하게 되는데, 미국이 부의 중심으로 떠오르게 된 이유 중의 하나가 바로 이 성공한 기업가들의 존재였습니다. 이들 중에는 예술을 너무 사랑한 나머지 모든 것을 바쳐 아트 컬렉션에 헌신한 '멋진' 자본가들이 많습니다. 거의 모든 미국의 대도시마다 이러한 자본가들이 한 명도 아닌 여러 명이 존재하며, 유럽의 유명한 뮤지엄을 전부 다 돌아본 저에게도 입이 떡 벌어지는 경험을 선사하는 근사한 뮤지엄을 짓기도 했죠. 미국의 뮤지엄들을 돌아볼 때면 예술에 대한 그들의 열정에 깊은 존경심이 드는 한편, 질투도 났습니다. 우리에게도 거대 자본이 바탕이 된 이건희 컬렉션이 있지만, 미국은 그런 규모의 컬렉션이 도시마다 심지어 여러 곳에 존재하다니요…. 과거 예술의 중심인 유럽 대륙, 특히 프랑스와 이탈리아의 그 꼬장꼬장한 자존심도 자본의 폭격 앞에서는 살짝 수그러지는 모습을 느꼈습니다.

이런 변화 속에서 우리의 교양은 여전히 유럽 회화에 머물러 있는 듯 보입니다. 세상은 변하고 있어요. 현재 살아있는 예술가 중에 가장 비싸게 낙찰된 작품은 미국 예술가 제프 쿤스의 작품입니다. 2018년에 9,030만 달러(한화로 1,000억 원이 넘는)를 기록하며 그 해에 쿤스를 제치고 가장 비싼 예술가가 된 데이비드 호크니도 미국에 거주하는 영국인 예술가입니다. 물론 2019년에 'Rabbit'이라는 작품이 9,110만 달러를 기록하며 쿤스가 다시금 '가장 비싼 작품을 만드는 살아있는 예술가' 타이틀을 거머쥐었지만요.

예술 시장에서는 미국 미술이 급부상하고 있습니다. 이런 상황에서 여전히 한국에서는 미국 미술에 대한 인식이 부족한 듯해 현대미술을 사랑하는 사람으로 아쉽게만 느껴집니다.

저는 이 책에서 뮤지엄에 방문할 때 놓치기 쉬운 부분들을 짚어보려고 노력했는데요, 먼저 가장 중요한 뮤지엄 설립자의 사명과 뮤지엄의 목적 그리고 그에 부합하는 건축과 건축가 이야기, 각 뮤지엄의 주요한 작품과 예술가에 대해 소개합니다. 물론 예술품을 보여주는 것이 뮤지엄의 역할이고 소명이긴 하지만 이 책을 따라가다 보면 작품이라는 나무에 이어 미술관 전체를 숲으로서 조망하고 느껴볼 수 있을 거예요. 건축의 중요성은 1장에서 특별히 다루었으니 꼭 참고해주세요.

책에서 주로 언급되는 현대 예술가들은 1920~1930년대에 태어난 예술가들이 많습니다. 앤디 워홀, 쿠사마 야요이, 도널드 저드, 댄 플래빈, 리처드 세라 등 생소한 작가들도 많겠습니다만, 이들은 서양 미술의 아방가르드를 이어받아 미술 역사의 새로운 페이지를 연 혁신의 예술가들입니다. 이들을 다룬 이 책과 함께 여러분의 교양이 좀 더 넓은 시야로 펼쳐지길 바랍니다. 물론 섭섭지 않도록 유럽의 르네상스와 인상파 등 정통 예술가들도 함께 다루었습니다.

그리고 또 하나 이 책에서 뮤지엄과 예술 작품의 '종교적 역할'을 강조하고 싶었습니다. 예술을 사랑하는 마음으로 예술가들을 후원하며 결국엔 뮤지엄까지 만든 설립자들이 늘 힘주어

말하는 것이 바로 예술의 '종교적 역할'입니다. 예술가들 역시 자신의 작품을 통해 관람자들이 '명상'과 '사유'를 하길 바라고요. 그런데 갑자기 종교라니 무슨 말일까요? 인간은 누구나 불안한 존재입니다. 예기치 못하게 고통스럽고 혼란한 시기를 겪기도 하지요. 그래서 일상의 도피가 필요하고 어디에도 말할 곳 없는 고통을 나누어줄 상대가 필요하죠. 이때 예술 작품들은 훌륭한 대안이 되어 줍니다. 경외의 대상이 되기도 하고 위안의 대상이 되기도 합니다. 마음이 동한 작품 앞에선 눈물을 쏟아내고 속이 후련해지는 경험을 하기도 해요. 동굴에 벽화를 그리고 고인돌을 만들어 석상을 세우던 시절부터 모든 예술은 인간의 불안을 잠재워주고, '내 편'이 되어주는 역할을 했습니다. 마티스는 자신의 작품이 지친 사업가를 위한 안락의자가 되었으면 한다는 말도 남겼지요.

인간은 누구나 살다 보면 슬픔이 압도하는 시간이 찾아옵니다. 인생에 먹구름이 드리우고 공격받는 느낌, 놀라운 타격이 있을 때 저마다의 회복 탄력성은 다 다르기에 누군가는 빨리 우울에서 벗어나고, 누군가는 느리게 벗어나고, 또 누군가는 벗어나지 못한 채 주저앉아버리기도 합니다. 바로 이럴 때 힘들고 지난한 회복을 도와주고 북돋아주는 것이 예술일 겁니다. 세상으로 한걸음 넘어가보려 발버둥 칠 때 발꿈치 밑에 살짝 지지대를 놓아주고, 작은 1그램의 용기를 주는 것이 예술이라고 생각합니다.

좀 더 많은 사람이 이러한 예술의 위로와 치유의 힘을 느꼈으면 하는 마음으로 이 책을 썼습니다. 그럼 이제부터 여러분의 일상의 피곤을 치유하는 여행을 떠나보도록 할게요. 매일매일 현생에 지친 나의 영혼을 쓰다듬기 위해, 사랑하는 그림을 보고 싶은 열망이 차오를 때가 있죠. 이 책이 훌륭한 간접 경험을 선사하는 대안이 되었으면 합니다.

박소영

1장

뮤지엄,
두 시간 안에 알차게 보는 법

뮤지엄은 건축 맛집

뮤지엄을 돌아볼 때 꼭 염두에 두어야 할 것은 무엇일까요. 바로 건축입니다. 세계 유수의 뮤지엄들은 세계에서 열 손가락 안에 드는 건축가들의 각축장입니다. '건축계의 노벨상'이라 불리는 프리츠커상이 있는데요, 하야트호텔 창업자인 시카고의 프리츠커 가문의 이름으로 제정된 상입니다. 이 상을 받은 세계 최고의 건축가들이 자신들의 실력을 마음껏 뽐내는 곳이 바로 뮤지엄이라고 생각해도 무방합니다. 이들이 설계한 뮤지엄은 대부분 근현대에 지어졌지만, 역사적인 뮤지엄들의 대대적인 개조와 확장에 참여하거나 별관 등을 짓는 경우도 많습니다.

그렇다면 왜 세계적인 건축가들이 뮤지엄을 지을까요? 일단 뮤지엄은 불특정 다수를 수용하는 공간입니다. 말 그대로 전 세계의 모든 사람이 방문할 가능성이 있지요. 그렇기에 뮤지엄 건축은 모든 나이대와 직업 그리고 장애우, 자국민과 낯선 여행객 등을 전부 고려해야 합니다. 그러니 수많은 사람이 편리하게 이동할 수 있는 동선이 필수죠. 즉 방문객의 흐름이 명확하면서도 자유로워야 합니다. 큰 공간 속에서 길을 잃거나 내가 방금 있던 전시실이 어디인지 모호해서는 안 돼요. 그러면서도 관람객 개개인의 취향과 개성에 따라 전시실 사이사이를 자유롭게 거닐 수 있어야 하고요. 그리고 전시를 보러오는 방문객과 교육을 목적으로 오는 사람들을 위한 강의와 이벤트 공간, 제일 중요한 뮤지엄 직원을 위한 공간 등을 생각해 직원과 관람객의 동선은 당연히 달라야 합니다.

수장고 역시 중요합니다. 수장고는 영구적 공간과 임시 공간으로 나뉘는데 온도와 습도를 세심하게 신경 써야 합니다. 전시 공간의 조명 역시 중요하게 살펴봐야 합니다. 조명의 밝기는 관람객이 느끼기에 변화가 급격하면 안 돼요.

수장고를 비롯해 대여한 전시물을 싣고 내리는 하역장, 전시실에 이르기까지 뮤지엄은 모든 사람이 거리낌없이 방문할 수 있는 공간임과 동시에 엄격한 보안이 이루어져야 하는 공간입니다. 카페와 휴식 공간이 곳곳에 자리해야 하고, 공공 화장실도 부족하지 않아야 합니다. 한마디로 모든 공간이 뮤지엄의 목적과 사명을 잘 반영해야 합니다.

뮤지엄은 인류에게 보물 같은 예술품을 소장하고 있는 곳입니다. 실제로 국보급 작품들이 즐비한 곳이 뮤지엄이죠. 뮤지엄 건축물 자체는 이 보물들을 품고 있는 보석 상자라고도 말할 수 있을 것입니다. 프리츠커상 수상 건축가 안도 타다오도 비슷한 말을 한 적이 있어요.

이 소중한 보물(예술 작품)을 대할 때 보통 이성보다는 감성적으로 접근하기에 뮤지엄은 감성을 극대화할 수 있는 공간을 구성해야 합니다. 보물을 더욱더 아름다워 보이게, 더욱더 영감을 줄 수 있도록, 감동을 줄 수 있도록 말이죠!

그렇다 보니 파리의 퐁피두 센터, 뉴욕의 MOMA, 런던의 테이트 모던 등은 전부 공모를 통해 최고의 건축 디자인을 선정합니다. 때문에 뮤지엄은 당대의 국제적 관심을 한 몸에 받을 수 있는 좋은 무대가 되고, 예술계와 그 도시를 넘어 나라의 상징이 되기도 합니다.

뮤지엄 숍을 맨 먼저?

보통 뮤지엄을 관람하고 나오면 뮤지엄 숍에 들릅니다. 뮤지엄 동선 자체도 뮤지엄 숍은 전시 관람 후 가도록 조성되어 있습니다. 하지만 제가 드리는 꿀팁은 관람 전에 뮤지엄 숍을 먼저 들르면 좋다는 것입니다.

만약 여유가 있어 외국에서 '한 달 살기' 혹은 여러 날을 머물며 뮤지엄을 관람할 수 있다면 상관없지만 대부분 우리는 외국에 여행 가서 몇 시간, 혹은 길어야 반나절 정도를 뮤지엄에서 보냅니다. 즉 그 뮤지엄이 소장한 모든 작품을 하나도 빠짐

없이 볼 여유가 없다는 것이죠.

한정된 시간에 가장 효율적인 관람을 하고 싶다면, 관람 전 뮤지엄 숍을 한 바퀴 미리 돌아보는 것이 아주 유용하답니다. 뮤지엄 숍엔 그 뮤지엄의 수많은 소장 작품 중에서도 하이라이트들을 모아 굿즈를 만들어 팔고 있습니다. 뮤지엄 숍에서 파는 엽서라든지 기념품들을 보다 보면 "아, 이 뮤지엄에선 이 작품이 유명하구나" "이 작품은 꼭 관람해야겠구나" "이 굿즈를 만든 실제 작품은 어떤 모습일까?" 상상할 수 있어요. 특히 달랑 엽서만 있는 게 아니라 스카프, 우산, 보온병 등 여러 굿즈를 만든 작품이라면 반드시 보아야 할 작품이 되는 것이죠. 즉 뮤지엄 숍에서 그 뮤지엄의 예습을 아주 효율적으로 미리 해볼 수 있답니다. 자신의 취향이 아닌 하이라이트는 건너뛸 계획도 세울 수 있고요.

실제로 전시실에 들어서서 지나칠 뻔한 작품도 뮤지엄 숍에서 본 건데? 하이라이트구나! 하면서 한 번 더 눈길을 줄 수도 있습니다. 앞으로는 뮤지엄 숍에 먼저 들러 관람 계획을 현명하게 짜보는 것도 좋겠죠?

두 번째로 뮤지엄 숍에 있는 도록과 사진집을 유심히 보면 좋습니다. 사진집이 보통 비싸기도 하고 무거워서 구매하기 주저하게 되지만, 뮤지엄 숍에는 대부분 샘플을 비치해두고 있습니다. 이 샘플 도록과 사진집의 사진을 쭉 훑어보면 좋습니다. 뮤지엄의 도록과 사진집은 당연하게도 수준급의 포토그래퍼가 심혈을 기울여 찍은 사진들이 실려 있습니다. 뮤지엄을 방문한 기념으로 맘에 드는 예술 작품 인증샷을 하나 남기더라도 제대로 남기면 좋겠죠. 이때 뮤지엄 숍의 사진집은 훌륭한 교재가 되어준답니다. 뮤지엄 숍에 들러 도록 속 사진만 살짝 참고해 찍더라도 근사한 인증샷을 남길 수가 있습니다.

도슨트는 언제 들어야 할까?

도슨트 투어, 들으려면 시간이 꽤 걸리는데 안 듣자니 작품 이해가 안 되는 것 같고 어떻게 해야 하지? 저도 많은 뮤지엄을 다니면서 과연 이런 유명한 뮤지엄의 도슨트는 어떻게 설명할까 궁금해서 호기심으로 도슨트 투어를 한 적이 많은데요. 어떤 뮤지엄에서는 칠순이 넘은 할머니가 도슨트를 맡은 적도 있었습니다. 깜짝 놀랐죠. 도슨트는 보통 한 시간가량을 돌아다니며 작품 설명을 하는데 말하는 직업을 가진 저로서는 그 일이 얼마나 많은 에너지를 소비하는지 알기에 할머니 도슨트가 적잖게

걱정도 되었습니다.

그런데 자세히 들여다보니 외국의 뮤지엄에서 도슨트란 작품 설명을 하는 사람이 아니었습니다. 관람객에게 작품을 보여주며 '이 작품을 보고 어떤 느낌이 들었나요?'라고 질문을 던지는 사람이었습니다. 정답을 주는 것이 아닌 질문을 하는 역할이 바로 도슨트의 역할이었죠. 자신을 둘러싼 관람객들에게 계속 비슷한 질문을 던지고 그들의 답변을 유심히 들어주며, 그들의 해석에 박수쳐주고 반응해주는 것이었습니다. 제가 애정하는 설치미술 작가 크리스티앙 볼탕스키는 정답이 있다고 말하는 사람은 위험한 사람이라고 이야기하기도 했습니다. 모든 예술 작품은 정답을 주기 위한 것이 아니라 질문을 하기 위한 것이라고 말하면서요.

물론 현대미술은 정해진 답이 없고, 해석이 좀 더 자유로운 반면 르네상스 미술이나 근대 이전의 예술 작품은 어느 정도 답이 있는 작품이기도 합니다. 하지만 세계 유수의 뮤지엄들은 굳이 작품 시대에 개의치 않고 이렇게 열린 방식으로 도슨트 투어를 진행하더군요.

최근 수준급 뮤지엄을 돌아다니며 느낀 점은 '도슨트란 관람객의 상상력을 독려하도록 이끄는 사람이구나'란 것입니다. 관람객에게 작품의 의도나 작가에 대해 설명하는 것이 틀렸다는 것은 아닙니다. 다만 이제 그러한 방식은 과거의 도슨트 방식이 되었다는 것이죠.

예술 작품은 상상력의 산물입니다. 이것은 문학이든 미술이든 어느 분야를 막론하고 공통된 사실인데요. 그렇다면 관람객 스스로의 상상력을 끌어와 관람하는 게 제일 좋지 않을까요?

작가들은 하나의 작품을 완성하기 위해서 자신의 모든 창의력과 상상력, 영혼을 끌어와 작업합니다. 그러나 일단 작품이 세상에 나오면 관람객에게 작품 해석에 대한 바통을 넘긴 상황입니다. 작가의 손을 떠난 것이죠. 그때부터는 관람객들이 어떻게 해석하는지 지켜보면서 설레고 즐거운 시간을 맞이하는 것입니다.

그런데 도슨트의 설명을 듣고 자신의 작품을 본 관람객들이 다 똑같은 해석을 하게 된다면 어떨까요? 작가로서는 솔직히 아쉽겠죠. 관람객 입장에서도 자신만의 상상력을 발휘할 기회가 사라지는 것이고요.

앞으로 예술 작품은 자신이 살아온 경험을 바탕으로 상상하고 감상해보기를 바랍니다. 더 궁금한 점이 있거나 작가의 의도를 꼭 알고 싶을 때 도슨트의 작품 설명을 들으셔도 좋을 것 같습니다.

요즘 뮤지엄에서는 작품명과 정보도 없애는 추세입니다. 보통 작품 옆에 작품명, 작가명, 제작연도, 재료명 등을 기재하는데 그마저도 선입견과 편견을 준다며 없애고 있어요. 물론 관람객이 원할 때는 언제든지 즉시 정보 제공을 할 수 있는 장치를 마련해두고 있지만요.

같은 작품을 보더라도 두 명이 봤으면 두 가지의 해석, 백 명이 봤으면 백 가지의 해석이 나와야겠죠. 관람자가 살아온 인생의 경험에 따라 작품을 보는 눈이 달라야 하고, 관람자의 직업에 의해서도 작품에 대한 시각은 달라져야 합니다. 자유롭고 확장된 해석을 하는 것이 진짜 예술을 대하는 태도라고 생각합니다.

작품은 팔길이 앞에서

작품은 어느 정도의 거리에서 감상하는 것이 제일 좋을까요? 작품마다 여러 방법이 있겠지만 가장 대중적이고 보편적인 방법은 화가가 그림을 그렸던 시점에서 보는 것입니다.

화가는 캔버스에 그림을 그릴 때 손에 붓을 쥐고 그립니다. 아주 특수한 경우가 아니라면 캔버스와 화가의 거리는 팔길이 만큼 떨어져 있습니다. 팔을 뻗었을 때 그림에 손이 닿을 거리죠. 손을 뻗어 붓을 쥐고 그림을 그릴 테니 화가의 시선과 캔버스 사이의 거리는 대부분 팔길이 앞입니다. 그래서 그림을 감상하기 좋은 거리가 바로 팔길이 앞이 되는 거죠. 물론 예외도 있어요. 벽화의 경우 화가가 사다리에 올라가 그림을 그릴 겁니다. 마티스도 벽화를 그리기 위해 아주 긴 숯 막대를 이용해서 밑그림을 그리기도 했으니까요. 또 그리다가 멀리 떨어져서 그림을 살펴보기도 하는 등 상황에 따라 달라질 수 있겠지만, 보통은 팔길이 앞에서 그림을 보면 화가의 시선, 붓의 터치, 물감의 두께, 대상의 질감 등 많은 것을 느낄 수 있어요.

팔길이 앞에서 보았을 때 가장 중요한 건 아마도 화가의 에너지를 느낄 수 있는 점이 아닐까 싶은데요. 화가가 그림에 쏟아부은 에너지, 숨결 같은 것이 고스란히 전해질 수 있겠죠. 이건 제가 한 말이 아니라 미국의 추상화가 마크 로스코가 했던 말이기도 합니다. 화가의 시선에서 감상하라는 것이죠! 저도 100퍼센트 아니 200퍼센트 공감하는 말입니다.

하지만 중요한 그림들은 보통 작품 앞에 차단봉이 놓여 있어 가까이 가기 힘드니 참 아쉽습니다. 모나리자는 오죽한가요. 유리관 안에 전시되어 있어 근처에도 못 가보는 걸요. 예외들이 있지만, 최대한 가까이 다가가 화가의 생각, 시선, 붓칠, 에너지 등을 느껴보면 어떨까요?

유명한 작품인데 왜 난 감동이 없을까?

모든 작품이 나에게 감동을 주느냐? 그건 별개의 문제입니다. 강렬한 느낌을 선사하는 작품도 있고 별 느낌이 안 드는 작품도 있습니다.

"유명한 피카소 작품이라는데 왜 난 아무 느낌이 안 들지?" "아니 이 그림은 뭐야? 처음 보는 그림인데 안 유명한 작품인 것 같은데… 난 왜 자꾸 이 작품을 쳐다보게 되지? 난 이 작품에 꽂힌 것 같아!"

관람객으로서 당연히 느낄 수 있는 감정입니다. 유명한 작품, 무조건 감동해야 하나요? 아닙니다. 제아무리 모나리자라 하더라도 별 느낌이 없다면 그 역시 괜찮습니다.

오래전 《작가의 책》이라는 책을 감명 깊게 읽은 적이 있는데요, 〈뉴욕 타임스〉에서 전 세계 베스트셀러 작가들을 인터뷰한 책입니다. 《해리포터》의 조앤 K. 롤링부터 알랭 드 보통 등 내로라하는 작가들이 인터뷰에 참여했답니다. 제가 코를 찡긋하며 흥미롭게 읽은 부분은 노벨문학상을 탄 작품도 감동이 없었다는 몇몇 작가들의 솔직한 이야기였습니다. 평생 글쓰기를 업으로 삼으며 국제적으로 인정받은 작가들에게도 노벨문학상 작품이 전혀 이해가 되지 않는 것입니다. 하물며 글쓰기가 업은커녕 1년에 몇 권 읽기도 벅찬 우리 같은 일반 독자에게 여느 문학 작품이 이해가 가지 않는 건 당연할 수 있다는 것이죠.

예술 작품 역시 마찬가지인데요. 모나리자는 '유명한 것으로 유명한' 작품입니다. 실제로 그 작품은 가까이에서 감상하는 것이 전혀 불가능할뿐더러 작품 앞에 5분 서 있기도 힘듭니다. 루브르 뮤지엄은 1960년대에 모나리자의 보험가를 천문학적으로 산정한 적이 있는데, 그 뒤론 보험가를 매기는 것이 없어졌다고 합니다. 보험가를 훨씬 넘는 막대한 금액을 이미 보안에 지출하고 있기 때문이죠. 매년 루브르 뮤지엄에 방문해 단 하루도 예외 없이 수많은 인파가 모나리자 앞에 북적이는 것을 보지만, 그때마다 깜짝 놀라곤 합니다. 제대로 볼 수 없는 그 작품을, 그 많은 관람객들 중 과연 얼마나 깊이 이해하고 감명받을까요.

저는 되도록 그림 가까이에서 5분 정도는 감상하기를 권유합니다. 작품 앞에서 찬찬히 들여다보면서 붓의 터치나 화가가 이젤을 어느 위치에 놓고 그렸는지, 사물을 어떤 앵글로 본 것인지 등을 생각하며 마음을 열고 화가의 생각들을 쫓아가보기를요.

작가와 관람객 사이에는 '공명'이라는 것이 존재한다고 생각해요. 아무리 유명한 작품이라 하더라도 나와는 주파수가 맞지 않는 작품이 있습니다. 반면에 아무도 안 쳐다보는 것 같은 작품도 어쩐지 눈을 뗄 수 없다면 나와 그 작가는 공명하고 있는 것이죠. 작품을 보았을 때 설레고, 기분이 좋아지고, 스트레스가 풀리고, 나의 고통과 지옥이 조금 느슨해지고 희석될 수 있도록 해준다면 그게 바로 '나와 통하는 작품'입니다.

작품 하나를 놓고 보더라도 누군가에겐 감동이 되고 누군가에겐 아무 느낌이 없듯이 관람객들은 작품에 대해 여러 가지 의견을 가질 수 있습니다. 때문에 혼자 보는 것보다는 적어도 뮤지엄을 좋아하는 일행과 함께 가는 것이 더 좋습니다. 나의 시점과 타인의 시점이 이렇게 다르구나 하는 걸 느끼면서 '광각의 시야'를 가질 수 있기 때문이죠. 최근 미국의 거대한 뮤지엄들의 도슨트 투어도 이런 방식으로 이루어지고 있고요.

얼마 전 인문학 강의 촬영을 하다가 담당 PD에게 이런 이야기를 들은 적이 있습니다. 여행에서 행복한 순간이란 좋은 풍경과 좋은 장면을 보면서 "너도 봤어? 멋지지? 대박이지?" 이런 느낌을 공유할 때라고 하시더라고요. 정말 맞는 말이었어요. 예를 들어 같이 간 일행과 똑같은 작품을 보면서 "반 고흐 그림 봤어? 물감 봐, 두껍지? 아직도 안 마른 것 같아! 와 붓칠을 어떻게 저렇게 했지?" "이거 봐 마이클 하이저. 와, 진짜 놀랍지? 스케일 찢었다, 작품 속으로 추락할 것 같아" 하며 서로의 느낌을 공유할 때 감동은 두 배가 되는 것 같습니다. 반대로 전혀 의견이 다를 때도 나만의 시야가 아닌 다른 이는 저렇게 느낄 수 있구나 하면서 내 관점을 확대해볼 수 있는 장점도 있지요.

예술이란 내 의견이 옳다고 우기는 것이 아닙니다. 다른 이의 해석과 관점도 포용하면서 시야를 넓혀가는 것이지요. 예술엔 정답이 없으니까요.

자, 이제부터는 미국으로 가 세계 유수의 작품들과 그 작품들을 품고 있는 뮤지엄들의 이야기를 해보려고 합니다. 다음 장부터 집중해주세요.

2장

가자 뉴욕으로!_뉴욕

디아 비컨
: 압도적인 현대미술 창고

가장 먼저 방문할 곳으로 디아 비컨Dia Beacon을 선택했습니다. 많이들 알고 있는 메트로폴리탄 뮤지엄이나 MOMA가 아니어서 의외라고 생각할 수도 있는데요. 뮤지엄 크기나 소장품 규모 면에서 이곳만큼 '우와' 소리가 나오는 곳도 많지 않을 겁니다.

디아 비컨은 뉴욕 맨해튼의 북서쪽 비컨 지역에 위치합니다. 뉴욕의 그랜드센트럴 역에서 허드슨 라인 기차를 타고 한 시간 반가량 이동해야 하죠. 비컨 역에 내리면 도보로는 10분 정도

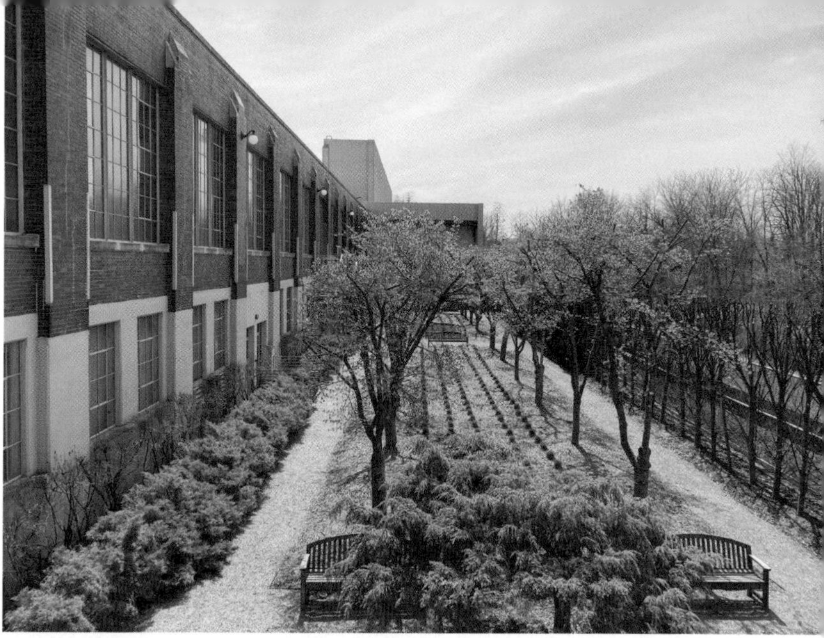

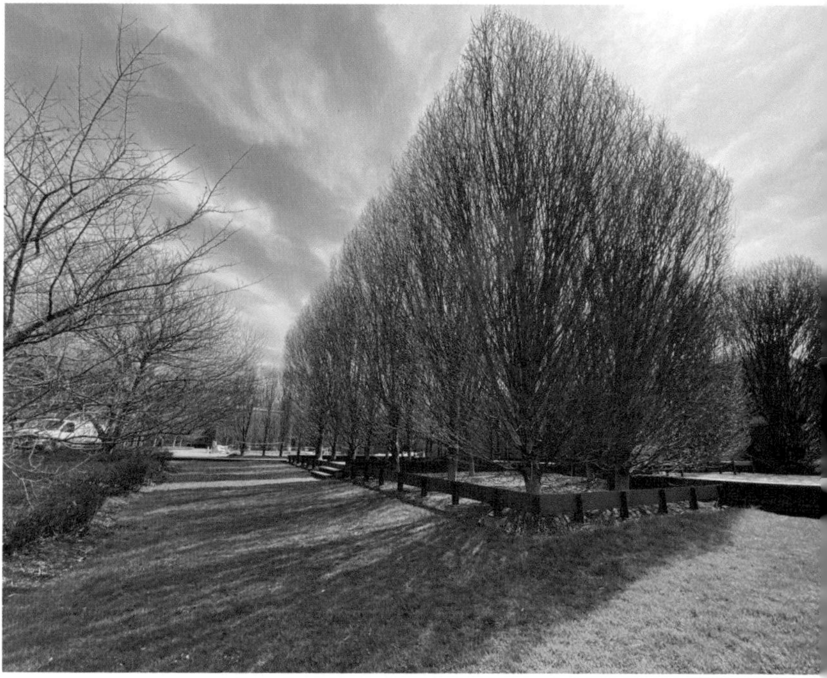

•로버트 어윈의 손길이 닿은 디아 비컨의 전경

걸려요. 이곳은 1929년 오레오 쿠키로 유명한 나비스코 과자 브랜드의 약 8,000평에 달하는 공장 지대에 만들어졌습니다. 기둥과 기둥 사이가 어마어마하게 넓어 현대미술과 설치미술을 전시하기에 더없이 완벽한 곳이었죠.

2003년, 디아 비컨은 드디어 로버트 어윈의 디자인 아래 압도적인 뮤지엄으로 탈바꿈합니다. 댄 플래빈, 리처드 세라, 마이클 하이저 등 현대미술 작품을 위해 특별히 설계된 곳이라 이들의 작품을 마주할 때 더욱 남다른 감동이 전해져오는 곳이기도 합니다.

디아 비컨은 디아 재단에서 만든 뮤지엄으로 비컨 말고도 여러 전시 공간을 보유하고 있습니다. 뉴욕 첼시에 디아 첼시, 웨스트 브로드웨이에 월터 드 마리아의 '브로큰 킬로미터'를 전시한 공간, 뉴멕시코에 역시 드 마리아의 '라이트닝 필드'를 전시한 공간 등이 있죠.

디아 재단은 이 책 휴스턴 편에서 설명할 '메닐 컬렉션'의 설립자인 메닐 부부의 딸, 필리파 드 메닐이 세운 재단입니다. 이 뮤지엄의 설립 의도를 듣고 나면 전율이 올 만큼 대단한데, 메디치 가문처럼 역사에 남는 예술가 후원 재단을 만들어 21세기의 셰익스피어를 탄생시키려는 의도였지요. 메닐 컬렉션에서 자세히 설명하겠지만 필리파의 어머니인 도미니크 드 메닐은 슐럼버거 석유 회사의 상속자였기에 실제로 르네상스 시절 메디치 가문에 버금가는 자금력을 보유하고 있었죠. 필리파의 남편이자 디아 재단의 공동 설립자였던 하이너 프리드리히는 앤디 워홀이나 댄 플래빈 같은 작가들이 곧 미켈란젤로나 도나텔로만큼 역사에 남을 것으로 생각했습니다.

제가 놀라웠던 사실은 프리드리히가 이미 그 당시, 즉 제2차 세계대전 이후의 예술 흐름이 르네상스와 버금갈 만큼 예술사에서 큰 위치를 차지할 것이라 예측한 것인데요, 서양의 미술사는 아방가르드의 역사입니다. 늘 새로움에 목말라 있는 예술사의 한 시점에서, 실제로 인상파와 입체파 이후 미국의 현대미술은 커다란 반향을 일으키게 됩니다. 프리드리히의 혜안과 야망이 정확히 맞아떨어진 것이죠.

디아 재단은 도널드 저드나 드 마리아 같은 이들을 제한 없이 후원하고 지금과 같이 멋진 컬렉션을 보유하며 미국 현대미술사에 한 획을 긋게 됩니다.

조각의 새로운 정의,
도널드 저드와 Untilted(1976)

도널드 저드Donald Judd, 1928~

1994는 자신의 작품은 절대 조각이 아니며 미니멀리즘-단순한 형태와 기하학적 표현이 주를 이루는 예술사조- 또한 아니라고 지속해서 주장했습니다. 그는 스스로 '이것이 조각인가?'라고 물으면서 "노!"라는 확신에 찬 대답을 할 수 있도록 작업했는데요, 그림도 조각도 아닌 새로운 3차원의 작품. 여러분도 궁금하지 않으세요?

컬럼비아 대학에서 철학을 전공한 저드는 1960년대부터 아주 미니멀한 기하학적인 상자를 바닥에 놓거나 벽에 걸기 시작했습니다. 상자들은 언뜻 보기엔 영락없이 가구 아니면 조각처럼 보였죠. 하지만 저드의 주장처럼 그것은 조각이 아니었습니다.

저드가 생각할 때 조각은 무겁고 꽉 찬 무엇인 듯했습니다. 알베르토 자코메티의 작품에서 보이듯이 사람을 형상화한 것처럼 느껴졌고요. 저드에게 조각이란 엄청난 볼륨과 질량의 상징과 같았죠. 그래서 오히려 그는 속이 텅 비어 있는 듯한, 마치 가볍고 얇은 종이 같아서 공기도 통할 수 있을 듯한 플렉시글라스 등을 재료로 썼습니다. 즉 '비어 있음'을 모티브로 작업을 한 겁니다. 플렉시글라스는 컬러가 외부를 겉도는 것이 아니라 그 안에 포용되어 있습니다. 그래서 저드의 작품은 완벽한 비율을

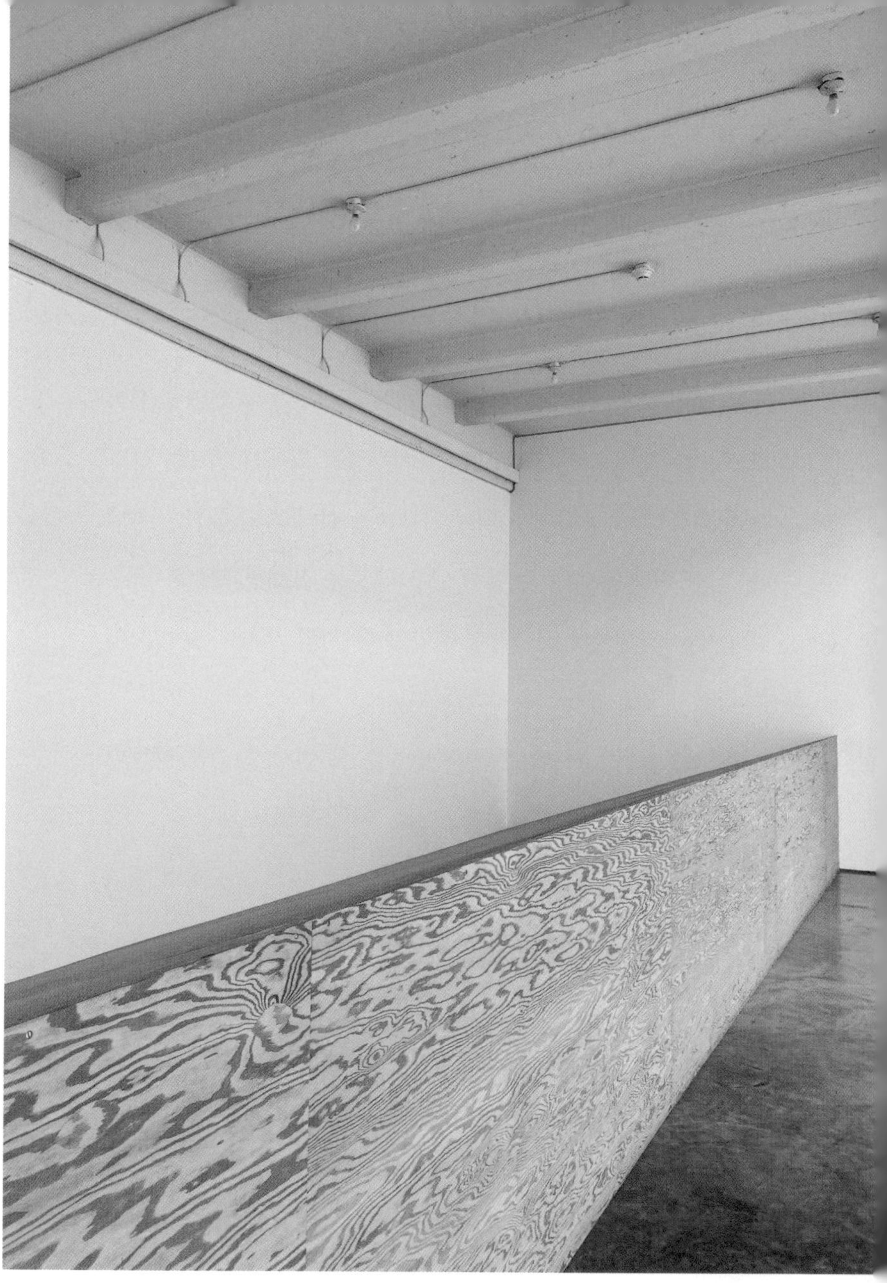

•도널드 저드, 〈Untitled〉, 1976
큐알 코드를 열면 전체 작품을 감상하실 수 있습니다.

자랑하는 시각적 즐거움을 주지만 왠지 모르게 고독과 공허함이 배어나옵니다. 이런 점 때문에 저 역시 저드의 작품을 사랑합니다.

조각이란 또한 장인 정신으로 빚어내는 느낌이 듭니다. 예를 들어 로댕의 작품을 떠올려봐도 아주 세심하게 작업한 느낌이죠. 이러한 전통적인 조각 방식을 거부하기 위해서 저드는 산업형 방식을 취해 공장에서 찍어 나오는 느낌의 작업을 한 것입니다. 이를 위해 알루미늄, 합판 같은 새로운 산업형 재료를 사용했고, 정사각형이나 직사각형 모양의 한 치의 오차도 없어 보이는 작품을 만들었죠.

저드는 뉴욕 소호에 본인의 작업실 겸 전시 공간을 만들어 그 빌딩 3층에서 주로 작업했는데요, 지금도 저드 재단이 그 장소에 자리하고 있습니다. 이후에는 텍사스 마르파로 옮겨 치나티 파운데이션The Chinati Foundation에서 저드의, 저드를 위한, 저드에 의한 작품을 구상하게 됩니다.

저드는 상자를 하나 만들더라도 그냥 단순한 상자는 만들고 싶지 않았습니다. 다시 한번 보게 되는 흥미로운 상자를 만들고 싶었죠. 열려 있고 닫혀 있고 투명하고 불투명한 흥미로운 물건을요.

그런데 이런 상자들은 당연한 이야기지만 바닥에 놓이거나 아니면 벽에 걸어야 하죠. 때문에 작품들은 자연스럽게 벽, 바닥, 천장 등과 유기적인 관련을 맺게 됩니다. 하지만 주변과의 연관성을 벗어나 작품 그 자체에만 집중해야 하는 것이 바로 저드의 작품입니다. 저드의 작품은 똑같은 비율과 똑같은 선으로 만들어져 작품 사이에 아무런 계층 차이가 없습니다. 모든 것이 같죠. 점진적으로 커지거나 달라지거나 하는 것 없이요. 저는 이런 저드의 작품을 보곤 어느 것도 우월하거나 뛰어나지 않고 모든 것이 평등하다는 점을 시사하는 것 같아 깊은 감동을 받았답니다.

이쯤에서 저드의 작품에 얽힌 일화를 말씀드려야겠네요. 저드의 작품은 언뜻 볼 때 작품인지 아닌지 모호했던 모양입니다. 저드의 작품을 운반하던 사람들도 공장에서 찍어 나온 산업 제품으로 오해한 나머지 표면에 라벨 스티커나 포장 테이프를 붙이곤 했습니다. 청동이나 대리석이었다면 보통 조각품이라고 인지했을 텐데 그냥 알루미늄 혹은 합판 표면이다 보니 작품이라곤 생각하지 못했던 거죠. 그뿐만 아니라 전시장을 찾은 관람객들에게는 의자나 테이블로 인식되어 수많은 관람객이 작품 위에 지갑을 올려놓거나 팔꿈치를 기대곤 했습니다. 저드는 이에 대해서 매번 상처받고 분통을 터트렸는데 뮤지엄 직원들마저도 이에 대해 부주의했고, 대중은 정말이지 끔찍했다고 회상합니다. 한껏 매너를 지킬 것 같던 수트를 차려입은 깔끔한 외모의 남자는 저드의 작품에 올라가 마구 두들기기까지 했죠. 작품은 당연히 다시 제작해야 했습니다.

저드의 작품이 그러한 수모를 당한 지도 몇십 년이 지났습니다. 하지만 상황은 여전히 바뀌지 않은 듯합니다.

작품은 지금 현재에만 하루 이틀 존재할 것이 아닙니다. 500년이 넘은 모나리자처럼 혹은 그리스로마 시대 유물처럼 앞으로도 되도록 오랜 기간 인류 곁에 함께 해야 할 보석 같은 존재들입니다. 후세를 위해서 지금 만지고 싶은 유혹을 조금만 참아주시면 좋을 것 같네요. 물론 작품을 유물 모시듯 취급하는 것이 언제까지고 정답일 수는 없습니다. 뮤지엄에서 행동의 제약을 받는 것이 유쾌하지는 않으니까요. 때문에 최근에는 여러 미디어아트 작품(몰입형 아트)에서 직접 만지고 냄새를 맡는 등 오감을 이용할 수 있도록 하는 것이 트렌드이기도 하죠. 또한 뮤지엄의 낡은 유물을 현대의 작가들이 직접 새로운 작품으로 탄생시키는 멋진 작업도 이루어지고 있습니다. 앞으로의 예술은 여러 형태로 이루어질 것에 저도 기대가 되고 설렙니다.

평범한 형광등으로 빚어낸 예술,
댄 플래빈과 Monument 4(1966)

댄 플래빈Dan Flavin, 1933~1996의 경력은 매우 독특하고 흥미로운데요, 뉴욕에서 미술사를 공부하던 시절, 구겐하임 뮤지엄에서 우편실 직원으로 일했고 MOMA와 자연사 박물관에선 경비원으로 일한 적도 있습니다.

이때 플래빈은 길거리에서 흔히 볼 수 있는 버려진 캔을 재료로 처음 작업을 시작했습니다. 그후 가장 흔하게 볼 수 있고 아무런 가치도 없어 보이는 형광등으로 고급 예술 세계에 도전하게 됩니다. 네, 맞아요! 특별 제작한 컬러풀한 네온사인이 아니라 그냥 형광등이요. 너무나 놀랍죠? 쓸 수 있는 색도 제한적이었습니다. 대량 생산되는 기성품 형광등은 열 가지 색뿐이었거든요. 모양 역시 원형 아니면 직선의 형광등뿐이었죠. 플래빈은 한계가 명확한 재료로 빛을 연구하기 시작합니다. 형광등이 발산해내는 빛 자체가 하나의 작품이 된다는 것은 상당히 파격적입니다. 플래빈은 모든 종류의 형광등으로 굴절과 반사 등을 연구해 무수한 작품을 제작했습니다. 세상에 존재하는 다채로운 재료로 무언가를 만든다는 것은 누구나 할 수 있을지 몰라도 이토록 평범하고 의미 없는 재료를 가지고 수많은 예술품을 만들어낸다는 것이 플래빈의 독보적인 능력이라고 생각합니다.

디아 비컨에 가면 시멘트 벽을 캔버스로 활용해 다양한 방식으로 전시된 플래빈의 형광등 작품을 볼 수 있는데요. 어떤 작품은 벽에 있는 한편 어떤 작품은 벽 코너에, 어떤 작품은 바닥에 닿기도 하고, 사선으로 떨어져 있기도 합니다.

큐알 코드를 열면 녹색의 형광등으로 제작된 플래빈의 작품 'Untitled(to you, Heiner, with admiration and affection), 1973'을 만나볼 수 있습니다. 이 작품은 특별히 자신을 지지하며 끊임없이 후원해준 디아 비컨 설립자 하이너 프리드리히에게 헌정한 작품입니다. 저도 몰랐던 사실인데, 녹색이 가장 밝은 형광이고 빨강의 형광은 가장 만들어내기 어렵다고 해요. 색이 대담하지 않고 차분하게 가라앉아버린다고 합니다. 디아 비컨에 전시되어 있는 빨강 형광등의 작품 'Monument 4'는 베트남 전쟁의 폭력과 유혈 사태를 기념하기 위해 만든 작품이지만, 보고 있자니 무섭다기보다는 안타까운 느낌이 들었어요. 그 때문에 더욱 작품 의도와 어울리는 것 같다는 생각도 들었습니다. 유혈 사태에 스러져간 사람들의 핏자국은 무섭고 대담하다기보다는 애잔하고 애처로운 느낌에 가까울 테니까요.

형광등이란 무엇일까요? 어두운 공간을 밝히는 역할을 하죠. 플래빈은 형광등에서 죽은 공간을 살려내는 힘을 본 것입니

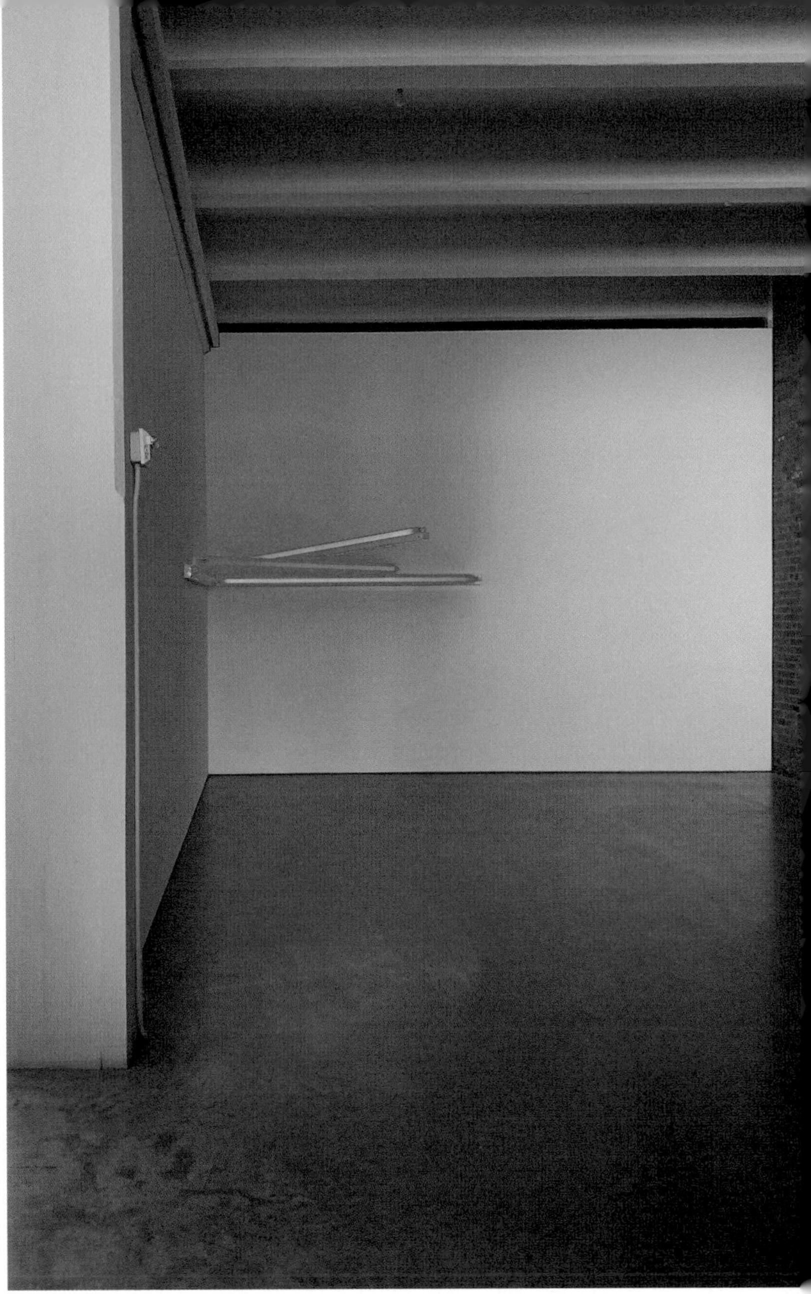

• 댄 플래빈, 〈Monument 4 for those who have been killed in ambush (to P.K. who reminded me about death)〉, 1966

다. 그러면서도 아주 강렬하게 관람자들의 시선을 사로잡을 수 있었죠. 플래빈의 작품은 빛을 발하는 형광등 자체뿐 아니라 형광등이 비추는 색색의 공간까지도 예술로 바라봐야 합니다. 하지만 저는 플래빈 작품을 볼 때 형광등이 꺼지는 순간도 상상해보았습니다. 빛을 발산해내지 않는 꺼진 형광등은 이 전시실 공간 내에서 얼마나 압도적인 공허함을 줄까 생각하니 형광등이 그냥 형광등으로 보이지 않았죠.

예술사에서 거의 시도된 적 없는 형광등 예술. 남들은 그냥 지나쳤을 것에서 의미와 아름다움을 발견한 플래빈이 진정한 예술가처럼 느껴집니다. 형광등을 통해 플래빈은 공장에서 찍어낸 기성품이 주는 묘한 매력, 권위에 대한 반항과 도전, 그리고 탈개인화라는 사회적 의미마저 표현해냈죠.

예술이란 기존 관습에 저항하는 것이지요. 마트에서 파는 것을 사다가 썼다는 것은 원하는대로 제작이 가능한 네온 작품과는 또 다른 의미를 가질 겁니다.

시도된 적 없는 재료로 독특한 자신만의 세계를 만든 플래빈의 작품이야말로 이 예술의 정의에 꼭 맞게 부합하는 게 아닐까요?

트라우마를 예술로 승화시키다, 루이즈 부르주아와 Crouching Spider(2003)

인간이라면 누구나 가지는 두려움은 무엇일까요? 가장 먼저 생존에 대한 불안이 있을 거예요. 이 불안의 힘은 너무나 강력해서 1분 1초도 쉬지 않고 우리를 불안에 떨도록 만들 수도 있죠. 그리고 이에 버금가는 불안은 또 무엇일까요? 아마도 버려지는 것에 대한 불안이 아닐까 생각해봅니다.

버려진다는 것, 얼마나 가혹하고 얼마나 사람을 한계 없이 무너지게 하는 단어입니까? 루이즈 부르주아Louise Bourgeois, 1911~2010는 인간의 보편적인 감정을 비롯해 스스로 느껴오던 롤러코스터 같은 감정을 100세 가까운 일생 내내 한결같이 다루었던 작가입니다. 그 감정이란 외로움, 질투, 혐오, 분노, 폭력, 복수, 절망, 불안, 우울, 두려움으로 이루어진 트라우마였는데, 그의 어린 시절 경험에 그 뿌리를 두고 있습니다.

부르주아가 세 살 무렵 벌어진 제1차 세계대전은 그의 무의식에 전쟁에 대한 공포를 깊게 자리잡게 만들었습니다. 실제로 죽음이 어디에나 흔하게 있을 수 있다는 것은 그에게 평생토록 큰 공포감을 안겨주었죠. 게다가 제1차 세계대전에서 부상을 당해 병원에 입원한 그의 아버지는 매력적인 외모 때문인지 간호

사들에게 인기가 많았습니다. 부르주아는 그때 어머니와 아버지의 불화를 기억합니다. 전쟁의 공포와 함께 부모에 대한 불편한 기억은 부르주아를 평생 짓누릅니다.

하지만 그건 시작에 불과했습니다. 다섯 살 무렵, 어머니가 아프기 시작하자 부르주아는 어머니의 병간호를 위해 자신의 삶을 희생하게 됩니다. 10대 시절엔 프랑스 남부의 온천을 옮겨 다니며 어머니 요양에 힘써야 했습니다. 어머니의 보호자 역할을 하게 된 것이죠. 이즈음 부르주아를 더욱 괴롭게 만든 건 가정교사 새디 고든 리치몬드와 아버지의 관계였습니다. 새디는 같은 집에서 10년간 살며 부르주아 가족의 가정교사로 일했는데, 어느새 아버지와 연인 관계가 된 겁니다. 새디를 친언니처럼 따르고 좋아하던 부르주아는 엄청난 충격에 휩싸입니다. 부르주아는 아버지와 새디 둘 모두에게 배신당했다고 느꼈고, 이를 '이중 배신'이라 불렀습니다. 부르주아의 작품에서 계속해서 언급되는 '질투'와 '분노' 그리고 '버려지는 두려움'에 대한 감정의 중심엔 바로 이 사건이 있었던 것이죠. 그때 부르주아는 새디의 목을 비트는 상상을 계속했다고 합니다. 하지만 그에게 가장 최악의 고통을 안겨준 건 역시 어머니의 사망이었습니다. 부르주아는 십여 년간 어머니를 돌보며 어머니와 자신을 동일시하기에 이르렀는데요, 그렇기에 자살을 시도할 만큼 정신적 혼란을 겪게 됩니다. 한편 아버지는 어머니의 죽음에 놀라울 정도로 무관심했을 뿐만 아니라 심지어 힘들어하는 그를 비웃기까지 했다고 합니다. 그때 부르주아가 느낀 감정을 뭐라고 표현해야 할까요? 처참함? 연약함? 망연자실? 아니면 분노를 느꼈을까요?

부르주아의 기억들은 그를 평생 최고의 강도로 뒤흔들고 괴롭혔습니다. 하지만 도려낼 수 없었죠. 그래서 부르주아는 예술가가 되었습니다.

결혼 후 미국으로 터전을 옮긴 부르주아는 아이들을 낳고 안정적으로 잘 지내는 듯했습니다. 그러나 그것도 잠시 30대 말부터 다시 불안 증세를 느끼기 시작합니다. 불면증이 심해지고 우울증과 분노가 그를 지배하기 시작한 거죠. 이 불안은 50대까지도 계속되었고 24시간 내내 불안하다고 말할 정도였습니다. 이때 그에게 확실한 비상구 역할을 해준 것이 바로 작품입니다. 그 스스로 이를 인지하면서 작품 세계도 변화하게 되죠. 그는 예술이 있어서 살아낼 수 있었고, 또 살 수 있었다고 합니다. 그가 말하기를 예술이 없었다면 자기의 삶이 지속될 수 있었을까, 늘 의문을 품었다고 합니다. 누군가를 죽이든지 스스로 죽든지 했을 거라 하니… 듣기만 해도 정말 마음이 아프네요.

디아 비컨에는 부르주아의 많은 작품이 전시되어 있습니다. 다락방이라고 일컫는 곳에 스무 작품 넘게 전시되어 있는데, 'Crouching Spider' 작품도 이곳에 있습니다. 부르주아는 보이지 않는 자신의 경험과 감정을 실제의 세계로 옮겨와 보이는 형태로 만든 것이 작품이라고 이야기했습니다. 감정을 형체로 빚어낸 것이 바로 작품이라는 거죠. 자신의 무의식 속 과거와 불안들을 받아들이고 해결할 수 있다면 다행이지만 해결이 안 된다면 그 괴로움이 바로 여러분을 예술가로 만들 것이라고 했죠.

부르주아의 대표작은 역시 'Maman'이라고 일컫는 거대한 거미일 겁니다. 2000년에 테이트 모던에 처음 설치된 작품으로 마망이라는 단어는 1940년대부터 그의 일기장에 등장합니다. 아시다시피 '엄마'라는 뜻인데 왜 거미가 엄마가 된 걸까요? 예술 작업을 하던 초기에 부르주아는 어머니의 태피스트리에 영향을 받아서 바느질 작품을 많이 만들게 됩니다. 그는 오래도록 낡아빠진 어머니의 바느질 천을 버리지 못했는데, 자기 스스로가 버림받았기 때문에 그 바느질 천들을 차마 버릴 수 없었다고 해요.

이후에는 입에서 실을 뽑아내는 고치나 거미로 관심이 옮겨갔고 또 나선형에도 집착하게 됩니다. 이 나선형 작품을 보면

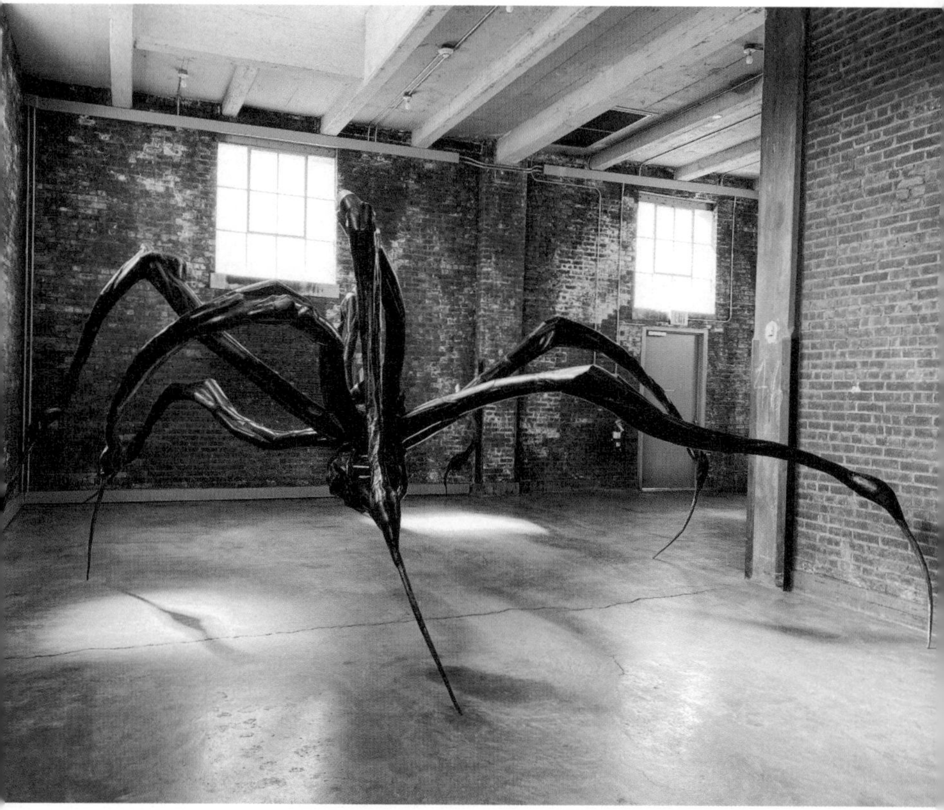

•루이즈 부르주아, 〈Crouching Spider〉, 2003

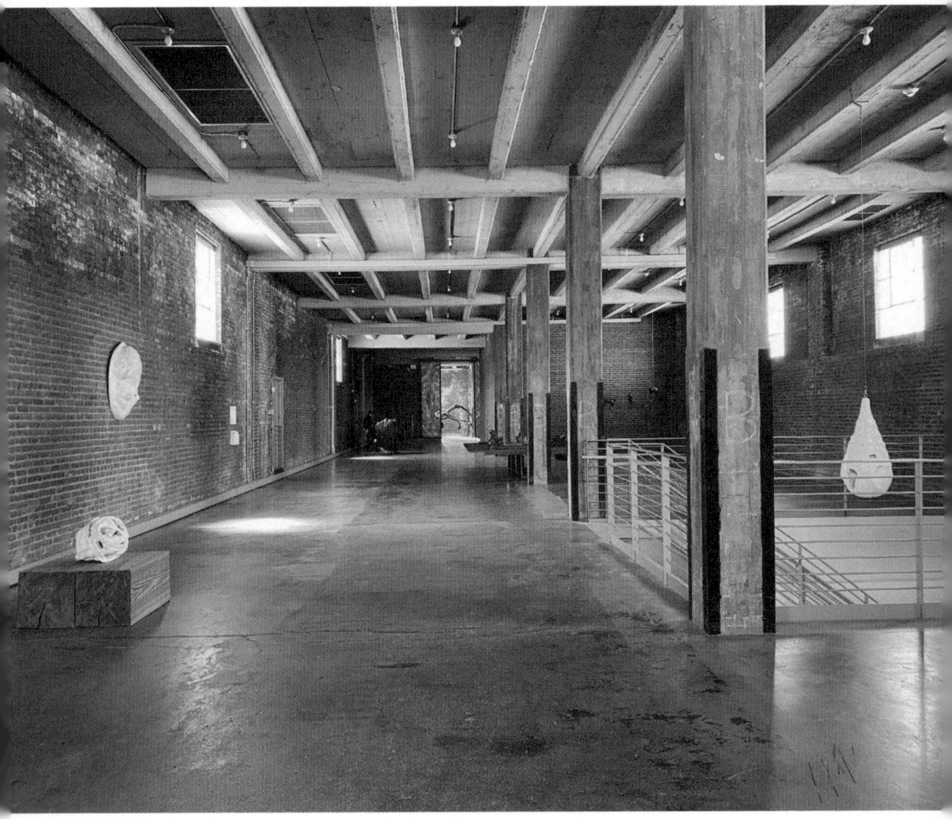

•부르주아 작품들이 전시된 디아 비컨의 다락방

거미줄이 생각날 수밖에 없는데요. 그에게는 입에서 계속 거미줄을 만들어내는 거미가 바로 실, 즉 바느질을 상징하는 그의 어머니였던 거죠.

거미는 어머니를 형상화한 것으로 자신이 병간호하며 스스로와 동일시했던 어머니이기도 하고, 또 부르주아가 실제로 출산 이후 자신을 엄마로 여겼던 점과도 맞닿아 있습니다. 저는 거미를 묘사한 부르주아의 글을 읽고 눈물을 한 바가지 쏟은 적이 있어요. "내 최고의 친구는 엄마. 엄마는 신중하고 똑똑하고 참을성 있고, 진정시켜주고 합리적이고 섬세하고 미묘하고 꼭 필요하고 실용적이고 깔끔해. 마치 거미처럼." 루이즈 부르주아의 글을 읽고 난 뒤 어느 날 창문에 붙은 거미를 보았는데, 연민이 폭발하면서 그 거미가 다르게 보이기까지 했어요.

육중하고 거친 거미 작품을 통해서 부르주아는 범상치 않은 모성애를 표현했습니다. 이 거미는 부드럽고 인자한 모습보다는 사납고 공포스러운 모습인데, 그 밑에 들어서면 보호받고 있다는 느낌마저 드는 것이 신기합니다. 폭력적이고 거칠지만 안온함이 느껴지는 이율배반적인 감정이 드는 작품입니다. 사실 우리 모두 어쩌면 부모님에게 이런 감정을 느끼고 있지 않나 생각해보는 계기도 되었습니다. 이 작품은 인간이라면 그리고 특히 부르주아의 경우라면 끊임없이 추구할 수밖에 없는 모성애와 그 이면의 폭력적인 모습까지 담은 정말 엄청난 작품입니다.

가장 압도적인 앤디 워홀의 작품, Shadow Series(1978–1979)

저를 현대미술의 세계로 이끈 아티스트를 묻는다면, 주저 없이 앤디 워홀Andy Warhol, 1928~1987을 꼽겠습니다. 지금도 워홀의 작품을 보면 이유 없이 가슴이 뛰고 설렙니다. 그는 항상 논란의 중심에 자리한 현대 미술의 올라운더였습니다. 그리고 예술이라는 고급진 귀족 이미지를 벗어던지고 상업적인, 즉 '팔리는' 마켓 예술이라는 개념까지 만들어낸 장본인이죠.

워홀은 상업 광고 예술로 커리어를 시작해 그만의 독보적인 세련미와 독특한 개성을 가진 구두 일러스트레이터로 명성을 떨쳤습니다. 1960년대에 들어서는 뉴욕에 온통 실버 컬러로 휘감은 '더 팩토리(The Factory)'를 만들었고, 이곳에서 이름에 걸맞게 실크스크린 기법을 이용해 공장에서 찍어내듯 예술 작품을 만들어나가며 팝아트 예술가로서의 정체성을 확고히 해나갑니다. 얼마나 유명한지 〈타임지〉에도 실리게 되지요. 곧이어 미국을 상징하는 전설의 '캠벨수프' '코카콜라' 등에 이어서 '브릴로 박스' 시리즈를 제작합니다.

하지만 1968년 스튜디오에서 일하던 발레리 솔라나스가 워홀을 총으로 암살하려 했고, 워홀은 정말이지 죽을 뻔하다 살아났습니다. 이후 그의 더 팩토리와 예술 세계에 큰 변화가 있긴 했지만, 그는 마오쩌둥과 마릴린 먼로 등 셀럽 시리즈를 계속해서 제작합니다. 소비주의 미국 문화를 그대로 반영하며 기존 예술에 반항하는 새로운 기준을 만들어낸 팝아트의 거장 워홀. 그의 작품 중 이곳 디아 비컨에서만 볼 수 있는 작품을 소개합니다.

이 뮤지엄에서 가장 입이 떡 벌어지는 작품을 하나 꼽으라면 저는 워홀의 'Shadow Series'를 뽑을 것 같습니다. 무려 102개의 캔버스로 구성된 작품으로 세계 여러 뮤지엄에서 그의 작품을 많이 보았지만, 이토록 규모가 크고 독보적인 작품은 여기뿐이었어요. 디아 재단은 1994년 오픈한 피츠버그의 앤디 워홀 뮤지엄에 모든 작품을 기증했는데, 단 하나 예외인 작품이 바로 이 'Shadow Series'였습니다. 그만큼 디아 비컨의 존재감을 확실히 각인시켜주는 작품입니다. 워홀은 기본적으로 실크스크린 작업을 많이 했기 때문에 세계의 다양한 뮤지엄마다 소장품이 중복되는 것을 자주 볼 수 있습니다. 그러나 디아 비컨의 이

'Shadow Series'는 오직 이 뮤지엄에서만 볼 수 있습니다.

과장을 좀 보탠다면 전시실의 끝이 보이지 않을 정도로 길고 긴 벽을 이 작품 하나로만 채웠습니다. 엄청난 규모로 꾸며진 보기 드문 현장이죠. 전시관에 들어서자마자 '우와' 소리가 터져 나오는 곳이었습니다.

이 작품은 1979년에 디아 비컨만을 위해서 워홀이 작업한 작품으로 그의 뉴욕 스튜디오였던 더 팩토리에서 작업한 사진을 작품화한 것입니다. 워홀은 아시다시피 당시 팝스타나 셀럽들을 소재로 예술 작업을 하면서 팝아트의 거장으로 떠올랐습니다. 그러나 이 작품만큼은 그런 주제들을 버리고 오직 연속성과 반복만을 강조하고 있습니다. 또한 놀랍도록 추상적입니다. 바이올렛 컬러부터 옐로우, 블루, 그린 그리고 워홀 하면 딱 떠오르는 실버 컬러까지 다양한 색상을 캔버스에 스펀지를 이용해 작업한 작품입니다. 색을 제외하면 모든 그림이 거의 차이가 없어 오직 색만이 그림의 정체성을 표현하는 점 역시 이 작품의 특징입니다. 워홀의 색다른 작품을 보고 싶다면 이 작품을 놓치면 안 되겠죠?

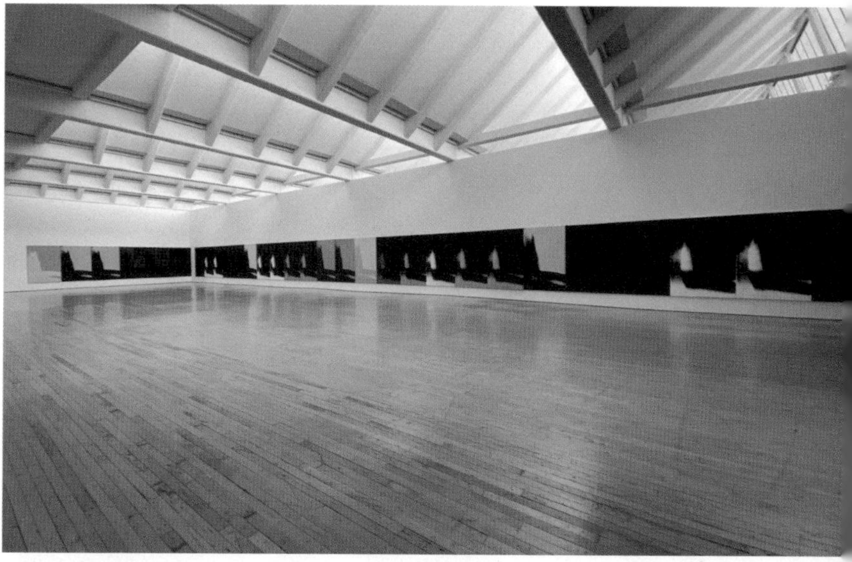

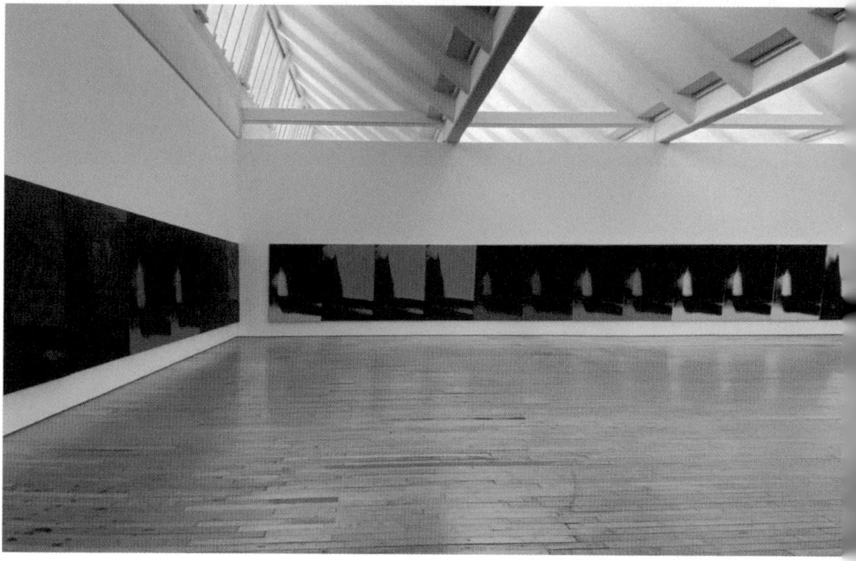

• 앤디 워홀, 〈Shadow Series〉, 1978-1979

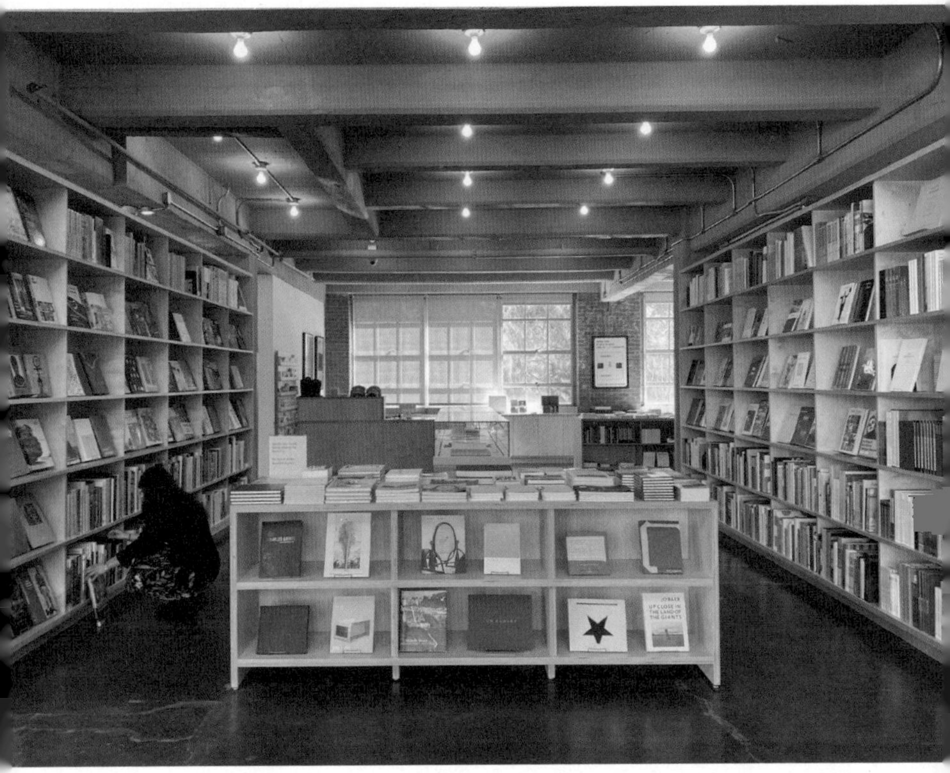

•디아 비컨 숍

메트로폴리탄 뮤지엄
: 세계 3대 뮤지엄의 위용

뉴욕의 상징 아니 미국의 상징과도 같은 메트로폴리탄 뮤지엄The Metropolitan Museum of Art을 드디어 소개할 차례가 왔군요. 미국에서 가장 큰 뮤지엄답게 6만 5천 평에 달하는 넓이를 자랑하며 우뚝 서 있습니다.

1870년에 미국인의 교양과 미술 교육을 위해 설립된 메트로폴리탄 뮤지엄은 1872년에 완공됐습니다. 그 뒤로 증축을 거듭해 지금의 모습을 갖추게 되었는데요, 덕분에 메트로폴리탄 뮤지엄에 가면 건물 속에 건물이 들어앉아 있는 재미난 모습을 볼 수가 있죠. 마치 마트료시카 인형처럼요. 가장 최초에 지어진 빅토리안 고딕 양식의 빨간 벽돌이 아직도 빼꼼 보이는 곳이 스컬프처 코트와 로버트 리먼 윙입니다. 뮤지엄을 돌아다니다가 150년 전 오리지널 빌딩을 만나는 것은 정말이지 깨알 재미랍니다.

현재 메트로폴리탄 뮤지엄의 정면은 1890년 리차드 모리스 헌트가 지은 부분을 포함하고 있는데, 그는 파리 에꼴 드 보자르에 입학한 최초의 미국인으로, 당시에 '자유의 여신상' 받침대와 밴더빌트 가문의 여러 하우스를 지었던 건축가입니다. 이를 계기로 헌트의 딸과 휘트니 뮤지엄을 설립한 거트루드 밴더빌트 휘트니가 둘도 없는 친구로 지낸 적도 있었죠. 메트로폴리탄 뮤지엄의 정면은 헌트 때부터 코린트 양식과 로마네스크 양식의 얼굴을 하게 되었습니다. 그리고는 양옆으로 점점 길게 길게 늘어나 지금 80번가부터 85번가까지 다섯 블록을 차지하게 된 겁니다.

여러 빌딩이 모여 있다 보니 빌딩과 빌딩 사이 뜨는 공간에는 자연 채광을 들인 전시실을 구성했어요. 뮤지엄을 거닐다가 햇빛이 가득한 유리 천장의 실내 공간이 나온다면 아, 예전 뮤지엄 빌딩끼리 연결한 부분이구나 생각하면 될 것 같아요.

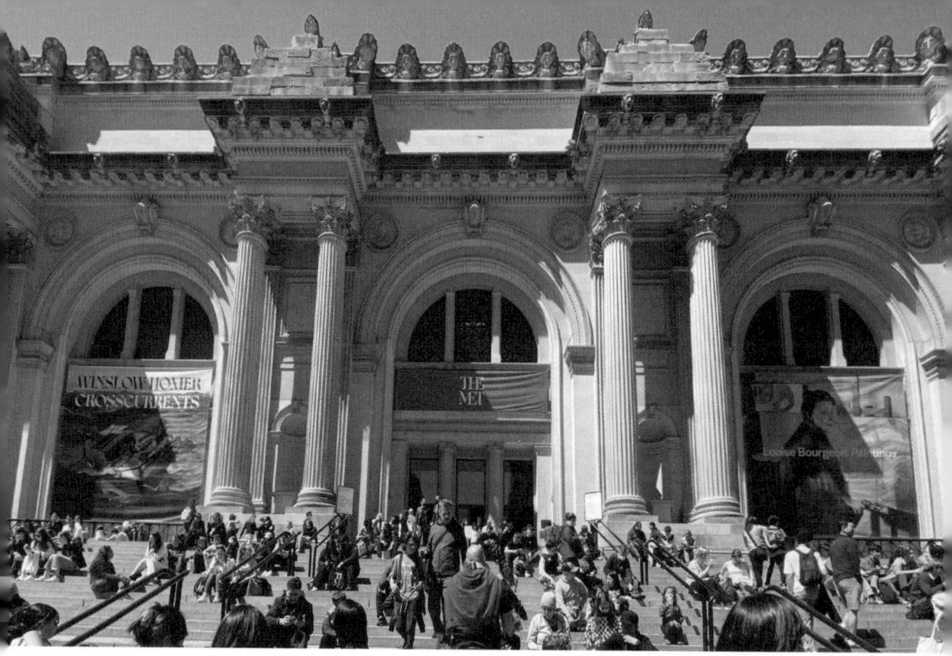

•코린트 앤 로마네스크 양식으로 건축된 메트로폴리탄 뮤지엄 전경

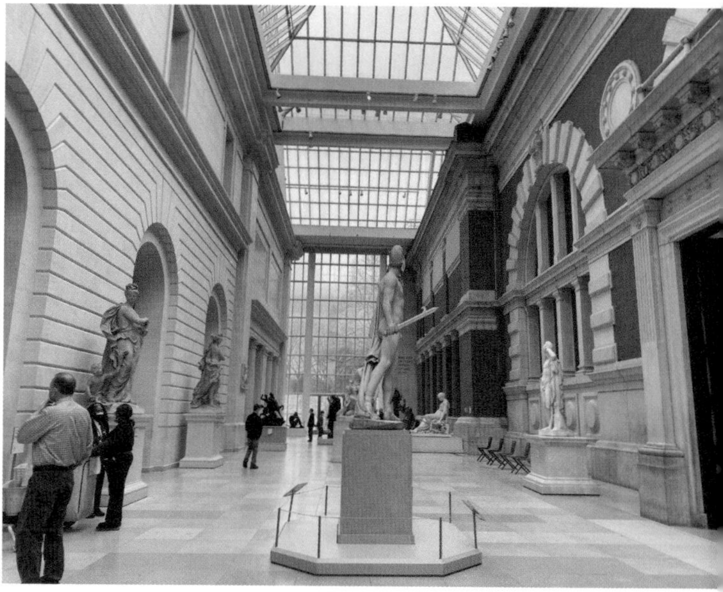

•스컬프처 코트. 빅토리안 양식의 빨간 벽돌로 지은 오리지널 건물을 볼 수 있다.

이 뮤지엄에서 제가 가장 좋아하는 공간은 바로 덴두르 신전입니다. 그리고 로버트 리먼 윙을 꼽을 수 있겠네요.

이집트를 그대로 가져오다, 덴두르 신전

20년 전쯤 뮤지엄을 그냥 관광지의 하나라 생각하고 다니던 시절, 처음 뉴욕 메트로폴리탄 뮤지엄에 들어와 덴두르 신전을 마주했을 때의 충격과 감탄을 잊을 수가 없습니다. '뉴욕에 이집트가 통째로 와 있네!'라는 생각이 처음 들었고, 곧이어 거대한 영혼의 힘이 머리 위로 덮쳐오는 느낌을 받았습니다. 무언가 영화나 상상 속에서만 자리하던 것이 현실로 눈앞에 펼쳐진 느낌이었죠. 직접 본 이집트 사원의 에너지는 그야말로 압도적이었습니다. 지금도 그 상징적인 에너지는 계속되고 있는지 여전히 이곳은 메트로폴리탄 뮤지엄의 아이콘으로 자리하고 있습니다. 그리고 그 뒤로도 20년 넘게 제가 메트로폴리탄 뮤지엄에서 가장 애정하는 공간도 바로 이 덴두르 신전입니다.

덴두르 신전은 기원전 1세기에 지어졌습니다. 전 세계 사람들에게 이미 잘 알려진 로마 시대의 장군 율리우스 카이사르의 아들이었던 아우구스투스 카이사르가 이집트 지역을 통치할 때 지은 것인데요, 이집트는 파피루스뿐만 아니라 금을 비롯한 사치품들이 풍부하던 곳이기 때문에 로마가 기원전 30년에 정복한 것입니다. 아우구스투스는 이 신전을 지으면서 로마는 이집트 문화를 존중한다는 메시지와 자신의 통치가 이집트에 우호적이라는 메시지를 전달하고 싶었습니다. 이 사원 내부 벽화에서 아우구스투스는 로마 의상이 아닌 이집트 의상을 입고서 이집트 신에게 포도주를 올리는 모습으로 등장합니다. 로마식의 건축물로 로마 문화를 전파한 것이 아니라 이집트를 그대로 인정한 것이지요. 당시에 이 지역의 이름은 이집트가 아닌 누비아로 불렸고, 누비아인이 신성하게 여긴 덴두르 지역에 신전을 세운 것입니다.

신전은 커다란 대문을 지나 넓은 두 방이 일렬로 이어져 있는 구조로, 누비아 사암으로 지어졌습니다. 덴두르 신전 역시 신이 거주하는 곳으로 당시에는 신이 필요로 하는 음식, 물, 옷 등과 같은 제물을 바치는 장소였습니다. 이집트에서는 신도 인간과 마찬가지로 의식주를 통해 살아간다고 믿는 게 상당히 재미납니다. 그러다 보니 신에게 소원을 빌고 기도를 드리는 공간이라기보다는 신이 필요한 것을 인간이 제공하는 의미에 더 가까운 곳이 바로 신전이었습니다.

그렇다면 이 신전은 누구를 위한 공간이었을까요? 덴두르 신전은 누비아 지역 모두가 숭배하던 신 이시스와 배우자 오시리스 그리고 이들의 두 아들을 위해 지어진 곳입니다. 알다시피 오시리스는 세트의 모함으로 관속에 갇혀 죽게 되지만 이시스가 그를 살려내 그의 아들까지 낳았고, 아들 호루스가 결국 세트에게 복수하고 다시 왕좌를 차지했다는 신화의 주인공들입니다. 이시스는 가정을 부양할 뿐만 아니라 죽은 사람도 살리는 만능의 역할로 완벽한 배우자를 상징하며 이집트인에게 가장 사랑받는 신이었죠. 그런 이시스가 살던 신전이니 아주 중요한 공간임은 말할 필요가 없겠지요.

덴두르 신전이 메트로폴리탄 뮤지엄에서 50년 넘게 평온하게 안주할 수 있게 된 스토리 역시 듣고 나면 마음이 따듯해지는데요. 1960년대 이집트는 나일강 범람에 대한 대책으로 이 지역에 아스완 하이댐과 나세르 호수를 건설하게 됩니다. 그 때문에 기원전 1세기에 지어진 이 신전은 수몰 위기에 처하게 되었고요. 유네스코는 이 신전을 보호하기 위해 국제 캠페인을 벌였고, 이집트는 이에 대한 감사의 뜻으로 덴두르 신전을 미국에 선물한 것이죠. 실제로 유네스코의 캠페인이 아니었다면 이 신전은 호수 아래 영영 가라앉았을 겁니다.

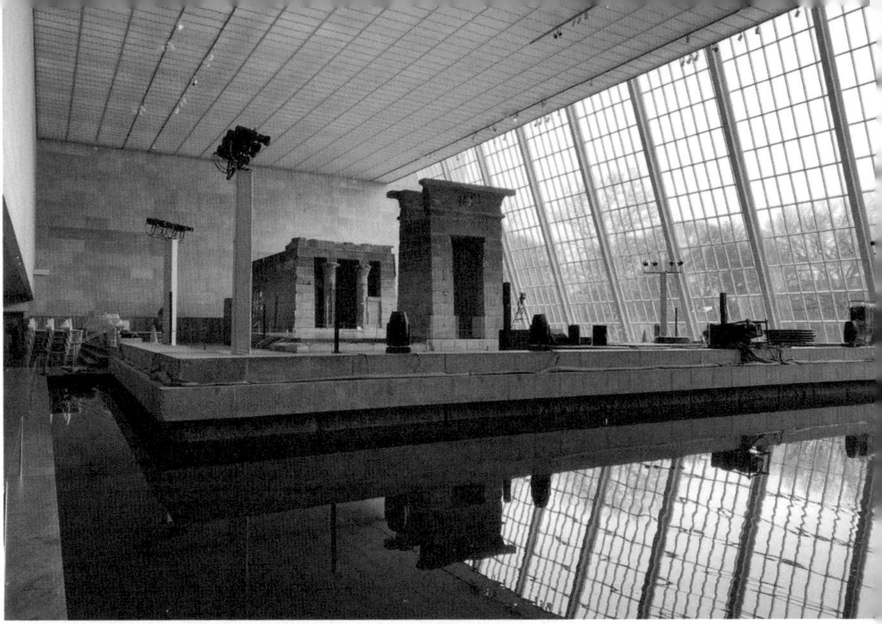

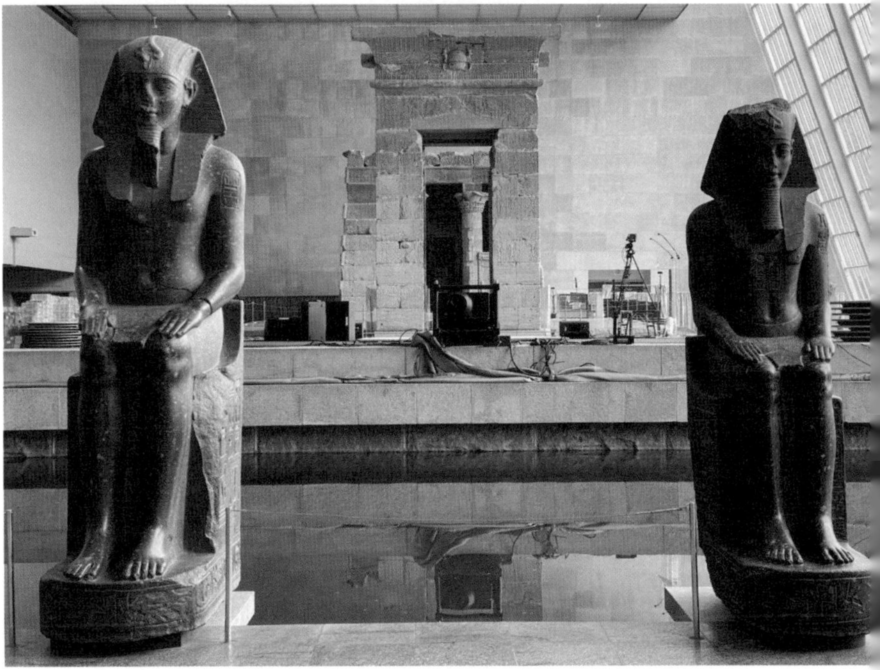

•덴두르 신전

신전은 조심스레 해체되어 미국으로 운반되었습니다. 당시 이 돌들을 세척하고 방부 처리하고 여러 문제점을 보완해 다시 재건축하기까지의 과정들을 뮤지엄 홈페이지에서 볼 수 있는데요, 돌 부스러기 하나하나 소중히 다루는 모습에서 유물 조각 조각이 모두 존중받고 있다는 느낌이 들어 마음이 뭉클했던 기억이 납니다. 이 신전이 메트로폴리탄 뮤지엄에 자리하게 된 배경에는 인류의 유물과 유산을 보존하는 데 사명을 건 메트로폴리탄 뮤지엄의 철학이 반영되어 있다고 생각합니다.

영국 박물관의 로제타 스톤을 비롯해 많은 대형 뮤지엄에서 이집트의 유물들을 허락 없이 무단으로 옮겨간 경우가 많았는데, 덴두르 신전은 국가가 국가에게 감사의 뜻으로 공식적으로 선물한 유물이어서 더 반가웠습니다.

덴두르 신전은 현재 메트로폴리탄 뮤지엄의 새클러 윙에 자리하고 있으며, 이 신전만을 위한 전시실이 따로 지어져 있습니다. 이 공간은 덴두르 지역을 연상시키는 바위 언덕을 형상화하고 실제로 동쪽을 바라보도록 지어졌습니다.

참고로 메트로폴리탄 뮤지엄은 이집트 외의 국가 중에서는 이집트 유물을 가장 많이 소장하고 있는 뮤지엄입니다.

'눈이 부시다'란 표현은 이럴 때, 앵그르와 브로이 공주(1853)

광대한 메트로폴리탄 뮤지엄에서 과연 어떤 작품을 소개할까 고민이 많았습니다. 미국에서 가장 큰 뮤지엄이자 수많은 예술 작품에 포위된 듯한 압도적인 공간이기 때문이죠. 자주 방문했던 곳이지만 코로나 팬데믹 이후 다시 방문했을 땐 조금 더 여유를 갖고 느리게 거닐며 생각을 해봤습니다. 제가 인문학 강의를 할 때나 컨텐츠를 제작할 때, 작품을 소개하는 기준은 대중들의 관심은 덜 할지 모르지만 꼭 봤으면 하는 작품입니다. 이곳에도 그러한 작품을 그린 화가가 있죠. 바로 장 오귀스트 도미니크 앵그르입니다.

프랑스 남부의 몽토방이라는 도시에서 앵그르 부르델 뮤지엄을 인상 깊게 본 적이 있습니다. 몽토방 출신의 앵그르가 이 도시에 애정을 갖고, 친척이었던 아르망 깡봉에게 유언 집행을 맡기면서 설립하게 된 뮤지엄입니다. 이 앵그르 부르델 뮤지엄에서 저를 사로잡은 것은 그의 드로잉들이었습니다. 드로잉에 미친 듯이 집착하며 만약 자신의 집에 간판을 달게 된다면 '드로잉 스쿨'이 될 것이라 말한 화가인 만큼, 수많은 연구가 그 드로잉에 드러나 있었습니다. '작품이 어떻게 탄생하게 되는가'라는 중요한 영업 비밀을 알게 되면서 앵그르의 작품도 다시 한번 돌아보게 되는 계기가 되었습니다.

앵그르는 14년 동안 머물렀던 로마 시절을 통해 평생을 신고전주의의 종결자이자 대표 화가로 자신의 정체성을 결정합니다. 이때의 프랑스 화풍은 두 가지였는데 외젠 들라크루아로 대변되는 낭만주의 그리고 앵그르로 대변되는 신고전주의였습니다. 신고전주의는 그리스로마 시대 예술 마니아들이 그 예술을 새로 해석한 사조라고 생각하면 편할 거 같아요. 그리고 이 둘은 평생을 동시대 라이벌로 지내게 되죠.

앵그르는 로마에 있던 시절 그림 의뢰가 없자 결국 초상화를 그리면서 생계를 유지합니다. 화가로서 당시에 가장 멋진 일, 가장 고급스러운 일은 역사화 의뢰였습니다. 역사화가에 비하면 초상화가는 확실히 덜 멋진 일이었죠. 게다가 앵그르는 자기 아버지처럼 그냥 무명의 초상화가로 남기는 싫었거든요.

하지만 들어오는 의뢰는 초상화뿐이고 속이 부글부글 끓지만 어쩌겠어요. 초상화라도 그려야지. 앵그르는 이 시절 거의 500점의 초상화를 그리게 됩니다. 사실 앵그르는 초상화의 대가예요. 대표작 초상화들을 보면 숨이 멎을 정도이지요.

앵그르 그림 중에 메트로폴리탄 뮤지엄에서 자세히 살펴볼 그림은 '브로이 공주' 초상화입니다. 뮤지엄 안쪽에 가면 로버트 리먼 컬렉션이 있어요. 한때 거대했던 투자 은행 리먼 브라더스의 오너였던 로버트 리먼이 사망하고 나서 가문이 소유한 60여 년간의 컬렉션, 무려 2,700여 점의 작품을 기증한 겁니다. 리먼은 어린 시절 그림을 구매하러 유럽에 가는 부모를 따라 다니며 자연스레 그림에 대한 안목을 키우게 됩니다. 그는 예술 작품과의 만남을 '계시'라고 표현할 만큼 컬렉션을 사랑했습니다. 사망 후 모든 작품을 20여 년간 인연이 있던 메트로폴리탄 뮤지엄에 기증했고, 뮤지엄은 리먼 컬렉션 전시실을 리먼의 집으로 복원하였습니다. 벨벳 벽지와 커튼 그리고 러그까지 부유한 금융 거장의 집 거실에 들어온 느낌이죠. 아주 럭셔리하고 낭만적인 분위기입니다.

이곳에 걸린 '브로이 공주'는 보는 순간 헉 소리가 날 만큼 아름다운 그림이에요. 제가 강의할 때마다 이 그림은 너무나 눈이 부셔서 선글라스가 필요할 정도라고 우스갯소리를 하는데요, 일단 모델의 아름다움도 그렇지만 옷이 어쩜, 새틴의 질감 좀 보세요. 눈으로 보고 있는데도 손으로 만지는 것 같은 촉감까지 느껴질 정도죠. 상상력을 좀 더 보태면 사사삭 소리까지도 날 것 같은 대단한 디테일입니다. 사진보다 낫지 않나요?

그런데 여기서 굉장히 이상하게 느껴지는 부분은 이 모델의 피부입니다. 잡티가 하나도 없어요. 단 하나도요. 옷은 너무나 사실적인데 얼굴이랑 피부는 AI로 빚은 것마냥 비현실적인 모습이에요. 팔이나 목 부분에 뼈도 없어 보이고, 근육은 당연히 없습니다. 요새로 치면 필터 써서 보정을 수십 번 한 것처럼 만들어놨어요.

참고로 이 작품은 앵그르가 젊은 시절 그린 것이 아니라 생애 말기, 즉 모든 기량이 무르익었을 때 그린 그림입니다. 앵그르는 이 작품이 배우자 초상화를 제외하곤 생애 마지막 초상화가 될 것이라고 했습니다. 실제로 그렇게 되었고요. 앵그르 인생에서 의미 있는 마지막 초상화 작품을 실수했을 리는 당연히 없고요, 일부러 이렇게 그린 거죠. 초상화의 대가가 공주의 목도 늘려놓고, 팔도 늘려놓고, 눈은 크게 그려서 왜곡한 것이 아닌가 느껴질 만큼 모델의 아름다움을 극대화한 겁니다.

앞서 앵그르가 어렵던 시절에 초상화 주문이 물밀 듯이 들어왔다고 했습니다. 초상화만 500점 가까이 그렸는데, 루브르 뮤지엄에 가면 앵그르 초상화 중에 정말 기가 막히는 작품이 하나 있거든요.

루이 푸랑수아 베르탱의 초상화. 1832년에 살롱에서 어마어마한 성공을 거둔 작품입니다. 실력이 이런 사람이, 이 공주를

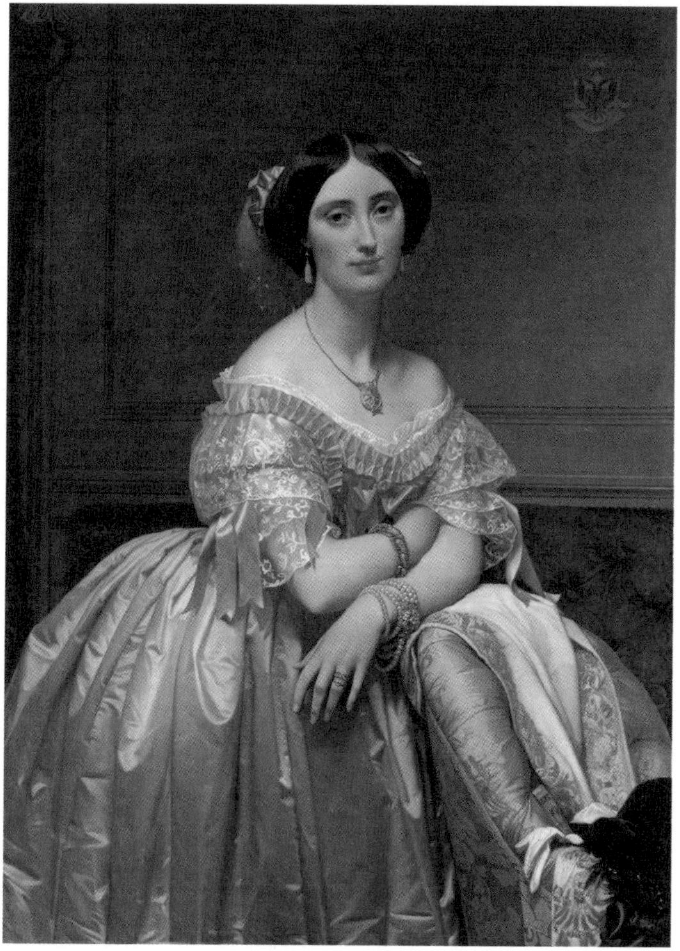

•장 오귀스트 도미니크 앵그르, 〈브로이 공주〉, 1853

왜 이렇게 비현실적으로 해놓았나. 일부러 치밀하게 계산을 한 겁니다. 보통 앵그르의 그림들이 이러합니다. '그랑 오달리스크'도 척추뼈가 한 세 개는 더 있는 듯이 보이잖아요? 허리를 일부러 길게 그려 모델의 비율을 왜곡해놓았죠. 비현실적으로 더 아름답게 보이도록요!

이 브로이 공주는 브로이 공작과 결혼해 공주라는 호칭을 받은 여자입니다. 초상화가 그려졌을 때는 28세였죠. 이 작품을 보면서 많이 놀랐던 건 거의 200년 떨어진 사람인데도 브로이 공주의 감정이 저에게까지 완벽히 전이되었기 때문이에요. 초상화 얼굴을 한번 봐주세요. 발랄하고 명랑해 보이나요? 어때요? 한껏 우울해 보이죠. 인생의 쓴맛이 느껴져요. 요즘 유행하는 MBTI 검사를 받으면 E로 시작할 거 같지는 않아요. 눈의 초점도 상대방을 또렷이 바라보기보다는 조금 먼 곳을 보는 것 같고요.

실제로 브로이 공주는 수줍음을 많이 타고, 책을 좋아하던 지적인 여성이었다고 합니다. 이 그림이 그려지고 7년 후에 결핵으로 그만 사망하게 됩니다. 그의 배우자는 다섯 아이를 남기고 젊은 나이에 세상을 떠난 그를 평생 그리워했습니다. 너무 상심해서 다시는 결혼하지 않고, 이 그림을 아주 소중히 간직했

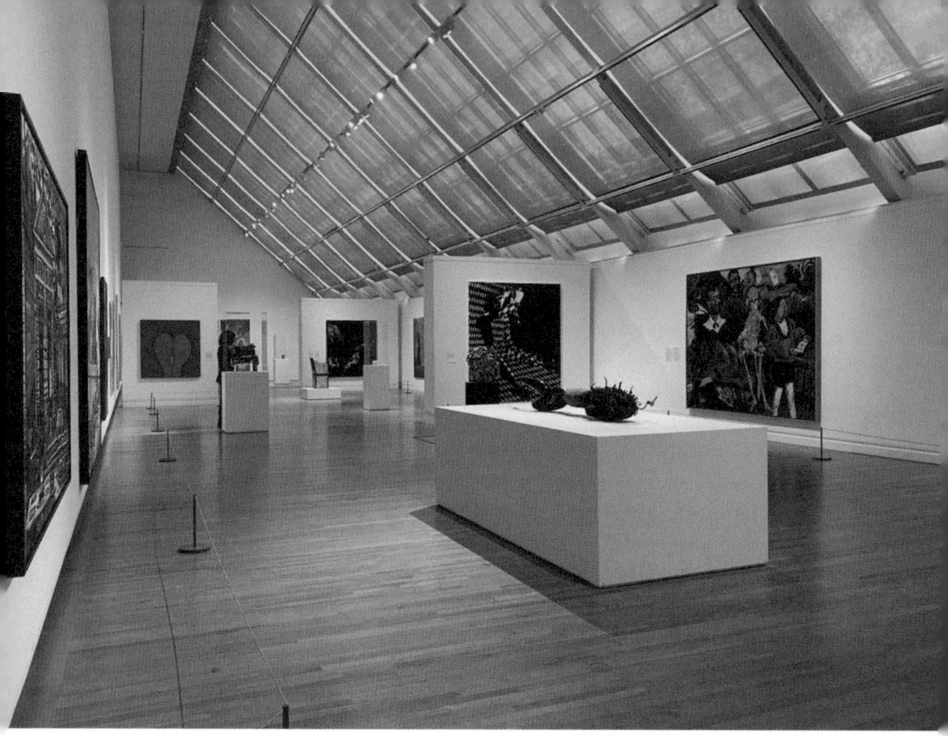

•메트로폴리탄 뮤지엄 전시실 전경

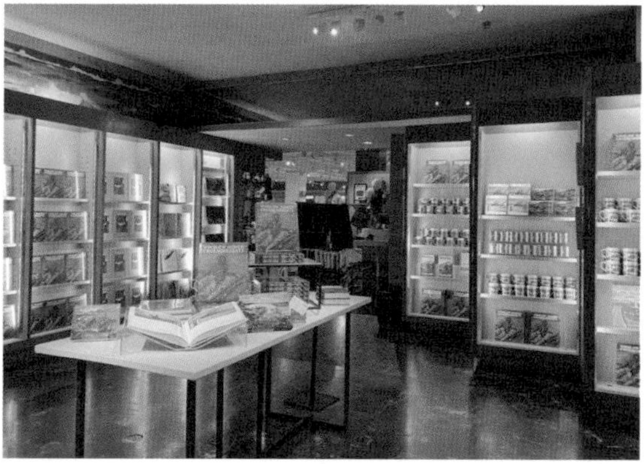

•메트로폴리탄 뮤지엄 숍

다고 하죠. 브로이 가문에서 소장하던 이 그림은 1957년에 리먼이 구매합니다.

메트로폴리탄 뮤지엄에 가서 이 그림을 실제로 보면 느끼겠지만 정말 눈이 부십니다. 그림을 보고서 눈이 부시다는 것은 이런 느낌이구나… 하는 생각이 들었습니다. 벨 에포크 시대 파리 패션 트렌드의 최첨단에 있던 파란색의 풍성한 새틴 드레스가 창백한 피부를 가진 브로이 공주와 더없이 잘 어울려요. 액세서리는 또 어떻고요. 메트로폴리탄 뮤지엄의 수많은 그림 중에 꼭 보셨으면 하는 그림으로 추천합니다.

MOMA
: 전 세계 근현대미술은 이곳으로

뉴욕에 방문한 모든 이들에게 가장 상징적인 뮤지엄이 뉴욕 현대미술관The Museum of Modern Art, MOMA일 거라 생각합니다. 이토록 시크하고 모던한 뮤지엄은 어떻게 생겨난 것일까요?

그 역사는 애비개일 올드리치 록펠러로부터 시작합니다. 애비 록펠러는 이름에서 바로 알 수 있다시피 미국의 전설적인 부호 스탠더드 오일 창업자인 록펠러 2세, 록펠러 주니어의 배우자입니다.

그는 유럽을 여행하며 당시에 떠오르고 있던 인상파와 피카소 그림에 관심을 갖게 됩니다. 컬렉터가 되어 집을 갤러리처럼 멋지게 꾸미고 손님들을 초대하곤 했어요. 그림에 대한 관심이 커지자 애비는 친구였던 릴리 블리스, 메리 퀸 설리번 등과 함께 현대미술관 설립을 논의하게 됩니다. 이후 총 일곱 명의 창립 멤버를 영입해 1929년, 드디어 MOMA가 오픈하게 됩니다. 애비는 지속적으로 자신의 재산을 투자해 작품들을 소장해나갑니다. 애비가 작품을 수집하던 100년 전에는 반 고흐와 로트레크, 드가, 세잔, 피카소 등이 '모던 아트', 즉 현대미술로 불리었다는 사실이 재미있네요.

애비는 1948년 사망하는데 상속세를 제외한 모든 유산을 MOMA에 기증하여 MOMA 발전에 기여합니다. 1950년대에는 그의 사망을 기리기 위해서 프리츠커상 1회 수상자인 미국의 건축가 필립 존슨이 MOMA에 스컬프처 가든을 조성하는가 하면 애비의 별세 소식을 들은 마티스는 뉴욕 유니온 교회에 스테인드글라스를 제작하기도 했죠.

최근 들어 애비 올드리치 록펠러 스컬프처 가든은 더욱 그 가치를 발하고 있습니다. 요즈음 뮤지엄의 트렌드는 과거의 단지 흰 벽으로 둘러싸인 정사각형 룸, 즉 화이트 큐브에 작품을 전시하는 형태보다는 예술과 건축 그리고 자연이 조화롭게 공

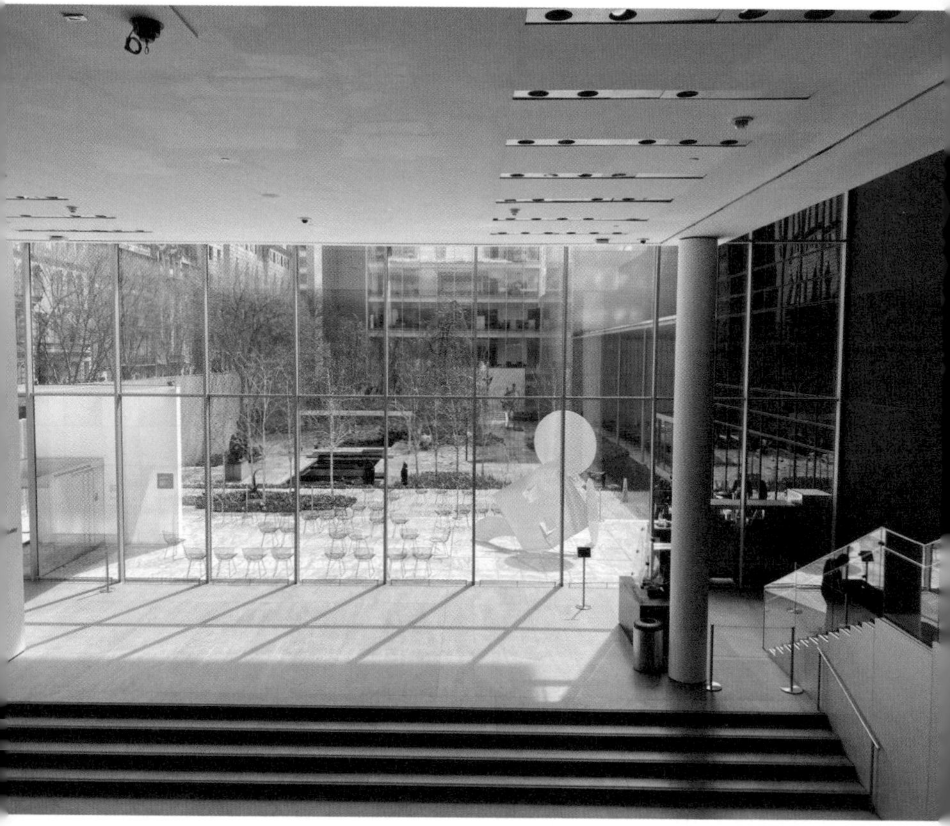

•스컬프처 가든이 보이는 MOMA 전경

존하는 형태를 지향하고 있습니다. MOMA는 맨해튼 한가운데 빌딩 숲에 자리하고 있지만, 존슨이 만든 스컬프처 가든 덕분에 자연의 숨을 느껴볼 수 있는 근사한 명상의 공간도 갖게 되었답니다.

다니구치 요시오가 만든 새로운 MOMA

MOMA는 2004년 오랜 재단장 끝에 그 모습을 드러냅니다. 세계적으로 손에 꼽히는 현대미술관을 새로 건축한 사람이 누구일지 그 이목이 쏠렸는데요, 놀랍게도 그동안 세계건축 공모전에서 단 한 번도 이름을 들어보지 못한 다니구치 요시오Taniguchi Yoshio, 1937~라는 건축가였습니다.

1995년에 부임해 현재까지 30년 가까이 최장수 관장 역임 기록을 세우고 있는 글렌 로리 관장은 부임 후 오래된 MOMA를 새로이 디자인하려는 프로젝트를 세우게 됩니다. MOMA 건축 부문 큐레이터와 함께 전 세계를 돌며 수많은 뮤지엄과 건축가들을 공부한 뒤, 최종 열 명의 건축가를 섭외해 MOMA 재설계 공모를 의뢰합니다.

여기에 일본의 수줍은 건축가 다니구치가 포함되어 있었죠. 다니구치는 일본에서 가장 아름답다고 일컬어지는 도쿄 국립박물관의 호류지 보물관을 비롯해 교토 국립박물관 헤이세이치신관, 그리고 가나자와의 스즈키 다이세츠칸을 설계하며 차분하고 유려한 디자인으로 사람들을 매혹시켜온 건축가입니다. 뮤지엄 설계가 이 건축가의 강점이기도 하고요. 이러한 재능은 일본에서 유명한 건축가였던 아버지 다니구치 요시로의 유전자를 물려받은 게 아닌가 생각됩니다. 도쿄 국립박물관에는 아버지 다니구치가 디자인한 '동양관'과 아들 다니구치가 디자인한 '호류지 보물관' 건축 작품을 같이 볼 수 있지요.

MOMA의 러브콜을 받은 다니구치. 하지만 당시 이미 60세가 넘었던 다니구치는 평생토록 세계적인 공모전에 나선 적이 없었습니다. 당연히 조용히 거절하려 편지까지 써두었다고 합니다. 하지만 친구를 만나 저녁을 먹는 자리에서 친구의 설득으로 마음이 바뀌어요. 배우자 역시 한 번쯤은 세계적인 건축 공모전에 참여해보기를 그에게 권유합니다. 결국 다니구치는 써두었던 편지를 찢어버리고 MOMA 측에 참가 의사를 밝힙니다. 다니구치를 제외한 아홉 명의 건축가는 이미 수락을 한 상태였습니다. 이로써 MOMA는 열 명의 후보자를 모두 갖추게 됩니다.

난관은 그 뒤에 찾아옵니다. 세계적인 공모에 처음 참여해본 다니구치는 무엇을 준비해야 할지도 모를뿐더러 발표 방식도 잘 몰랐습니다. 첫 번째 발표 자리에서 영어까지 서툴렀던 바람에 당연히 자신이 떨어졌다고 생각했다고 합니다. 하지만 최종 세 명의 멤버에 들었을 때는 MOMA가 자신을 원하고 있다는 기분이 들었고 뮤지엄 건축이라면 자신 있는 분야이니 해볼 만하다는 느낌이 왔다고 하네요. 그의 느낌대로 MOMA를 새로 디자인할 건축가는 다니구치로 밝혀졌고, 2004년 11월 MOMA가 새로 오픈하며 세계 건축계에 이름을 알리게 되지요.

MOMA가 다니구치에게 유일하게 요청한 부분이 바로 애비 올드리치 록펠러 스컬프처 가든은 그대로 보존해달라는 것이었다고 해요. 다니구치는 이 요구를 받아들이고, 스컬프처 가든을 사이에 두고 전시동과 교육동이 마주 보도록 했습니다. 그렇게 MOMA는 이전과 비교해 거의 두 배의 규모로 재탄생합니다.

다니구치는 이에 더해 MOMA라는 이름을 어떻게 더 빛나게 할지 고민합니다. 고민 끝에 다니구치는 로비를 거쳐 전시를 관람하는 동선에 혁신을 더했습니다. 전시 층을 거꾸로 배치해 가장 꼭대기층에 최근 작품을 전시하는 형식을 벗어난 겁니다. 2층부터 시작하는 전시관에 가장 최근 작품, 즉 현대미술 작품들을 전시하고 뮤지엄이 소장하고 있는 세계적인 명작과 근대 작품들을 최고층 6층에 전시하는 파격적인 방식을 채택한 것이

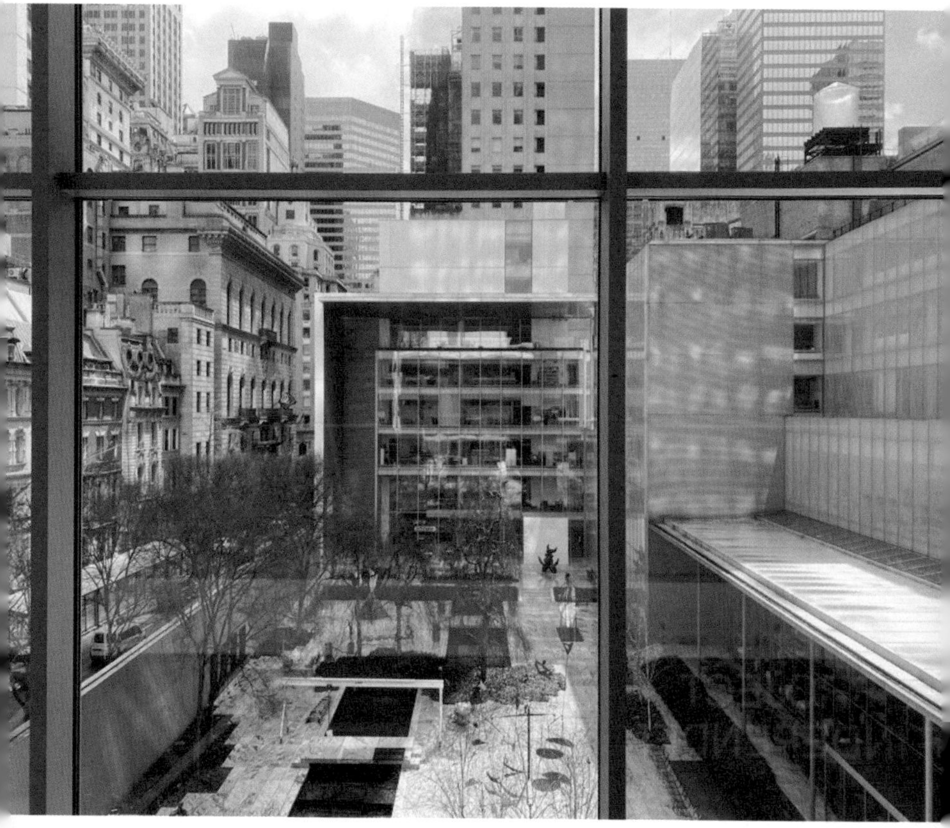

•다니구치 요시오가 새로 디자인한 스컬프처 가든.
전시동과 교육동이 마주 보고 있다.

죠. 대표작들을 먼저 보여주는 것이 아니라 MOMA 즉 '뮤지엄 오브 모던 아트'라는 이름에 걸맞게 현대미술을 먼저 보여주는 전시 설계를 한 것입니다. 이 부분이 관장이었던 로리의 마음에 쏙 들었다고 하네요.

동선 역시 더할 나위 없이 매끄러워서 제가 세계 수많은 뮤지엄을 가보았지만 다니구치의 뮤지엄들은 말 그대로 믿고 가는 곳이 되었습니다. 이렇게 MOMA는 다니구치의 건축으로 또 하나의 전설을 만들게 됩니다.

다른 얘기지만 다니구치가 만든 뮤지엄 중 가장 감격스러웠던 곳은 도쿄 국립박물관의 호류지 보물관인데요. 제가 생각할 때 좋은 건축이란 그 공간 안에서 편안해야 합니다. 한번 들어가면 나가고 싶지 않아야 해요. 오래 머물고 싶어야 합니다.

로리 관장 역시 다니구치의 뮤지엄들 중에서 이 도쿄 호류지 보물관을 최고로 꼽습니다. 저 역시 동의합니다. 아니 뮤지엄이 어떻게 이렇게 아름다울 수가 있지? 그런 생각이 저절로 드는 곳이에요. 그 안의 소장품보다도 건축에 놀라는 뮤지엄입니다.

MOMA에서 꼭 한 작품을 봐야 한다면,
피카소와 아비뇽의 여인들(1907)

20세기 미술사에서 아

니 어쩌면 미술사를 통틀어 가장 혁신적인 인물은 누가 있을까요? 아마 파블로 피카소를 뽑는 것을 주저할 분은 아무도 없을 겁니다.

피카소는 어릴 때부터 화가였던 아버지의 영향으로 이젤, 캔버스, 붓이 익숙한 생활을 했습니다. 열 살 즈음에는 이미 거장들의 그림을 마스터할 정도로 실력이 대단했지요. 이후 마드리드 왕립예술학교에서 공부하던 피카소는 바르셀로나 시절을 거쳐 1901년, 파리에 입성합니다.

바르셀로나와 파리를 오가던 피카소는 결국 파리에 정착하고 죽을 때까지 프랑스를 떠나지 않았습니다. 20대 초반에는 파리 몽마르트에서 땔감 대신 자신의 캔버스를 태워야 할 정도로 열악한 생활을 하기도 했죠. 그런 와중에 친구 카사헤마스가 자살하는 사건을 겪고 큰 충격을 받아 모든 그림이 암울한 청색 빛을 띠는 '청색 시대'에 들어서게 되고요. 당시 피카소가 생활하던 몽마르트 라비냥 거리의 바토 라브르아는 지금도 피카소의 팬들로 북적이고 있답니다.

그 이후에는 '장미 시대'로 접어들게 됩니다. 피카소는 이때 곡예사나 서커스 소년 등을 그렸는데 산업혁명 이후 설 자리를 잃은 사람들에 동질감을 느끼며 그림을 그리게 됩니다. 카사헤

마스의 자살 이후 오랜 기간 방황을 겪다가 페르낭드 올리비에와 사랑을 시작하면서 그림에 장밋빛 생기가 돌아요.

장미 시대부터 피카소는 미술계에 두각을 나타내고 앙브루아즈 볼라르의 화랑에 그림을 전시하면서 더욱 입지를 굳힙니다. 또한 마티스 등 20세기 예술 천재들을 후원했던 거트루드 스타인과 레오 스타인 남매의 후원도 큰 역할을 합니다.

피카소는 수많은 뮤즈로도 명성이 대단한데요, 첫 뮤즈였던 페르낭드 올리비에와 헤어지고 만난 에바 구엘은 병으로 사망하고 이후 처음 결혼한 올가 코클로바와 아들을 낳습니다. 하지만 피카소는 46세에 18세이던 마리테레즈 발터를 만나며 딸 마야를 낳습니다. 도라 마르를 만날 때는 올가, 마리, 도라 세 명의 여자가 동시에 그의 삶에 있었던 시절도 있었습니다.

피카소의 그림 중에 대중에게 가장 사랑받는 그림은 마리를 그린 그림일 텐데요, 그에게는 순종적인 마리가 비극적인 결혼 생활의 탈출구처럼 느껴졌던 것 같습니다. 이는 어떤 상황에서도 용서되지 못할 일이지만 피카소의 마음을 어루만져준 마리와의 날들은 위대한 예술 작품으로 남아 지금은 전 세계 경매 시장에서 가장 사랑받는 그림 중 하나가 되었으니, 참 아이러니하네요. 마리를 그린 작품들은 뽀얗고 부드러운 파스텔 톤의 컬러와 완만한 곡선들로 피카소의 심리를 그대로 보여주고 있습니다.

올가는 결국 피카소의 여자들 존재를 알게 되면서 이혼을 요구했지만, 위자료를 주고 싶지 않았던 피카소의 거절로 이혼은 영원히 불가능했습니다. 이 때문에 억지 결혼생활이 지속되었고 최악의 남남으로 지낼 수밖에 없었던 거죠. 피카소는 올가가 사망하고 난 뒤에 자클린 로크와 재혼했습니다.

피카소는 사망 후에도 모든 사람에게 영향을 끼쳤습니다. 손자와 아들을 비롯해 그의 연인들과 마지막 배우자 자클린 로크까지 전부 예기치 못한 죽음과 자살로 인생이 얼룩졌습니다. 아흔 살 넘도록 원기 왕성했던 피카소가 그들 몫의 삶마저 대신 살았던 것은 아닌지 하는 생각이 듭니다.

현대미술의 보고인 MOMA에는 한국 작가인 백남준, 이우환을 비롯해 리처드 세라, 로버트 마더웰, 바넷 뉴먼 등 훌륭한 화가의 작품들이 많은데요, 그중에서도 MOMA를 MOMA답게 만드는 작품은 역시 반 고흐의 '별이 빛나는 밤'과 모네의 '수련 시리즈' 그리고 피카소의 '아비뇽의 여인들'이라고 생각해요. 이 중에 미술계에 충격을 넘어 '테러'로 인식되기까지 했던 피카소의 작품 이야기를 좀 해볼까요.

서양 미술사는 아방가르드의 역사입니다. 항상 새로워야 하죠. 낡은 것을 밀어내고 새로운 사조가 그 자리를 꿰차는 역사의 도돌이표입니다. 인상파를 비롯해 입체파 그리고 팝아트에 이르기까지 서양의 미술은 계속 새로운 것을 추구하고 그에 열광해왔습니다. 그렇다면 새로워도 한참 새로웠던 피카소의 '아비뇽의 여인들'을 당시 사람들은 어떻게 생각했을까요?

피카소의 '아비뇽의 여인들'은 좋은 쪽으로도, 나쁜 쪽으로도 큰 화제를 불러일으켰습니다. 극찬했던 비평가들도 있었지만 일부 대중의 시선은 혐오에 가까울 정도로 따가웠지요. 피카소의 그림을 감상할 바에야 석유를 마시겠다는 사람도 있었고, 피카소는 결국 그림이 안 팔려 자신의 그림 뒤에서 자살할 것이라는 악담을 퍼부은 사람도 있었습니다. 당시 모네로부터 시작된 인상파와 마티스로부터 시작된 야수파가 아방가르드의 제왕이 누구인지를 두고 경쟁 구도가 심화될 무렵이었습니다. 이때 경쟁자이던 마티스를 보기 좋게 완패시키고 피카소를 당당하게 아방가르드 그 자체로 각인시킨 작품이 바로 이 '아비뇽의 여인들'이기도 하죠.

피카소는 이 시절 아프리카 원시 예술에 푹 빠져 있었습니

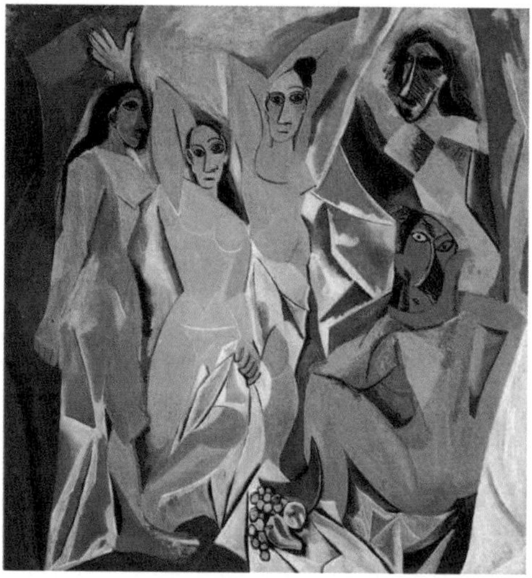

•파블로 피카소, 〈아비뇽의 여인들〉, 1907

다. 아프리카 가면과 이베리아 조각들을 형상화해, 아비뇽이라는 바르셀로나 홍등가의 모습을 그려냈어요.

이 그림은 100여 년이 지난 지금 보아도 난해한 그림입니다. 예쁘고 기분 좋은 그림과는 거리가 멀죠. 피카소도 그걸 알았을까요? 이 작품은 1907년 완성된 이후 찾는 이 없이 피카소의 작업실에서 조용히 잠자고 있었죠. 대중은 언제나 익숙한 것에 끌립니다. 유행이란 새로운 것이 나온 후 대중의 인정을 받고 여기저기 자주 노출되어야 힘을 지니게 되는 것처럼 그림도 너무 낯설고 파격적이라면 오히려 거부감이 들기 마련입니다. 지금도 낯선 현대미술보다는 인상파의 인기가 훨씬 높은 까닭입니다.

불쾌한 테러로 일컬어졌던 이 논란의 작품은 1916년이 되어서야 살롱 당탱 전시회에 나갔고, 1924년이 되어서야 첫 소장자를 만났습니다. 당시에 이미 미술계 최고의 인지도를 갖고 있던 피카소답게 그림의 가격은 2만 달러가 넘었다고 합니다. 그리고 1939년에 드디어 MOMA로 옮겨와 안식을 찾게 되었죠.

피카소는 하나의 그림에서 여러 시선을 구현해냈는데요, 언뜻 보면 무자비한 뒤죽박죽처럼 보이기도 합니다. 모든 사물은 입체성을 지니고 있습니다. 2D인 평면의 캔버스에 이를 옮길 때 분해한 사물의 입체 조각들을 위로 아래로 뒤로 앞으로 새로이 짜맞추어 그려 넣은 획기적인 시도를 해낸 것이 바로 피카소입니다. 즉 사람이든 정물이든 분해와 재조립을 통해 그려냈던 것이지요.

인상파의 시작, 모네와 수련 시리즈(1914~1926)

클로드 모네는 '해돋이'라는 작품으로 인상파의 시작을 알린 화가입니다. 1874년 당시 '인상, 해돋이'라는 타이틀로 작품을 전시에 출품하고 나서 많은 비평가들이 이를 비웃는 의미로 '인상파'라는 단어가 생겨났지요. 프랑스 북부 태생인 그는 '빛'의 변화와 움직임을 캔버스에 옮기기 위해 평생을 노력했던 화가였습니다. 그의 그림들은 바실리 칸딘스키와 제임스 터렐뿐만 아니라 수많은 후대 화가들에게 큰 영향을 미칩니다.

모네는 1890년대 후반부터 '수련 시리즈'를 작업하기 시작해 1926년 86세로 사망할 때까지 무려 30년 가까이 이 작업에 매달립니다. '수련 시리즈'는 관광지로 유명한 지베르니에 위치한 연못에서 영감을 받아 작업한 그림이에요. 모네는 처음엔 지베르니에 세 들어 살다가 말년에 경제 사정이 좋아지면서 집을 매입한 뒤, 애정을 갖고 방대하게 정원을 꾸밉니다. 이곳이 훗날 모네의 상징이 된 바로 그 정원입니다. 제가 갔던 날에는 날씨가 흐려서 정원의 연못과 버드나무 색이 좀 더 짙은 초록으로 보였습니다.

자 그럼 '수련 시리즈'가 탄생한 배경을 말씀드려야겠네요. 모네는 두 번째 배우자였던 알리스 오셰데의 죽음을 겪고 곧 큰 아들마저 잃습니다. 이 시기부터 백내장을 앓아요. 상심한 이 예술가는 마음 밑바닥에서부터 무언가 거대한 작업을 하고 싶다는 열망을 갖게 됩니다.

모네는 '수련 시리즈'를 작업할 때 지베르니의 야외에서 일단 그린 뒤, 실내 작업실에서 기억을 되살려 완성하는 방식으로 작업했습니다. 배우자와 아들을 잃고 본인도 시력이 희미해져가는 무려 74세의 노장이 그 암울한 시기에 어떻게 이렇게 평화로운 그림을 그릴 수 있었는지… 놀랍습니다.

이 프로젝트는 당시 프랑스 총리였던 조르주 클레망소의 전폭적인 지원으로 가능했답니다. 클레망소는 모네와 아주 끈끈한 우정을 쌓은 것으로 유명한 한편 마네, 로댕 등과도 친분이 있었습니다. 실제로 아트 컬렉터이기도 했고요.

1918년 11월, 제1차 세계대전이 휴전 협정을 맺자 모네는 클레망소에게 편지를 보냅니다. 국가를 위해 평화를 상징하는 그림을 선물하고 싶다는 내용이었죠. 그리하여 '수련 시리즈' 중 두 작품이 최초로 프랑스 뮤지엄에 기증됩니다. 그 뮤지엄이 바로 파리의 오랑주리 뮤지엄입니다.

원래 모네는 두 작품의 원형 패널을 만들려고 했는데, 클레

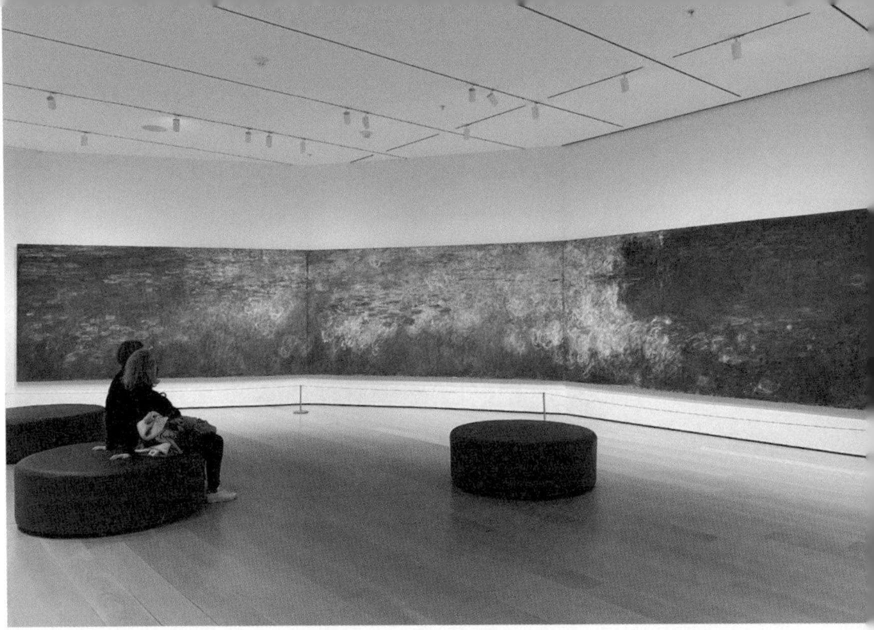

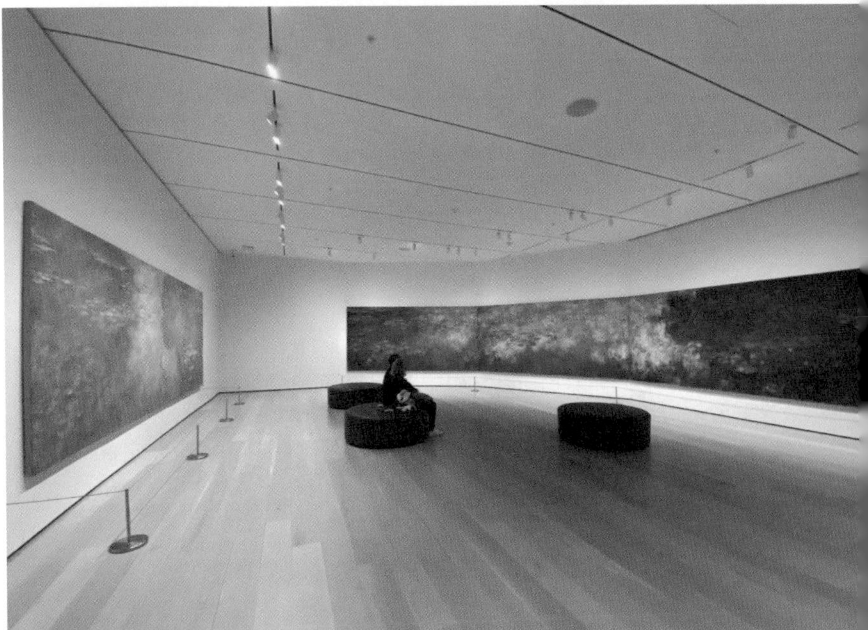

•클로드 모네, 〈수련 시리즈〉, 1914-1926

망소가 설득해 전시실 두 곳을 꽉 채우는 대형 패널 여덟 작품으로 변경됩니다. 1918년에 국가에 선물한 이 그림들은 모네가 사망한 뒤 1927년이 되어 오랑주리 뮤지엄에서 전시되기 시작합니다.

저는 클레망소가 모네의 수련에 관해 쓴 글을 보고 큰 감명을 받았습니다.

> "수련이 우리를 물의 평원에서 무한 공간의 떠다니는 구름으로 데려갈 때면, 우리는 땅과 하늘을 초월해 최고의 조화를 온전히 경험하게 됩니다(When the water garden lilies transport us from the liquid plain to the travelling clouds of infinite space, we leave the earth and its sky to experience fully the supreme harmony of things)."

그야말로 명문입니다. 수련 연못을 액체로 된 평원, 물로 이루어진 평원이라고 표현한 것부터 문학적입니다. 작품이 수평선으로부터 우리를 이동시켜 무한의 공간 속 구름을 여행하는 듯한 느낌을 준다는 표현도 멋지고요. 정말 우리를 땅과 하늘, 지구에서 떠나게 만드는 환상적인 그림인 거죠. 모든 게 완벽한 조화를 이루고 있음을 경험하게 하는 그림. 모네의 수련 감상을 완벽히 표현했네요.

사실 오랑주리 뮤지엄이 문을 연 1927년 당시에는 이 수련 그림이 별로 인기는 없었어요. 그러다가 제2차 세계대전 이후 모네가 평화를 기념하고자 했던 이 그림은, 드디어 세계 여러 곳의 관심을 끌게 됩니다.

특히 뉴욕에 있는 MOMA에서 이 그림에 큰 관심을 보이면서 MOMA의 초대 관장이었던 알프레드 바가 대형 사이즈로 사들이게 되지요. 그 덕분에 뉴욕에서도 가슴까지 서늘해지는 모네의 '수련 시리즈'를 볼 수 있답니다. MOMA의 소장품에는 제가 좋아하는 '구름'이 훨씬 더 역동적으로 표현되어 있어서 좋았어요.

MOMA 측에서는 '수련 시리즈'가 맨해튼 중심 빌딩 숲에서 오아시스 역할을 한다고 표현했는데 이보다 더 정확한 묘사는 없을 것 같네요. 굳이 어디론가 산책을 가지 않아도 연못과 버드나무로 둘러싸인 지베르니 한복판에 있는 느낌을 주는 아름다운 '수련 시리즈'. 사람이 많지 않다면 정말 '수련 멍'을 하면서 사색에 잠길 수 있는 전시실입니다.

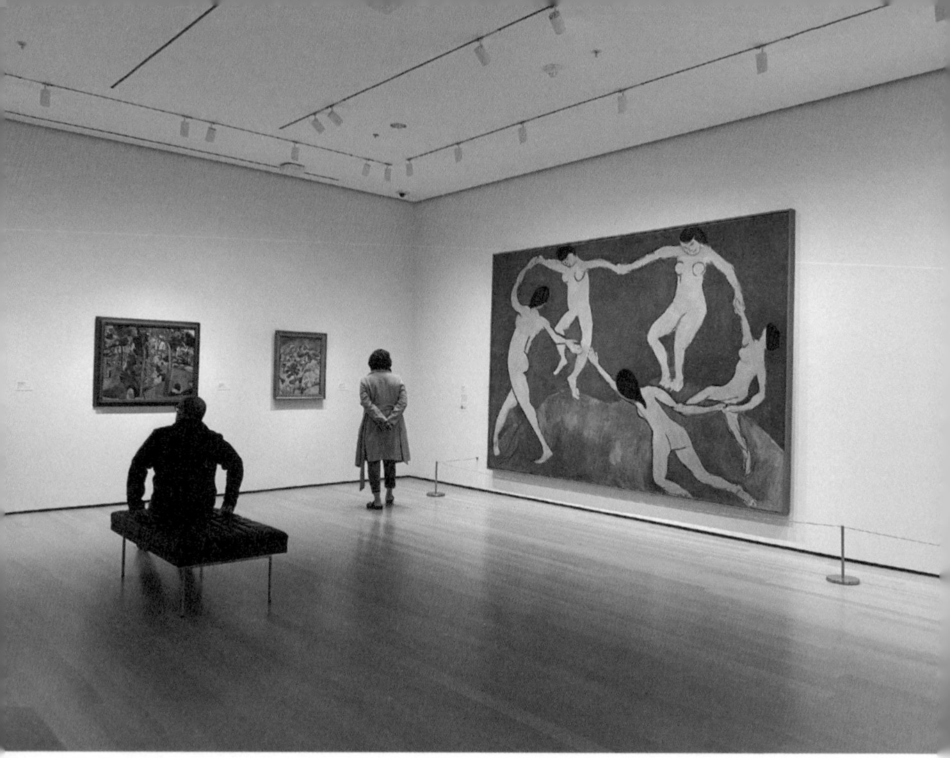

• MOMA 전시실 전경

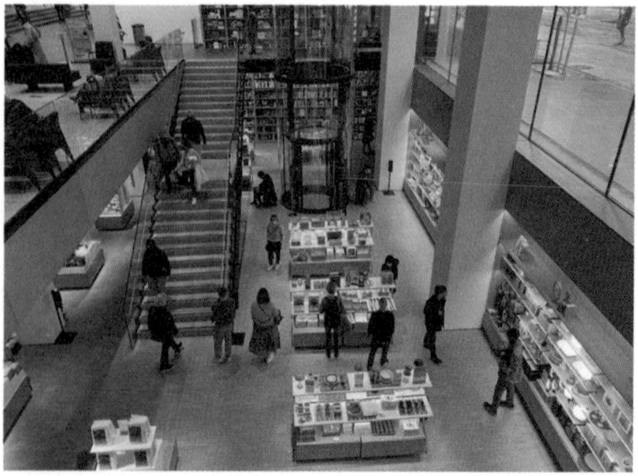

• MOMA 숍

구겐하임 뮤지엄
: 솔로몬 구겐하임이 꿈꿨던 세상

솔로몬 구겐하임은 미국에서 가장 부유한 가문 중 하나인 구겐하임 가문의 넷째 아들이었습니다. 구겐하임 가문은 광산업으로 거대한 부를 쌓았고, 솔로몬은 이 가문의 재정을 맡아 30대부터 아트 컬렉션에 열정을 쏟아부었습니다.

솔로몬의 컬렉션 인생에 큰 전환점이 온 것은 독일 귀족 출신의 예술가 힐라 르베이를 만난 뒤였는데, 그의 설득으로 솔로몬은 비구상 회화 특히 칸딘스키를 주력으로 작품을 수집하기 시작합니다. 이 둘은 미술의 새 역사를 써내려갈 비구상 회화

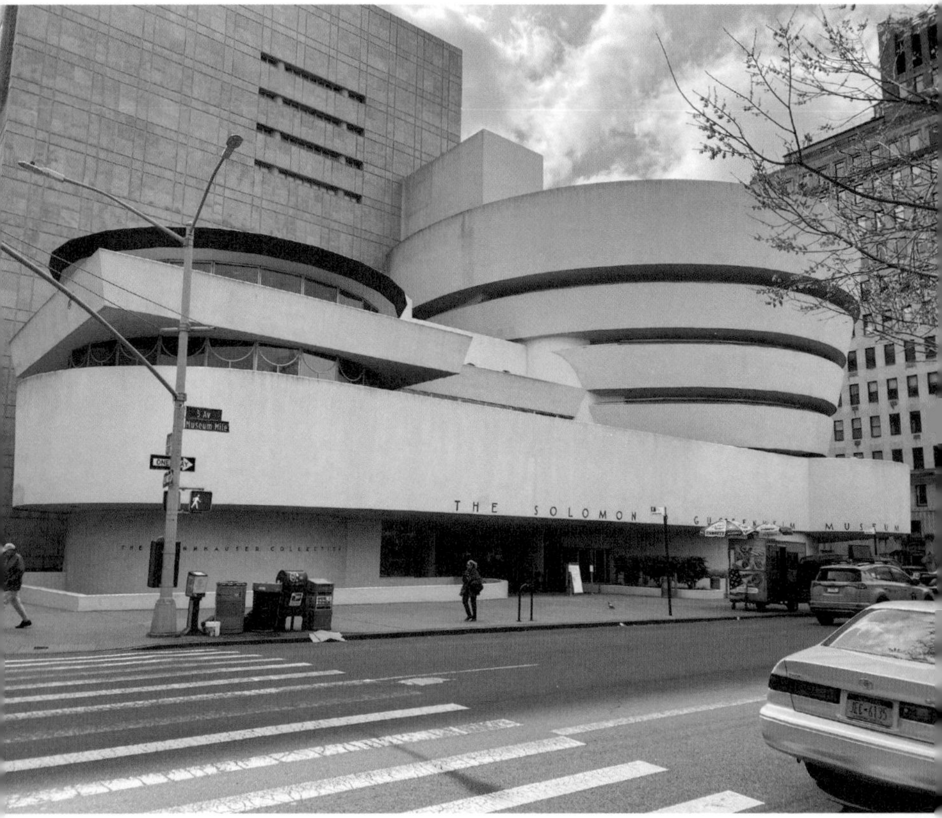

•프랭크 로이드 라이트가 설계한 구겐하임 뮤지엄

를 위한 뮤지엄을 세우기로 합니다. 곧이어 솔로몬 구겐하임 재단을 설립하고, 르베이를 비구상 회화 뮤지엄의 관장으로 임명하기에 이릅니다. 그리고 르베이의 추천으로 프랭크 로이드 라이트Frank Lloyd Wright, 1867~ 1959 인생의 마지막 역작, 뮤지엄 역사에서 어쩌면 가장 큰 논란이 된 구겐하임 뮤지엄The Solomon R. Guggenheim Museum이 탄생하게 됩니다.

설계에서 완공까지 15년이 넘게 걸렸고, 그 사이에 솔로몬의 사망, 관장 르베이의 사임, 새 관장 스위니와 라이트의 껄끄러운 관계, 수차례의 디자인 수정과 예산 변경, 라이트의 사망까지 우여곡절을 겪습니다. 그럼에도 불구하고 완공 후에는 지금까지 당당히 뉴욕의 상징으로 자리하고 있는 곳입니다.

완성까지 15년, 프랭크 로이드 라이트가 지은 명상과 사유의 공간

르베이는 관람자가 작품을 볼 때 그 일부가 될 수 있도록 혁신적인 뮤지엄을 구상했습니다. 예술가의 멘탈 속으로 직접 들어갈 수 있는 공간 그리고 단순한 뮤지엄이 아닌 명상과 사유를 위한 종교적인 공간이 되길 바랐습니다. 지금은 이런 종교적 사원의 역할을 하는 뮤지엄이 상당히 많습니다. 그러나 이때만 하더라도 마티스의 프랑스 방스 로사리오 채플 외에는 알려진 공간이 많지 않았죠.

또한 르베이와 솔로몬은 일반 대중들이 편안하게 자신의 거실에서 그림을 보는 듯한 자연스러운 경험을 하길 바랐습니다. 공간의 영적인 면까지 염두에 둔 솔로몬과 르베이가 이 뮤지엄을 건축하려 할 때, 이미 라이트는 달팽이 같은 건축물의 아이디어를 가지고 있었습니다. 구겐하임 뮤지엄의 상징과도 같은 나선형 건축은 라이트가 1920년대에 이미 설계를 해둔 상태였고, 1940년대에도 샌프란시스코 모리스 상점에서 시도했던 아이디어였습니다. 다빈치가 나선형에 평생을 몰두했듯이 라이트 역시 영원성을 상징하는 나선형에 매혹당한 사람이었던 것입니다. 사실 라이트는 당시만 해도 뉴욕과 같은 대도시에서 건축을 해본 적이 없었습니다. 그러다 보니 자신이 싫어하는 멋없는 수직의 고층 건물이 난무하는 뉴욕에 자신만의 유기적인 건축을 실험할 이 기회를 두 팔 벌려 환영했지요.

놀라운 점은 건축물이라고 하는 것이 보통 가로와 세로 기둥을 층층이 쌓아 만드는데 라이트는 컴퓨터도 없을뿐더러 콘크리트 거푸집이 무려 나무였던 시절에, 기둥을 포함한 모든 건축 설계가 정형적이지 않음에도 정확한 계산과 기법으로 완벽에

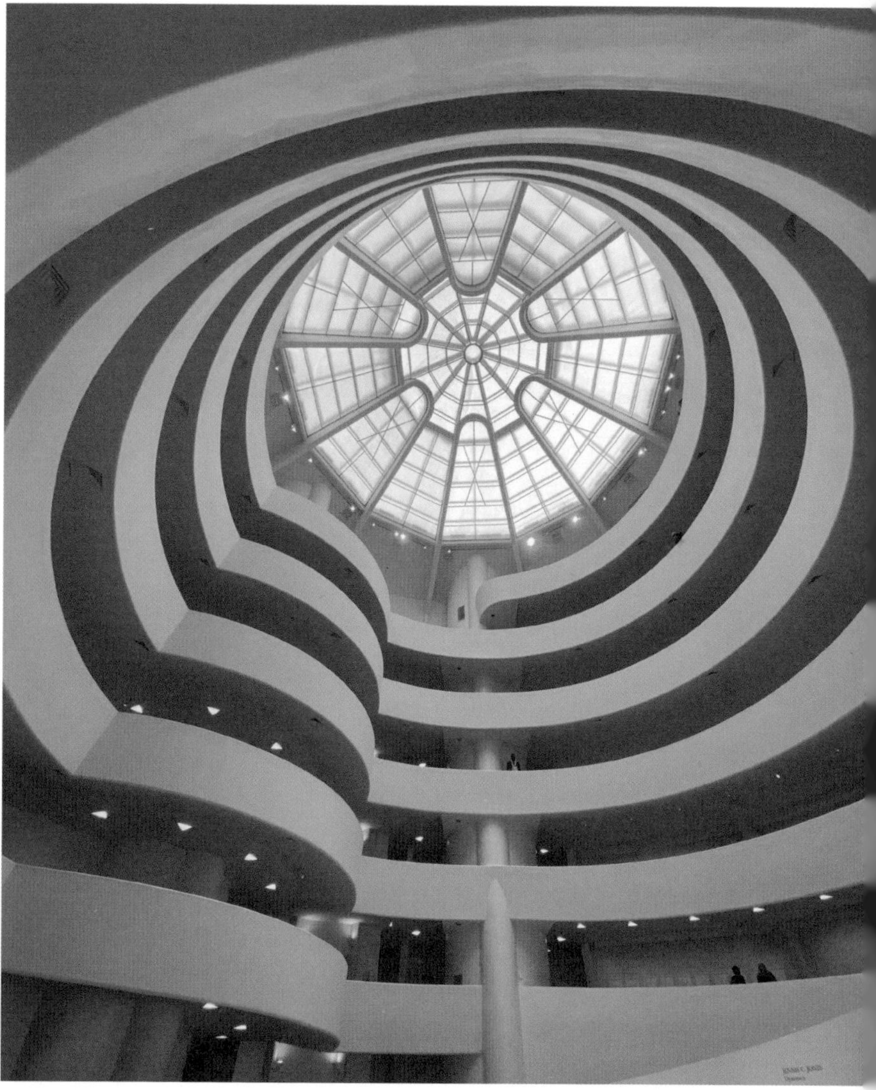

•나선형의 돔 천장

가깝게 건물을 지었다는 점입니다. 천재란 이런 것인가요?

하지만 전례가 없던 이 건축물은 라이트의 건축물이 늘 그러했듯 건축 법규에 맞지 않았고, 건축 비용 또한 천문학적이었습니다. 솔로몬은 1949년에 사망했는데 건축물은 1956년까지도 착공을 못 하고 있었습니다. 솔로몬의 상속자 해리 구겐하임은 이 막대한 건축 예산을 당연히 마음에 들어 하지 않았습니다. 엎친 데 덮친 격으로 막강한 영향력을 발휘하던 관장 르베이도 솔로몬 사망 후 자리에서 물러나야 했기에 이 건물이 지어진다면 기적이라고 불릴 정도였지요.

구겐하임 뮤지엄에 가면 엘리베이터를 타고 맨 꼭대기 층으로 올라가서 곡선의 램프를 따라 아래층으로 미끄러지듯이 내려가보세요. '내가 몇 층인지, 어디 있는지 정확히는 모르지만 또 은근 알면서' 내려오게 됩니다. 나선형 계단을 오르내리며 작품을 감상하다 보면, 꼭대기 돔에서 쏟아져 내리는 자연광을 느끼면서 나만의 보폭으로 예술과 융화됩니다. 169개의 유리 패널로 구성된 천장의 유리돔에서 빛이 은혜롭게 쏟아져내려 예술과 건축 그리고 자연이 조화되는 모습을 볼 수 있습니다.

이토록 혁신적이다 보니 기울어지고 경사진 벽으로 인해 미술품을 돋보이게 하는 구조적인 프레임이 부족했던 것 같습니다. 뮤지엄이 착공에 들어가자마자 아돌프 고틀립, 프란츠 클라인, 로버트 마더웰, 윌렘 드 쿠닝 등 현대미술의 거장들이 전부 반대 서명을 발표했습니다. 이때만 해도 하얀 벽의 정사각형 전시실, 즉 화이트 큐브가 정답인 것처럼 여겨지던 시대였으니까요. 하지만 그 뒤 제임스 터렐의 전시나 마우리치오 카텔란의 전시 등 다양한 전시들을 보면서 이 혁신적인 뮤지엄은 결국 라이트가 천재였다는 것을 증명해냈죠.

저는 이 책의 초입에서 안도 타다오의 말을 빌려 뮤지엄 건물은 예술 작품이라는 보석을 담는 보석함으로 표현했습니다만, 구겐하임 뮤지엄의 경우에는 건물이 보석보다도 더 주목을 받고 어쩌면 예술 작품보다도 더 빛나는 보석함이 아닌가 생각해봅니다.

구겐하임 뮤지엄의 탄생 배경,
칸딘스키와 Dominant Curve(1936)

구겐하임 뮤지엄에서 탄하우저 컬렉션을 소개할까 했지만 결국 바실리 칸딘스키를 골랐습니다. 구겐하임 뮤지엄은 파리의 퐁피두 센터와 뮌헨 뮤지엄에 이어 전 세계에서 칸딘스키를 가장 많이 소장하고 있는

(무려 150점) 뮤지엄입니다. 또 이 뮤지엄의 탄생은 결국 비구상 회화의 영원성을 믿었던 르베이와 솔로몬에 의한 것이며, 그들이 사랑했던 비구상 회화의 중심에는 바로 칸딘스키가 있었으니까요.

칸딘스키는 현재 우크라이나에 속한 곳(당시 러시아 오데사)에서 어린 시절을 보냅니다. 대학에서는 법학과 경제학을 전공했지만 30세에 돌연 예술로 진로의 방향을 틀게 되죠. 잘 알려져 있다시피 칸딘스키는 모네의 건초더미 그림을 보고 큰 충격을 받습니다. 그 작품이 건초더미를 그린 것인 줄은 전혀 몰랐다는 사실도 그에게는 충격이었습니다. 대상을 몰라볼 만큼 매혹적인 색 표현 자체에 크게 감동받은 것이죠.

1911년에는 예술가, 작가, 음악가들이 모인 더 블루 라이더(The Blue Rider)를 결성하면서 영감이 폭발하는 창작 시기를 거칩니다. 하지만 곧 격동의 시대가 몰아치고 제1차 세계대전, 러시아 10월 볼셰비키 혁명, 나치의 점령과 바우하우스 폐쇄 등 그의 작업은 편안할 날이 없었죠. 사회정치적 격변으로 계속해서 꿈이 좌절당했지만 그는 국적을 바꿔가며 추상 회화가 영적으로 전달하는 힘을 믿으며 꿋꿋이 작업해갑니다.

작품 초기에 칸딘스키는 말, 기수, 언덕, 나무를 반복해 그려

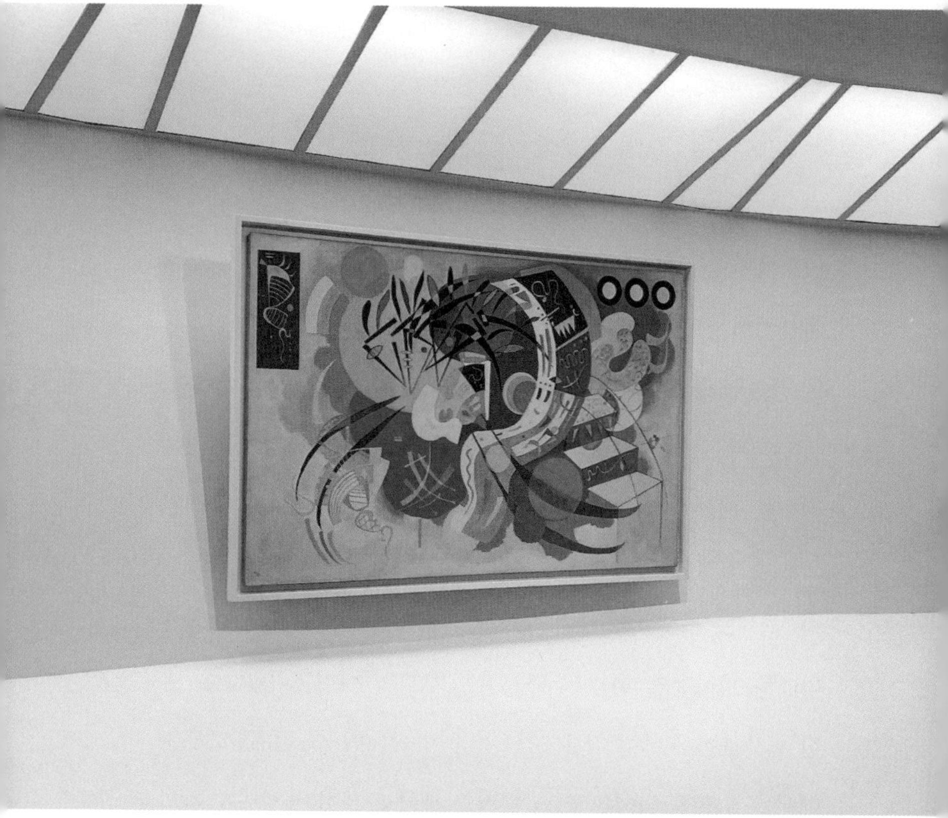

•바실리 칸딘스키, 〈Dominant Curve〉, 1936

넣습니다. 블루 라이더라는 이름 자체도 그가 좋아한 것이 기수이고 프란츠 마르크가 좋아한 것이 말, 그리고 둘 다 좋아하는 컬러가 블루였기 때문에 지어진 이름이었죠. 그의 작품 속에서는 이러한 모티브들이 아주 리드미컬하게 춤을 춥니다. 칸딘스키는 점점 감동 그 자체를 위해 음악처럼 추상적인 작품을 지향하게 됩니다. 그는 팔레트의 숨겨진 힘이라 부르는 컬러들을 사용했고 기하학적 모양 특히 원을 주로 그리기 시작합니다.

나치의 점령을 피해 1933년 이후부터 프랑스로 넘어간 그의 말년은 창의력 폭발의 시대였습니다. 바우하우스에서 교편을 잡던 책임에서 벗어나 자유로운 예술가 생활이 시작된 것입니다. 색채도 더욱 다채로워졌을 뿐만 아니라 밝고 명랑해집니다. 미래는 평화롭길 바라는 긍정적인 무드의 그림들이었지요. 또한 미생물이나 배아 같은 도식을 많이 썼는데 'Dominant Curve'에서도 오른쪽 위에는 핑크 컬러의 배아로 보이는 형태가 자리하고 있고, 왼쪽 위 녹색 박스 안에는 바다에서 살 법한 생물체가 그려져 있네요.

이상 평범치 않은 구겐하임 뮤지엄과 그에 못지 않은 칸딘스키의 작품이었습니다.

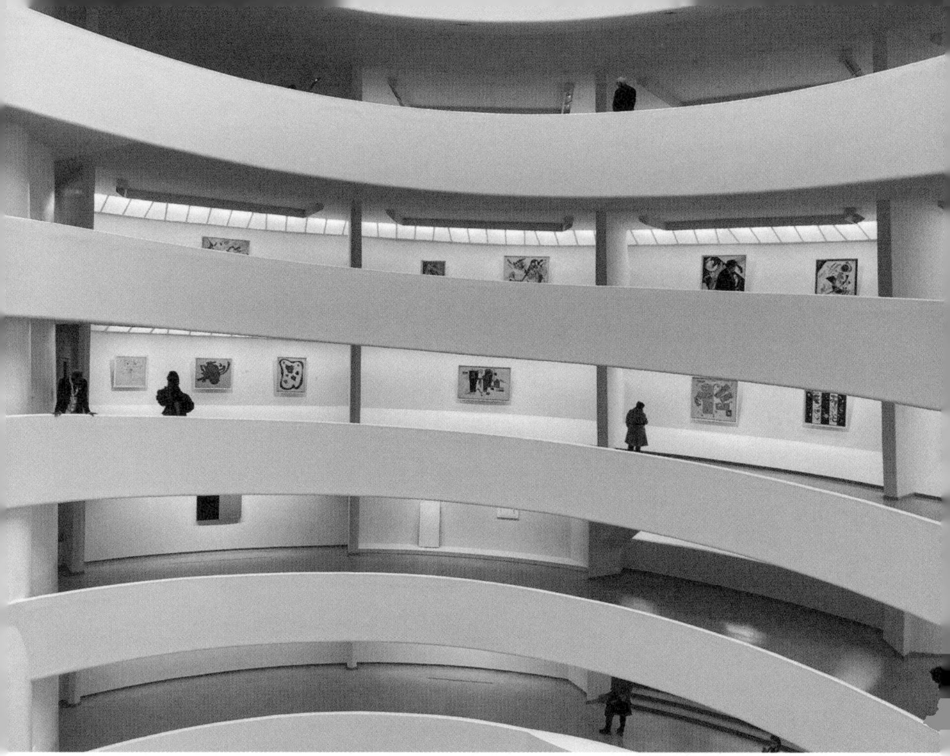

•구겐하임 뮤지엄의 나선형 계단. 계단을 따라 내려오며 작품을 감상할 수 있다.

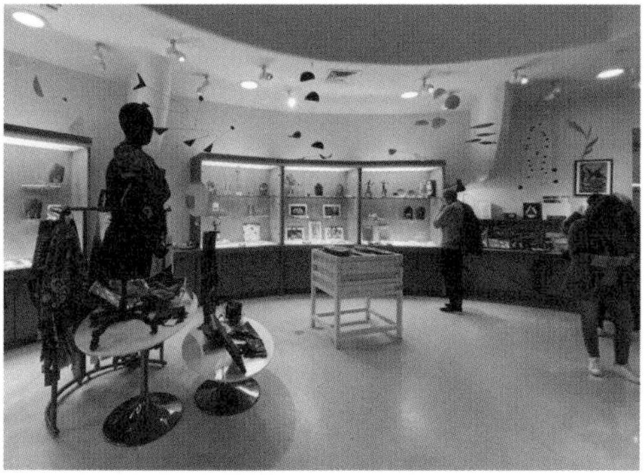

•구겐하임 뮤지엄 숍

휘트니 뮤지엄
: 미국 현대미술의 정수

휘트니 뮤지엄Whitney Museum of American Art은 거트루드 밴더빌트 휘트니가 1931년에 설립한 뮤지엄입니다. 그는 전설적인 철도 재벌 코넬리우스 밴더빌트의 증손녀로 태어나 휘트니 가문과 결혼했습니다. 부유한 삶을 바탕으로 프랑스에서 조각가 로댕에게 교육받은 휘트니는 조각가로 일하면서 미국의 예술가들에게 깊이 공감하게 됩니다. 초반에는 그리니치 빌리지에 휘트니 스튜디오를 만들고, 미국 예술가들이 꿈을 펼칠 수 있도록 작품을 구입해주고 전시도 해주었습니다.

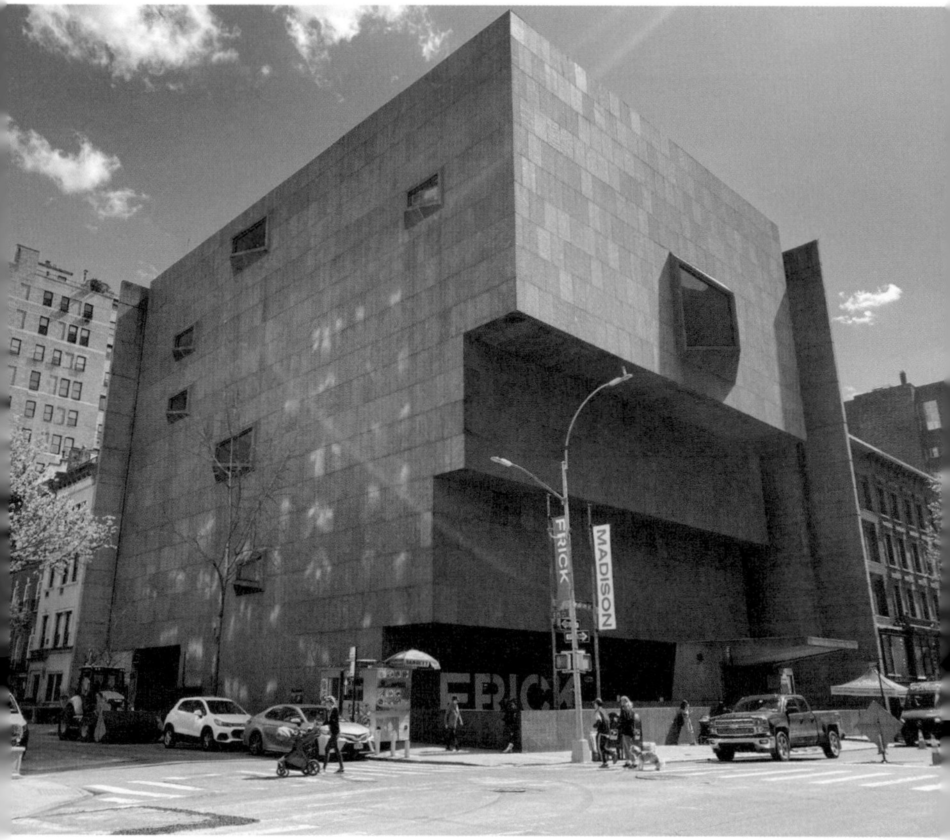

•마르셀 브로이어가 설계한 휘트니 뮤지엄

처음에 휘트니는 700여 점에 달하는 미국 예술 작품을 수집하고 이를 메트로폴리탄 뮤지엄에 기증하려고 했지만 거절당했습니다. 이후 자신이 스스로 뮤지엄을 만들기로 결심한 것이지요.

휘트니 뮤지엄을 만든 두 건축가,
마르셀 브로이어와 렌초 피아노

1963년, 휘트니 뮤지엄은 매디슨 애비뉴에 마르셀 브로이어Marcel Breuer, 1902~1981가 건축한 파격적인 건물을 대중에게 선보입니다. 저는 아직도 브로이어의 대담하고 독특한 휘트니 뮤지엄 건물을 기억합니다. 저뿐만 아니라 많은 뉴요커가 그럴 거라 생각해요. 뉴욕 매디슨가를 쭉 걸어 올라가 휘트니 뮤지엄에서 에드워드 호퍼를 만나곤 말 그대로 감동에 휩싸였던 그때의 저를 기억합니다. 바우하우스 스타일의 모더니즘 완결판 같았던 이 휘트니 뮤지엄 건물은 완공 당시에 너무나 파격적인 나머지 무겁고 우울하며 심지어 잔인하다는 평가를 받았지만, 현재는 혁신 그 자체로 인정받고 있지요. 독특한 이 건축물은 중력을 거스르듯 위로 올라갈수록 계단이 거꾸로 튀어나온 형태를 가지고 있습니다. 지구라트를 반대로 놓은 모양이고 창문 역시 거꾸로 놓인 모양입니다. 휘트니

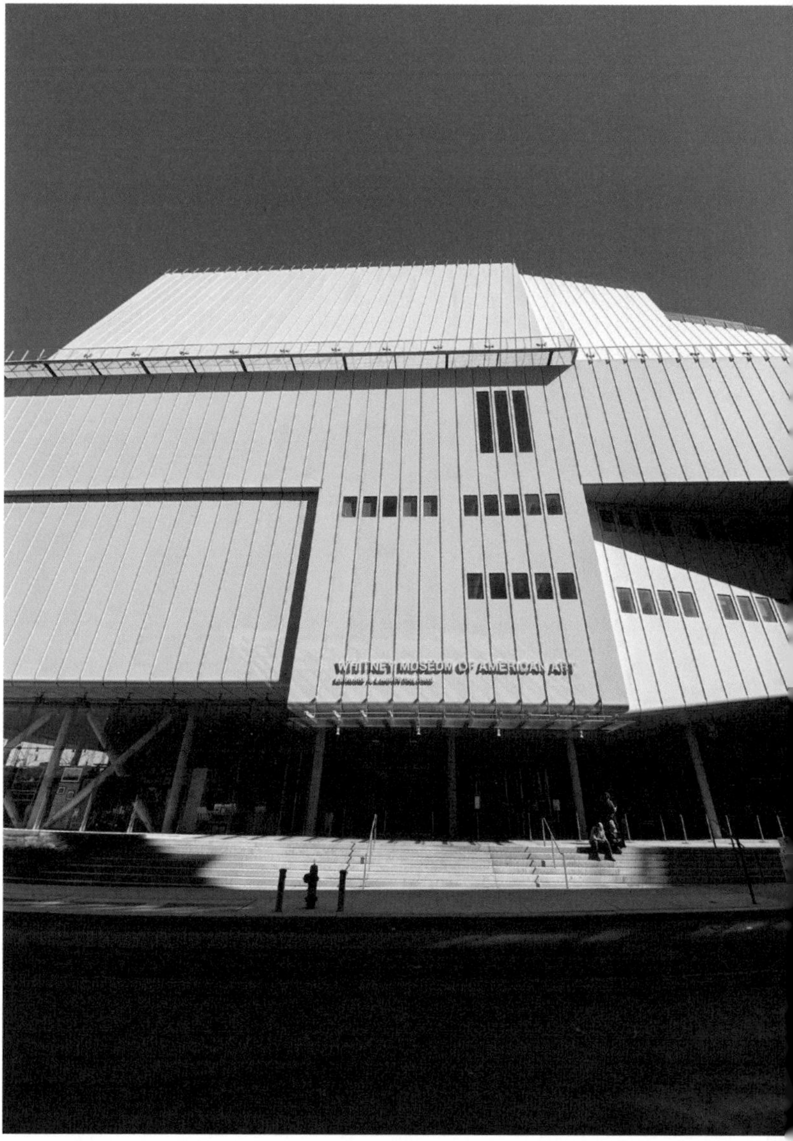

•렌초 피아노가 설계한 휘트니 뮤지엄

뮤지엄이 2015년 미트패킹 하이라인 옆으로 이전한 이후에는 메트로폴리탄 뮤지엄과 프릭 컬렉션이 임대해 쓰다가 지금은 소더비로 주인이 바뀌었습니다.

휘트니 뮤지엄는 1970년대 말부터 새 뮤지엄 건축 계획을 오랜 시간 지난하게 끌어오다가 결국 프리츠커상 수상 건축가 렌초 피아노Renzo Piano, 1937~에게 이 프로젝트를 맡겼습니다. 피아노는 1977년에 리처드 로저스와 함께 작업한 파리 퐁피두 센터 건축으로 문화계 역사에 길이 남을 건축물을 남겼습니다. 퐁피두 센터의 의미는 피아노의 말대로 '신비화의 반란'이라고 말할 수 있을 것 같네요. 피아노 이전까지는 뮤지엄이란 그저 딱 떠오르는 이미지의 정형화된 스타일의 건축물이었습니다. 육중하고 무겁고 문화 엘리트만을 위한 폐쇄된 화이트 큐브. 대중들이 손쉽게 접근하기 어려운 이미지였죠. 이러했던 뮤지엄이란 공간은 퐁피두 센터 이후로는 대중을 위한 맞춤 공간이 되었습니다. 그들만의 세상이었던 요새 같은 건축에서 벗어나 대중들이 사랑하는 활기찬 공간으로요. 피아노는 전 세계에서 뮤지엄을 가장 많이 짓는 건축가 중 한 명입니다. 뮤지엄 건축이 건축 분야에서 특히 더 중요하게 여겨지는 분야인 만큼 이는 대단한 업적인데요, 이탈리아 건축가이지만 미국의 수많은 뮤지엄

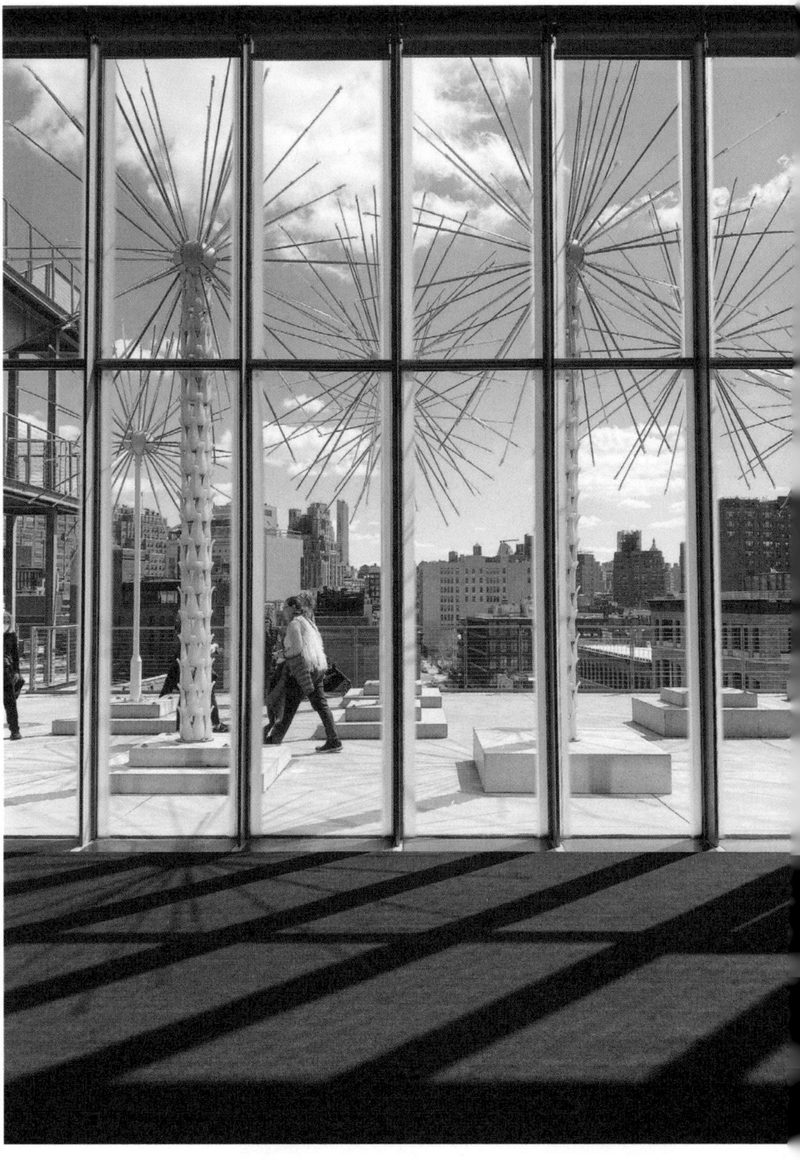

•내부에서 바라본 휘트니 뮤지엄 전경

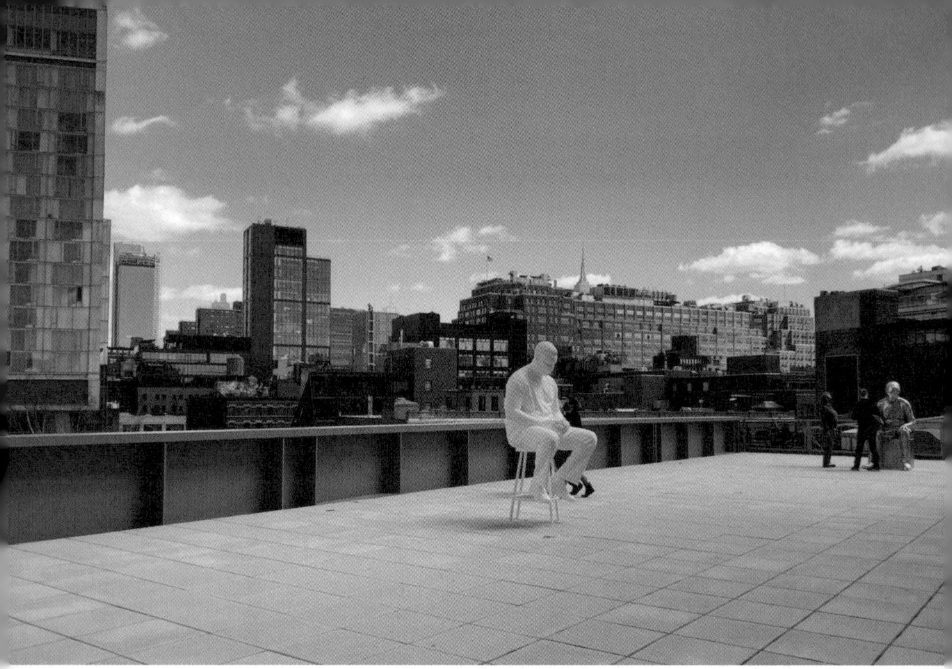

•휘트니 뮤지엄에서 바라본 뉴욕 풍경

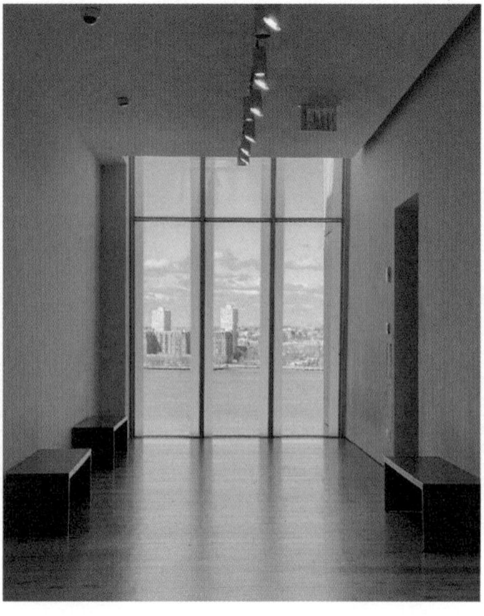

•전시실에서 보이는 허드슨강

을 지었기 때문에 이번 책에서만도 휘트니 뮤지엄, 메닐 컬렉션, LACMA, 모건 라이브러리 뮤지엄 등 그의 손을 거친 많은 뮤지엄이 거론되고 있습니다.

2015년 새롭게 대중 앞에 모습을 드러낸 휘트니 뮤지엄은 뉴욕의 랜드마크인 하이라인과 허드슨강을 끼고 비대칭적이면서도 강력한 디자인을 뽐내고 있습니다. 5층에는 기둥이 없는 전시실을 배치했는데 뉴욕시 전체에서 가장 큰 면적의 전시실입니다. 층마다 외부 테라스가 존재하고, 이를 잇는 계단들을 오갈 때 뉴욕의 높은 빌딩들과 하이라인이 펼쳐진 뷰를 보면 카타르시스를 느낄 수 있어요.

휘트니 뮤지엄의 대표 화가,
에드워드 호퍼와 Early Sunday Morning(1930)

휘트니 뮤지엄 하면 에드워드 호퍼가 떠오를 만큼 휘트니 뮤지엄과 호퍼의 관계는 평범함을 넘어섭니다. 호퍼는 1920년에 휘트니 뮤지엄에서 첫 개인 전시회를 열었고 그 뒤에도 휘트니 비엔날레에 무려 30회 등장합니다. 호퍼의 대표작 중 하나인 'Early Sunday Morning' 역시 1930년 휘트니 뮤지엄에서 구입했으며 뮤지엄의 하이라이트 작품이기도 합니다. 호퍼의 배우자였던 조세핀 니

비슨 호퍼 사망 후 호퍼 작품 대부분이 휘트니 뮤지엄에 들어가게 되면서 휘트니 뮤지엄은 호퍼의 작품을 무려 2,500점 이상 소장하게 됩니다. 1967년 호퍼 사망 이후에는 주요 회고전이 이루어지기도 했죠. 이런 연유에는 휘트니 뮤지엄의 3대 관장이었던 로이드 굿리치의 후원도 큰 몫을 했습니다. 그는 호퍼를 몬드리안과 비교하며 호퍼가 항상 당대 최고의 예술가라는 확신에 흔들린 적이 없었습니다.

사실 호퍼는 예술가치곤 아무런 굴곡도 사건도 없는 무미건조한 삶을 살았습니다. 두 번의 유럽 여행 이외에는 이렇다 할 이벤트도 없었죠. 하지만 유럽 여행이 그에게 영향을 미친 것은 확실합니다. 스스로 렘브란트와 마네에게 영향을 받았다고 이야기했고, 특히 렘브란트 이후 가장 빛을 드라마틱하게 쓰는 화가로 불렸다는 점에서도 무관하지 않아 보여요.

호퍼는 마흔까지 일러스트레이터로 일해야 했을 만큼 생계가 불투명했는데, 50대가 되면서 미국에서 가장 인정받는 화가 중 한 명이 되었습니다. 호퍼의 시대는 이미 예술가들이 마케팅 천재가 되어야 하는 시점이었습니다. 호퍼는 배우자 조세핀(일명 '조')을 만나고 나서 매니저, 뮤즈, 평론가, 심지어 모델의 역할까지 했던 조의 도움을 상당히 많이 받게 됩니다. 조 역시 화가였기 때문에 호퍼의 작품에 일일이 강렬한 코멘트를 남기기도 했습니다. 호퍼의 어카운팅 노트를 보면 이 둘의 친밀함에 질투가 날 정도예요.

뉴욕에 60년 이상 거주한 뉴요커로서 호퍼는 이 도시의 눈부신 발전을 두 눈으로 지켜보았습니다. 하지만 한번도 고층 빌딩들을 캔버스에 담지는 않았죠. 미국과 대도시 그 자체인 것만 같은 호퍼의 작품은 당시의 도시 라이프에서 가장 평범한 순간을 그려내는데요, 그렇다 보니 작품의 배경은 대부분 식당이나 주유소, 호텔 방 등입니다. 도시 생활을 하며 어쩌면 매일 보는 장소와 장면일 텐데도 과장된 비현실처럼 느껴지는 것이 호퍼의 작품이죠. 게다가 그림 속 주인공들은 뭔가 경직되어 보이고 꽤 고립되어 보입니다. 호퍼의 그림을 볼 때 어떤 느낌이 드나요? 주인공들이 행복해 보이나요? 즐겁고 유쾌해 보이나요? 이들은 힘들 때 고민을 털어놓을 친구 하나 없을 것같이 느껴지는 사람들이죠. 캔버스 안에 담긴 감정은 우울하고 고독합니다. 그것도 한도 초과의 우울과 고독이죠. 이런 흔치 않은 감수성이 바로 호퍼를 20세기 최고의 화가로 만든 이유입니다. 하지만 그림 속 주인공의 심리 상태와 반대로 그림에 쓰인 컬러들은 꽤 밝아요. 다만 어두운 그림자가 그 밝은 컬러들을 지배하고 있죠. 컬러들을 과대하게 강조하고 대비가 명확한 음영으로 마치 한편의 드라마를 보는 느낌입니다. 이 때문에 그림을 보는 관람객들의 심리적 효과를 극대화할 수 있죠. 무엇보다 호퍼의 이런 '분위기'를 결정짓는 것은 역시 '빛'을 다루는 그의 방식이라고 생각해요.

호퍼는 침묵적인 성격으로 유명합니다. 작품에 대해 말을 아끼는 스타일이었는데 그의 말을 들으면 저절로 고개가 끄덕여집니다. "만약 당신이 말로 표현할 수 있다면 그림을 그릴 이유가 없을 것입니다."

저는 호퍼의 작품에서 가장 중요한 한 가지가 '분위기'라고 생각합니다. 우울, 고독, 소외, 불안, 두려움, 긴장, 강박, 아이러니 등 호퍼의 작품은 2차원의 평면 속에서도 그만의 분위기로 어마어마한 상상력을 불러일으킵니다.

그의 작품 속에서 대부분 건물은 사회와는 동떨어져 있는 모습이고, 길을 잃은 듯한 위치에 덩그러니 서 있지요. 'Early Sunday Morning' 속 상점도 뭔가 유령이 등장할 법한 모습 아닌가요? 이 작품에서 관람자의 시선은 어디에 있나요. 관람자는 그림의 길 건너에 있습니다. 그리고 그 시선을 이발소가 한 번 더 나눠주고 있고요. 상당히 계산적인 작품이에요. 배경은 일요

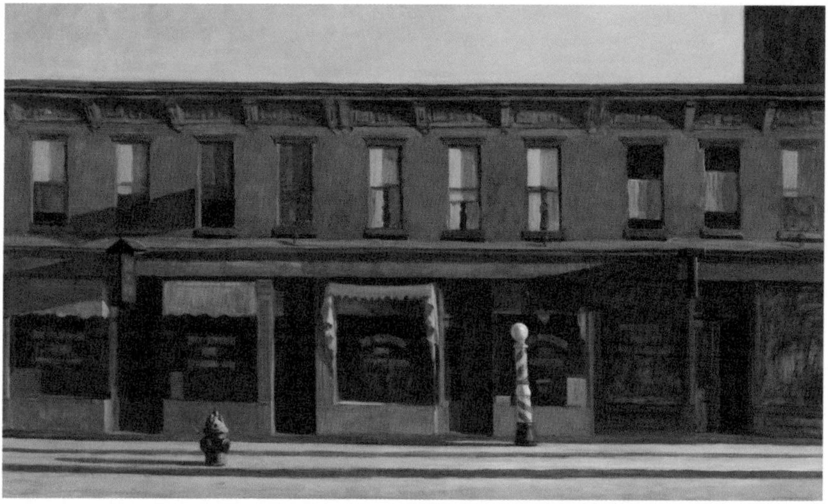

•에드워드 호퍼, 〈Early Sunday Morning〉, 1930

일 아침 어디서나 볼 수 있는 공간이지만 어쩐지 공허하고 황폐한 미래 인공 도시의 한 장면 같이 느껴집니다.

제가 이 작품을 보며 놀랐던 것은 아침의 태양빛 때문입니다. 아침에 떠오르는 태양은 보통 희망과 밝음을 상징하는데, 이 그림은 그와는 정반대의 서사를 가지고 있는 듯 보여요. 아침 빛의 분위기를 이렇게 텅 비어 보이게 만들 수도 있구나 싶은 거죠.

호퍼는 인터뷰에서 이 모든 작업을 말로 설명할 수는 없지만, 자신의 무의식적인 결과라고 이야기했습니다. 그저 도시에 접근하는 느낌으로 그렸다고 짧게 이야기했는데, 작품을 보면 놀라울 뿐입니다. 또한 호퍼는 내면의 상상력은 색상이나 디자인에 그치지 않고 광대하고 다양하게 예술에 생명을 불어넣는다고 덧붙였습니다.

휘트니 뮤지엄에서 만나볼 수 있는 호퍼의 또 다른 대표작 'Second Story Sunlight'는 침묵을 지키기로 유명한 호퍼가 직접 설명을 언급했던 작품 중 하나입니다. 그는 "햇빛은 노란기 거의 없이, 아예 없이, 하얗게 칠하려고 했다. 이에 대한 심리적 해석은 관람객의 몫이다"라고 밝혔습니다. 이 작품에서는 자연과 건축이 모호한 나잇대의 인물들과 함께 평행 배치되어 그

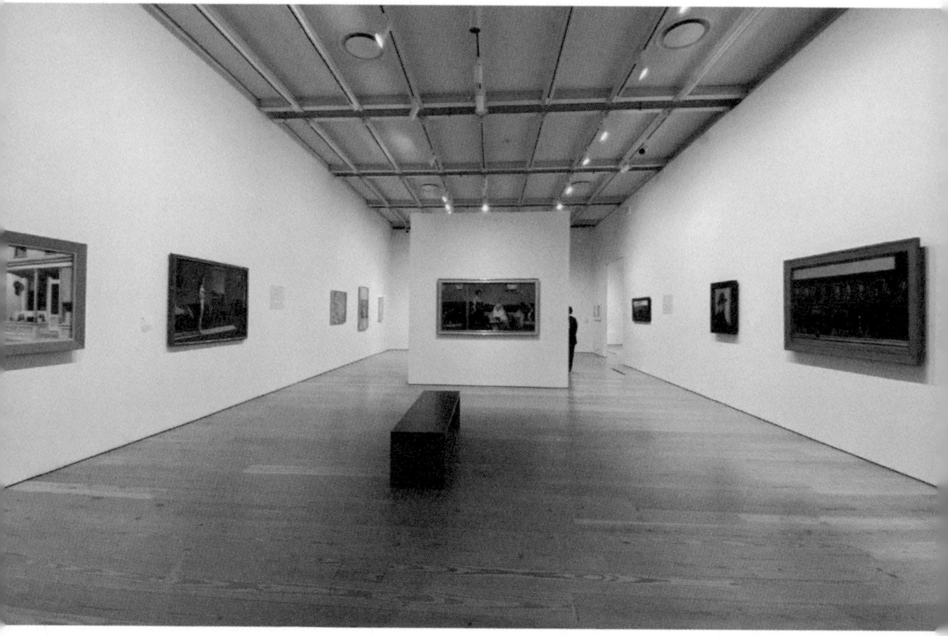

•에드워드 호퍼 전시실 풍경

효과를 극대화하고 있습니다. 덕분에 작품의 질감이 독특하게 느껴지고요. 재미있는 것이 작품 제목인데 이는 중의적인 의미를 가지기도 합니다. 단순히 2층이란 뜻도 되고, 두 번째 인생(second history)을 표현하기도 합니다. 나이 든 모델은 신문을 읽고 있고, 어린 모델은 발코니에 앉아 있습니다. 호퍼의 작품들에서 제법 공통적으로 나오는 장면이 바로 작품 속 인물들이 태양을 향하고 있다는 사실입니다. 그렇지만 밝음보다는 기이하게 강렬한 고독이 작품을 지배하고 있죠. 언제나 시선을 사로잡는 호퍼의 작품이었습니다.

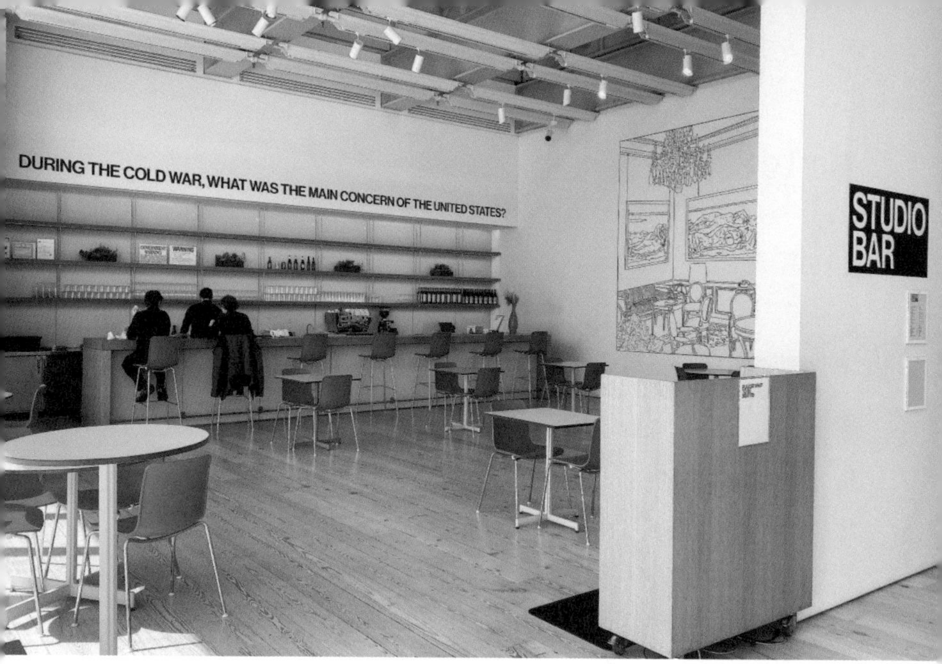

•휘트니 뮤지엄 카페

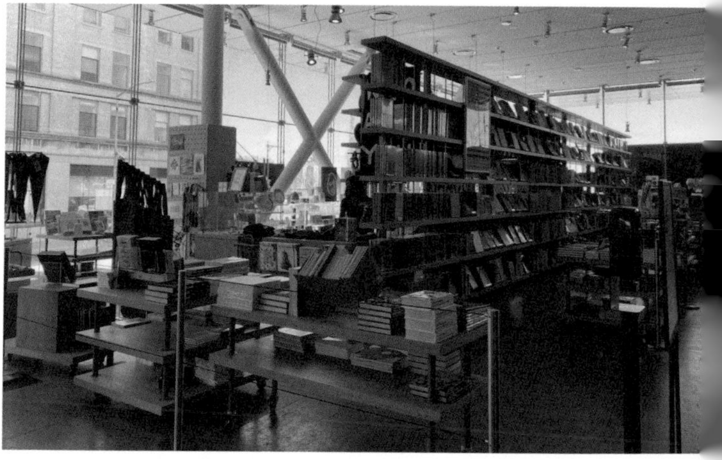

•휘트니 뮤지엄 숍

Must go

프릭 컬렉션(The Frick Collection)

미국 도금 시대에 앤드루 카네기, 앤드루 멜런과 함께 성공한 사업가였던 헨리 클레이 프릭이 자신의 컬렉션으로 세운 뮤지엄. 그의 사망 후 존 러셀 포프가 뉴욕의 개인 맨션을 뮤지엄으로 개조하면서 야외 정원이었던 곳을 실내로 만들었다. 우아하고 아름다운 무드가 가득하다. 프릭의 소장품을 딸 헬렌 클레이 프릭이 자선 사업과 함께 확장해 지금의 컬렉션을 이루었다. 엘 그레코부터 렘브란트, 페르메이르, 터너, 앵그르 등 미국 내 최고의 유럽 회화 컬렉션을 소장하고 있다.

모건 라이브러리 뮤지엄(The Morgan Library & Museum)

미국 금융가 J.P. 모건의 개인 도서관이었던 곳을 그의 아들이 1924년에 공공기관으로 만들었다. 1906년, 당시 전설적인 건축가 맥킴의 유작으로 이탈리안 르네상스 스타일의 고전미 넘치는 도서관으로 지어졌다.

무려 기원전으로 거슬러 올라가는 희귀한 원고, 도서, 편지, 논문 등 자산의 절반에 이르는 대규모 컬렉션으로 이루어져 있다. 개인 서재에 들어온 듯 친숙하면서도 웅장한 규모에 압도되는 곳. 2006년에 렌초 피아노가 확장을 맡아 완공했다.

노이에 갤러리(Neue Galerie New York)

에스티 로더 창립자의 상속자 로널드 로더가 절친 세르주 사바르스키와 함께 뉴욕에 오픈한 갤러리. 독일과 오스트리아 미술을 주로 전시하며, 에곤 실레 컬렉션은 세계 최고다. 2006년에 클림트의 '아델레 블로흐바우어의 초상'을 1억 달러 넘는 가격에 구입했다. 이 그림은 나치가 약탈했던 작품으로 본래 작품을 소유했던 가문의 마리아 알트만과 오스트리아가 작품 소유를 두고 오랜 소송을 펼치기도 했다. 이 작품 하나만으로도 숨이 멎을 만큼의 감동을 선사하는 갤러리. 뉴욕 방문 중 반드시 추천한다.

뉴 뮤지엄(New Museum)

휘트니 뮤지엄의 큐레이터였던 마샤 터커가 1977년에 설립한 뮤지엄. 살아있는 예술가들의 작품은 전통적인 뮤지엄의 전시실에 들어맞지 않는다는 문제 의식을 갖고 만들어진 곳이다. 2007년, 프리츠커상을 수상한 SANAA의 유니크한 디자인으로 지금의 장소로 이전 오픈했다. 하얀 택배 박스를 층층이 올린 듯한 미니멀하고 현대적인 디자인으로 꼭대기층은 맨해튼의 탁 트인 뷰를 자랑한다. 잠재된 능력으로 일찍이 성공 가능성을 인정받은 작가들의 작품을 전시하고, 그들의 대중적 인지도를 높여주고자 노력하는 곳. 소호를 거닐다가 한번쯤 들어가보기 좋은 뮤지엄이다.

3장

예술이 짙게 서려 있는 콧대 높은 도시 _필라델피아

필라델피아 뮤지엄
: 장엄한 위엄이 녹아든 곳

필라델피아 뮤지엄Philadelphia Museum of Art은 미국 독립 100주년 기념 전시를 위해 1876년에 기념관으로 오픈했습니다. 1928년에 지금의 위치인 페어몬트힐 언덕에 새 건축물을 세우게 됩니다. 미국 최초의 흑인 건축가 중 한 명인 줄리안 아벨이 설계해 더 의미 있는 곳이기도 하죠.

프랭크 게리가
은밀하게 실력을 뽐낸 뮤지엄

현대에 가장 개성이 강한 건축

가를 꼽으라면 프랭크 게리Frank Gehry, 1929~가 빠질 수 없습니다. 그가 만든 건물을 보는 순간 0.5초 만에 "프랭크 게리다!" 하고 외칠 수 있죠. 프리츠커상 수상 건축가 게리의 건축물 중에 가장 놀라웠던 결과물을 말하라면 스페인 빌바오 구겐하임 뮤지엄도 파리의 루이비통 파운데이션도 아닌, 바로 이 필라델피아 뮤지엄입니다. 유려한 곡선을 자랑하는 게리만의 해체주의 건축 특징을 어디에서도 찾아볼 수 없기 때문입니다. 오히려 너무도 은밀하고 조용한 분위기의 공간이라 입을 다물 수가 없었죠. 물고기가 펄떡이는 듯한 게리의 주요 필살기는 전부 어디로 간 것인지 의문이 들 정도였습니다.

필라델피아 뮤지엄은 2006년에 게리와 건물 확장과 개조에 관한 협업을 발표했고, 15년 후인 2021년에 그 모습을 드러냅니다. 100여 년 전 개관할 때 쓰인 건축 재료인 카소타 석재를 이용해 확장된 뮤지엄은, 금빛을 뿜어내는 은은한 석회암 덕분에 오랜 역사를 간직한 뮤지엄의 품격을 그대로 유지하면서 약 6,000평이 넘는 전시실을 추가할 수 있게 된 겁니다. 이로써 필라델피아 뮤지엄은 총 2만 7,000평에 달하는 전시실을 보유하게 됩니다.

새롭게 만들어진 렌페스트 홀의 데스크들 역시 게리가 디자

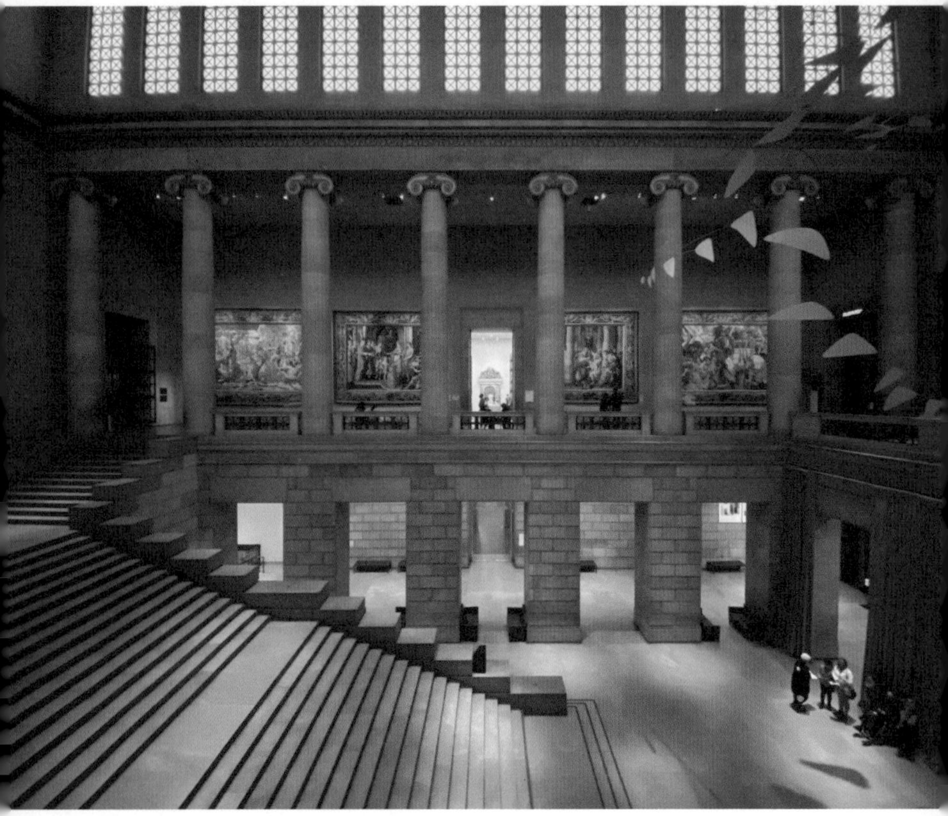

• 필라델피아 뮤지엄의 내부 전경

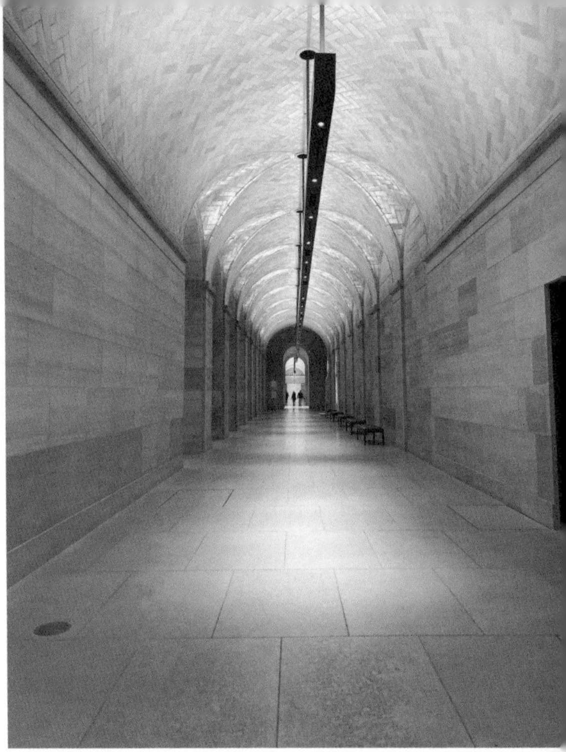

• 필라델피아 뮤지엄의
아치형 복도

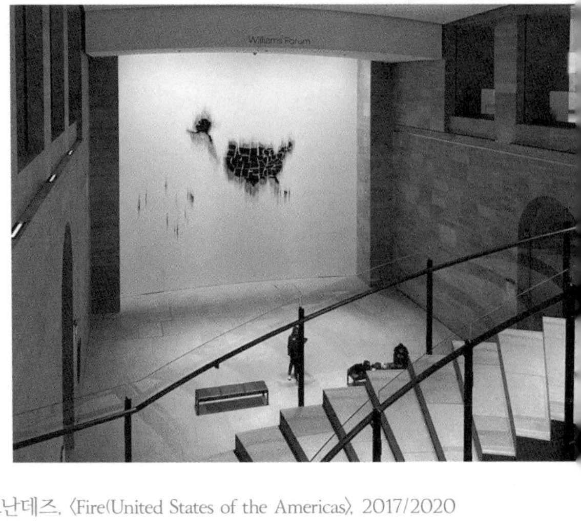

• 테레시타 페르난데즈, 〈Fire(United States of the Americas〉, 2017/2020

인한 것이니 유심히 보셔도 좋겠습니다. 또 하나 제가 방문했을 당시 필라델피아 뮤지엄은 테레시타 페르난데즈가 숯으로 그린 미국 지도인 'Fire(United States of the Americas)'를 윌리엄스 포럼에서 볼 수 있었는데요, 이 윌리엄스 포럼에서는 피라네시 스타일의 계단을 꼭 보길 추천합니다. 아마도 이 계단이 조용한 필라델피아 뮤지엄의 건축에서 유일하게 게리가 '게리한' 부분이 아닐까 싶네요.

계단을 따라 내려가면 그보다 더 우아하고 근사하기 짝이 없는 아치형 복도가 모습을 드러냅니다. 꼭 고개를 들어 둥근 아치형 천장을 보며 천천히 걸어가보길 바랍니다.

필라델피아 뮤지엄의 건축 이야기는 이쯤에서 마치고, 이제 주요 작품들을 감상하러 가볼까요.

뒤샹과 Étant donnés: 1° la chute d'eau, 2° le gaz d'éclairage…(1946–1966)

체스를 사랑하는 예술가 집안에서 태어난 마르셀 뒤샹은 입체파 화가로서 커리어를 시작했습니다. 1912년에 대표작 중 하나이자 현재 필라델피아 뮤지엄이 소장한 '계단을 내려가는 누드'를 발표했지요. 하지만 모두가 자신을 주목하던 25세의 나이에 그는 결심합니다.

전통적인 예술계에서 벗어나기로요. 그가 볼 때 인상파건 입체파건 그냥 인간의 망막만을 즐겁게 하는 예술 같았거든요.

그리고 스스로에게 물었습니다. '예술 작품이 아닌 작품을 만들 수 있을까?' 그는 돌연 생트 주느비에브 도서관에서 사서로 일하면서 그의 첫 번째 레디메이드 '자전거 바퀴'를 제작합니다.

이즈음 '계단을 내려가는 누드'를 비롯한 그의 작품이 미국에서 팔리면서 그는 미국으로 이주하게 됩니다. 뉴욕에 도착한 뒤샹은 아렌스버그 부부를 만나게 되는데, 이들 부부는 훗날 뒤샹의 절친한 친구이자 주요 후원자로 그의 많은 작품을 구매합니다.

부부의 캘리포니아 집은 뒤샹의 작품뿐만 아니라 당대 모든 현대 예술 작품으로 말 그대로 '뒤덮인' 곳이었습니다. 뒤샹은 그들과의 40년 넘는 우정을 바탕으로 1950년, 아렌스버그 부부의 컬렉션을 필라델피아 뮤지엄에 기증하도록 도왔고, 그날 이후 필라델피아 뮤지엄은 뒤샹의 가장 방대한 컬렉션을 소장한 뮤지엄이 됩니다.

뒤샹은 예술을 숭배하고 신화처럼 여기는 모든 것을 거부하고 조롱했습니다. 모든 전통과 관습에 질문하고 항의하며 본인의 예술세계를 구축해나가죠. 1917년에 지금까지도 가장 논란

이 된, 변기로 표현한 작품 '샘(Fountain)'을 'R. Mutt'라는 가명으로 출품하는가 하면 1919년에는 모나리자에 수염을 붙인 작품 'L.H.O.O.Q.'를 발표하는 등 모든 예상을 뒤엎는 광적이고도 도발적인 작품을 제작합니다.

1923년에 뒤샹은 또 한 번 중대한 결심을 합니다. 바로 예술 작품이 아닌 체스에 전념하기로 한 것이죠. 이런저런 단편영화와 전시회에 종종 등장했지만, 그는 예술계를 떠난 듯 보였습니다. 하지만 제2차 세계대전 이후 뒤샹이 미국 예술가들에게 끼친 어마어마한 영향이 그를 다시 예술계로 불러들입니다. 대량 생산된 평범한 기성품을 예술 작품으로 승화시키는 그의 비범한 예술적 능력 때문에 미국 현대미술의 스타들은 전부 뒤샹에게 영향을 받았다고 입을 모아 말했던 겁니다.

하지만 그의 가장 충격적인 작품은 다음에 살펴볼 작품, 그의 죽음 후에 발표된 '주어진: 1. 폭포, 2. 가스등…(Étant donnés: 1° la chute d'eau, 2° le gaz d'éclairage…)'이란 작품입니다.

1968년 뒤샹은 사망합니다. 이때 그의 절친들조차 깜짝 놀랐던 사실은 그가 1946년부터 죽기 전 20년 동안 아무도 모르게 예술품을 제작하고 있었다는 겁니다. 내내 체스만 두고 있는

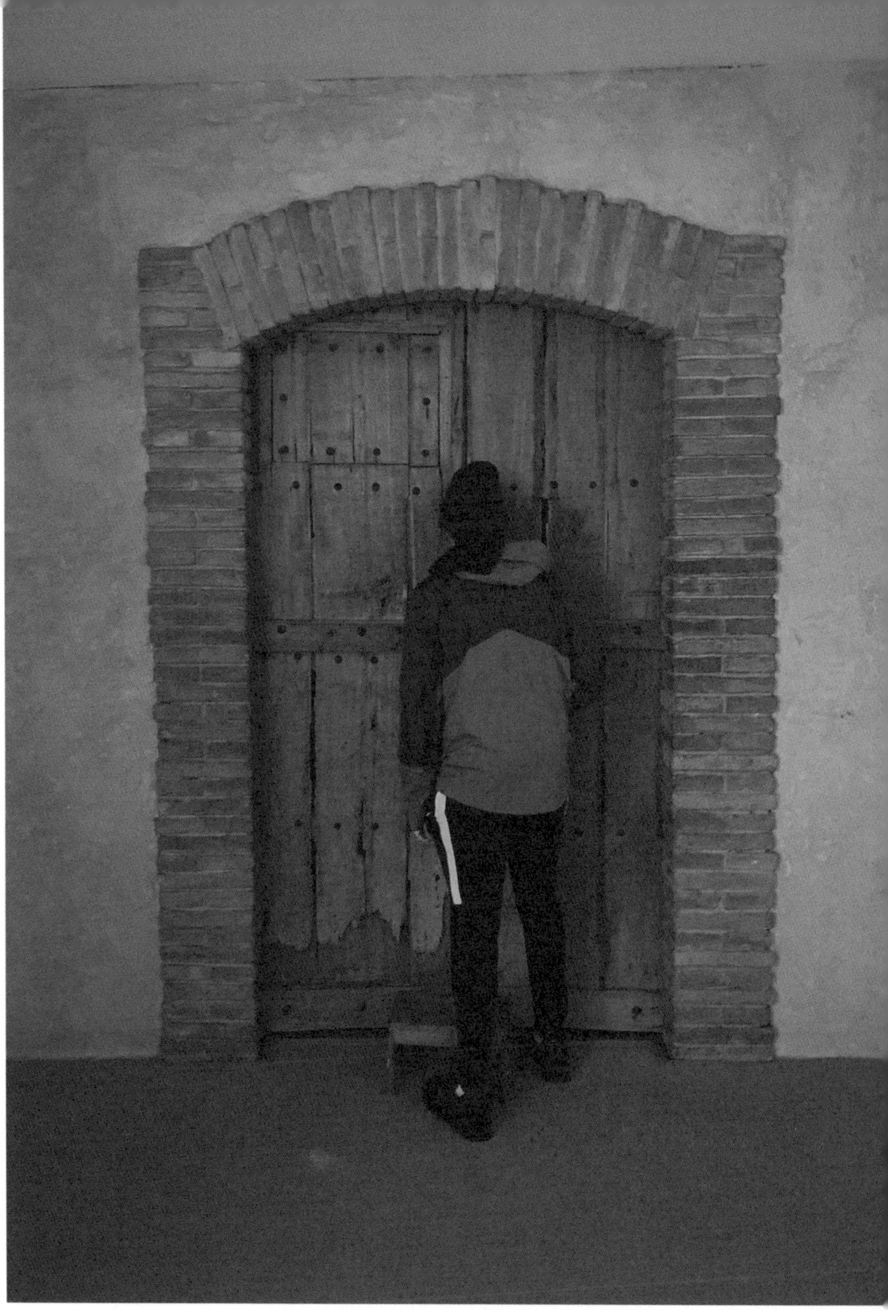

•마르셀 뒤샹, 〈Étant donnés: 1° la chute d'eau, 2° le gaz d'éclairage…〉, 1946-1966
작은 구멍으로 관람객이 작품을 들여다보고 있다.

줄 알았는데 말이죠.

작가의 유언에 따라 사망 후에야 필라델피아 뮤지엄에 전시된 이 작품은 말 그대로 충격적인데요, 작품의 전시실로 들어가면 나무로 된 문을 하나 만납니다. 그 문은 열리지 않고 문 안으로 들어가볼 수도 없습니다. 오직 문에 나 있는 두 개의 구멍(한눈에 하나씩)을 통해서만 내부를 들여다볼 수 있죠. 은밀하게 엿보아야만 하는 작품이에요. 구멍이 작아서 한 번에 한 명만 그 작품을 들여다볼 수 있고요.

자, 저 문 안에는 분명 근사한 예술 조각 작품이 있습니다. 조각 작품들은 보통 3차원이기 때문에 주변을 360도 돌아가면서 감상할 수 있지만, 이 작품은 아주 작은 구멍을 통해 한 면의 시야만을 제공하죠. 일단 이 제약받는 느낌이 엄청나게 답답합니다. 구멍 안에 펼쳐져 있는 장면 또한 두 눈을 의심할 정도인데요. 한 여성이 무성한 덩굴 속에 아무것도 걸치지 않고 비스듬히 누워 있습니다. 얼굴은 가려져 있고 다리는 벌린 채 가스등을 들고 있어요. 뒤샹의 작품을 많이 봐왔지만 이 작품 같은 경우는 경악을 금치 못했네요. 감상을 위한 시야의 제약이 엄청난데, 그 심한 제약 속에서 들여다본 작품은 파격 자체였으니까요.

이 작품은 뒤샹의 뉴욕 그리니치 빌리지 스튜디오에서 비밀리에 이루어진 작업입니다. 작품 설명에서 제가 또 한 번 놀랐던 것은 바로 재료의 나열이었습니다. '오래된 나무 문, 못, 벽돌, 황동, 알루미늄 시트, 강철 바인더 클립, 벨벳, 나뭇잎, 나뭇가지, 양피지로 만든 여자 형상, 머리카락, 유리, 플라스틱 빨래집게, 유성 페인트, 리놀륨, 다양한 조명, 손으로 칠하고 사진을 찍은 요소로 구성된 풍경, 천공 디스크를 회전시키는 쿠키 깡통에 들어 있는 전기 모터.' 재료들이 어마어마하죠.

이 작품 속 누드 여자 형상은 뒤샹의 애인이었던 브라질 조각가 마리아 마르틴스와 뒤샹의 두 번째 배우자 알렉시나 뒤샹을 모델로 했습니다. 이 형상을 만드는 데만 10년 이상이 걸렸다고 합니다. 뒤샹은 작품과 함께 설명서를 첨부했는데, 작품을 조립하고 분해하는 방법을 꼼꼼히 적어놓았습니다. 작품은 뒤샹의 배우자였던 알렉시나가 설치했다고 하네요. 심혈을 기울인 조각과 뒷배경의 풍경화까지! 조각과 회화의 완벽한 조화로 이루어진 이 작품, 필라델피아 뮤지엄에 간다면 반드시 봐야 할 리스트에 넣어야 하지 않을까요?

반 고흐와
마지막 '해바라기'(1889)

빈센트 반 고흐의 해바라기 작품은 유화와 수채 등을 포함해 총 12점이 존재합니다. 유화 7점 중 한 점은 안타깝게도 제2차 세계대전 중 일본에서 소실되었어요. 나머지 한 점은 개인 소장입니다. 우리가 전 세계 뮤지엄에서 관람할 수 있는 해바라기 큰 그림은 총 5점이 됩니다. 이쯤에서 궁금증이 생기죠. 반 고흐는 왜 이렇게 해바라기를 많이 그렸을까요?

첫째, 아를로 내려간 반 고흐는 폴 고갱이 아를로 내려와주길 간절히 바랐습니다. 반 고흐의 꿈은 화가 공동체를 만드는 것이었는데요, 여럿이 함께 그림을 그리고 그 그림 중에 한 작품만 팔려도 다 같이 수익을 나누는 모델을 생각한 겁니다. 아를에서 그런 화가 그룹을 만들고 싶었는데 어느 그룹이나 리더가 필요한 거 아니겠습니까? 리더로 누가 좋을까 고민하다가 파리에서 알고 지냈던 고갱이 떠오른 거죠. 파리 클로젤 거리에는 탕기라는 화상이 운영하던 갤러리가 있었어요. 고갱과 반 고흐 외에도 르누아르나 로트레크 등이 자주 들락거리던 곳이었는데, 반 고흐는 이곳에서 처음 고갱을 만났습니다.

반 고흐는 고갱이 아를로 와주길 간절히 바랐지만 고갱은 오

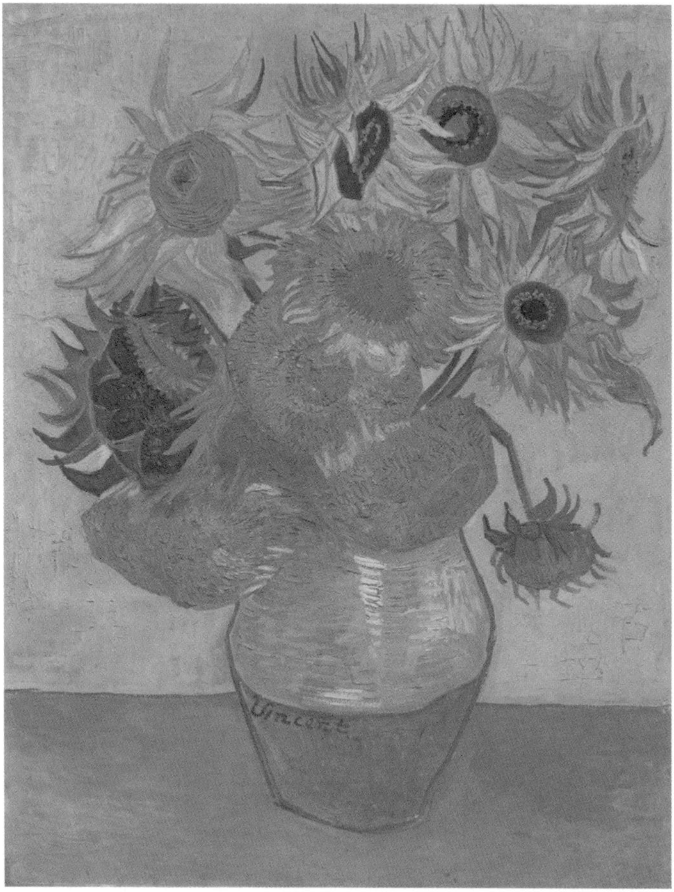

•빈센트 반 고흐, 〈해바라기〉, 1889

지 않았습니다. 급기야 반 고흐의 동생이었던 테오가 고갱의 그림을 팔아주기도 하면서 겨우겨우 고갱을 아를로 보낼 수 있었죠. 드디어 고갱이 아를에 왔을 때 반 고흐는 환영의 의미로 이 해바라기를 보여주고 싶어 했어요. 해바라기 그림으로 고갱이 머물 손님용 침실을 장식하려고 했죠.

둘째, 반 고흐의 편지를 보면 해바라기 두 작품과 룰랭 부인의 그림을 나란히 걸어서 전시회에서 '해바라기-룰랭 부인-해바라기' 이렇게 꾸미는 프로젝트를 생각한 것 같습니다. 이 구상은 '감사'의 의미를 담은 것인데요. 우체부였던 조셉 룰랭 가족은 당시 경제적으로 어려워 모델을 구하기 어려웠던 반 고흐에게 기꺼이 모델이 되어 주었던 친구였습니다. 그 배우자였던 오귀스틴 룰랭의 초상화에는 외로운 영혼들에 '자장가를 불러주는 여인'이라는 따스한 타이틀을 붙였죠. 반 고흐는 이 룰랭 부인 양옆에 해바라기를 배치해 꽃이 가득한 성모 마리아 3부작 그림을 오마주한 게 아닐까 생각이 듭니다.

셋째, 반 고흐는 "해바라기는 내 꽃이다"라고 말할 만큼 파리 시절부터 해바라기를 즐겨 그렸답니다.

프랑스 남부로 내려가는 차를 타고 가다 보면, 한 시간 내내 해바라기만 보이는 들판을 자주 만날 수 있어요. 정말 어쩌면 그렇게 수많은 꽃이 기특하게 해만 쳐다보고 있는지. 저는 이곳을 지나며 반 고흐가 생각나 마음이 뭉클해졌어요. 파리 시절부터 테이블에 놓인 한 송이 해바라기를 정물화로 즐겨 그린 반 고흐는 아를 시절에 이르러 7점의 꽃병 해바라기를 그리게 됩니다.

이 해바라기 중에 한 점을 필라델피아 뮤지엄에서 만날 수 있습니다. 참 영롱하더라고요. 이 작품은 1889년 1월에 제작된 것으로 추정됩니다. 저는 전 세계에서 관람 가능한 해바라기 총 5점 중에 4점을 진품으로 보았는데, 이 작품은 뮌헨 뮤지엄 해바라기 작품의 습작으로 여겨지는 작품입니다. 런던, 도쿄, 암스테르담에 전시된 세 가지 버전은 전부 노란색 배경에 노랑 해바라기이지만 뮌헨과 필라델피아 버전은 파란색을 띠는 초록빛 배경입니다.

필라델피아 뮤지엄의 해바라기 작품이 해바라기 5점 중에 가장 마지막에 그려진 작품이자 동생 테오에게 보내진 작품이에요. 130년이 넘은 이 그림은 아직까지도 생명력을 부여받으면서 '반 고흐=해바라기'라는 공식까지 성립할 정도로 많은 사랑을 받고 있습니다.

모든 예술가의 아버지, 세잔과 대수욕도(1900-1906)

피카소는 폴 세잔을 일컬어 '미술의 아버지'라 칭했습니다. 원근법을 파괴한 그의 정물화는 수많은 예술가에게 영감을 주었는데요, 놀랍게도 그는 인생의 진로로 미술을 선택하기까지 우유부단한 날들을 보냈습니다.

세잔은 자수성가한 아버지 밑에서 엄친아로 태어납니다. 아버지는 세잔 카바솔 은행의 은행장이었죠. 그의 아버지는 보통 자수성가한 사람들에게 잘 보이는 확고한 자기만의 의견과 고집이 센 분이었습니다. 세잔은 평생을 그런 아버지에게 억눌리다시피 살게 됩니다. 본인의 성격도 우유부단하나 고집이 센 편이라 아버지에겐 어쩔 수 없이 순종했지만, 그렇게 억눌린 화를 주변인에게 폭발하며 살아가게 되죠.

세잔은 평생을 살롱에 떨어집니다. 프랑스 회화사에서 살롱의 존재감은 정말이지 압도적이고 독보적인데요, 살롱에 입상하기 위해서 수많은 화가가 얼마나 피 땀 눈물을 흘렸는지 모릅니다. 세잔도 살롱을 향한 집착이 말도 못 했죠. 하지만 결국 입성하지 못했습니다.

당시 살롱 입상작들에는 비슷한 패턴이 있었어요. 세잔도 살롱 심사위원들이 좋아할 법한 그림을 그리면 되었겠지만 그렇게 하지 않았습니다. 결과적으로 고집을 굽히지 않았기 때문에 지금의 세잔이 된 거죠. 그런데 재밌는 건 살롱에서 무시당하며 낙선 전에나 겨우 나갔던 인상파 화가들의 작품이 지금은 그야말로 띵작으로 인정받고 있죠. 클래식이란 시간이 증빙합니다. 시간으로 인정받는 것이죠.

세잔은 파리에서 사랑하는 여자 오르탕스 피케를 만나지만 아버지에겐 여자와 함께 사는 것도, 아이를 낳은 것도 이야기하지 않았습니다. 아버지가 반대할 걸 아니까요. 나중에 아버지가 돌아가시던 해에 결혼식을 치르죠. 그렇게 무섭던 아버지가 1886년에 돌아가시고, 그 해에는 죽마고우였던 작가 에밀 졸라와도 영원히 관계가 틀어지게 됩니다. 또 절친했던 예술가 친구 아돌프가 사망하는 등 세잔에겐 1886년이 깊은 충격이 연속되는 아주 힘든 해였습니다. 이즈음부터 세잔은 목욕하는 사람 시리즈를 그리게 됩니다.

필라델피아 뮤지엄의 자랑이자 이곳을 빛내고 있는 그림이 바로 세잔의 '대수욕도'인데요, 목욕하는 사람들 시리즈 중에 제일 큰 작품이자 제일 마지막에 그린 작품 그리고 가장 기념비적인 작품이 바로 여기 걸린 이 작품입니다. 세잔이 1906년 사망 전까지 작업하던 그림이기도 하죠.

'대수욕도'는 시간을 초월한 작품으로 일컬어지기도 하는데요, 이 작품에서 세잔은 자유로운 움직임을 표현하고 싶어 했어요. 보통 화가들은 완벽한 자세를 그리고 싶어 합니다. 하지만 사람이 완벽하고 조형적인 자세를 일상생활에서 취하고 있을 확률이 얼마나 될까요. 평소에 인간들은 그렇게 완벽하게 있지 않습니다, 전형적인 아카데미 미술에서는 그런 게 통하겠지만요. 세잔은 대중적으로 '잘 그렸다'고 인정받는 작품보다는 예술에 조예가 깊은 사람들에게 '영원히' 남을 만한 인상 깊은 작품을 그리고 싶어 했습니다. 잠깐 반짝할 작품이 아니라 세기에 남을, 역사에 남을, 시간이 흘러도 명작으로 인정받는 클래식한 작품을 만들고 싶었죠. 그리고 보시다시피 완벽하게 그 뜻을 이루어냈습니다.

'대수욕도'는 구도 자체가 안정적인 삼각형 구도입니다. 등장인물들은 양쪽에 모여 있죠. 바로 앞에 보이는 게 아니라 아주 멀리 있고요. 목욕하는 장면이다 보니 당연히 인물 모두 누드로 등장하는데, 디테일이 살아있는 사실적인 누드가 아니라 아주 추상적이에요. 보통 누드 그림은 전통적으로 신화를 많이 표현해왔는데요, 세잔에게는 인물과 풍경을 어떻게 조화롭게 믹스매치하고 레이어링할 것인가가 더 중요했습니다. 역사적으로 계

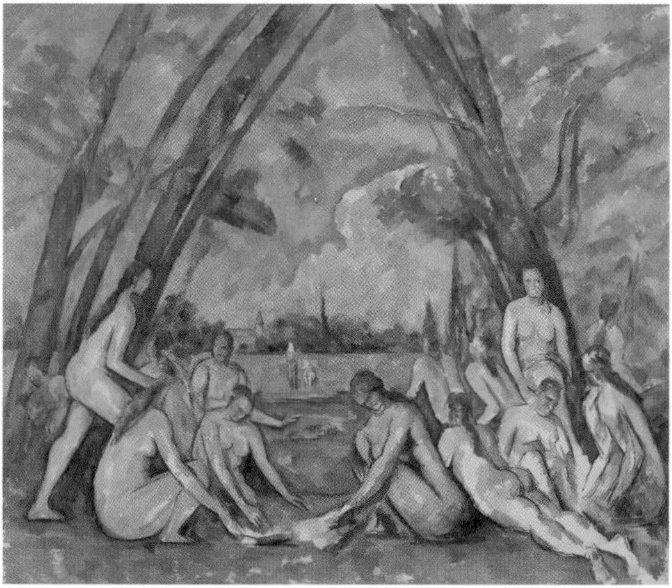

•폴 세잔, 〈대수욕도〉, 1990-1906

속 다루어오던 주제를 아주 새로운 방식으로 표현해낸 거지요.

자세히 보면 그림 양옆에는 목욕하는 여자들이 있고, 강 건너편에 말과 남자가 있어요. 목욕하는 사람만 존재하는 게 아니라 제삼자도 있다 보니 더욱 생동감이 느껴지고요. 저 멀리 교회까지 보이네요. 전체적인 구성이 아주 역동적인 작품입니다.

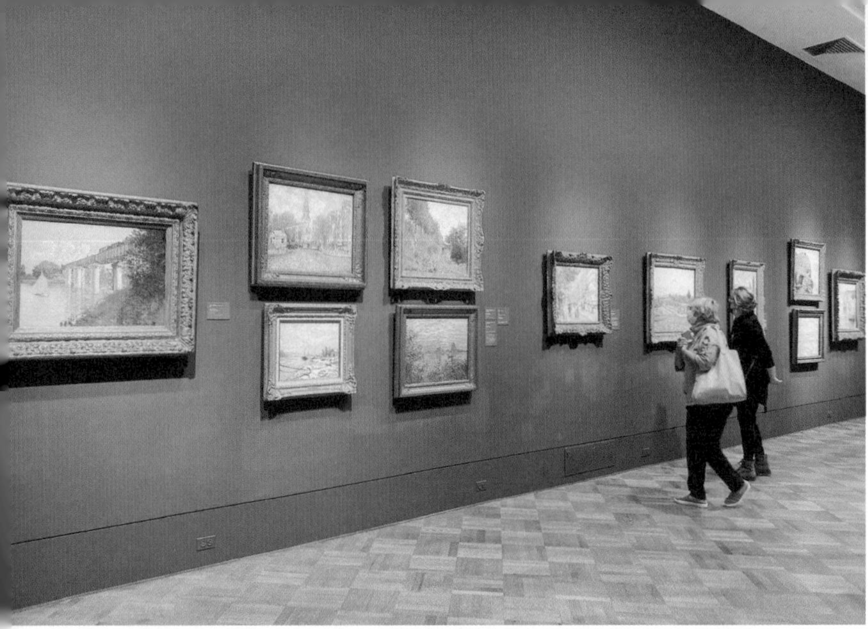

• 필라델피아 뮤지엄 전시실 전경

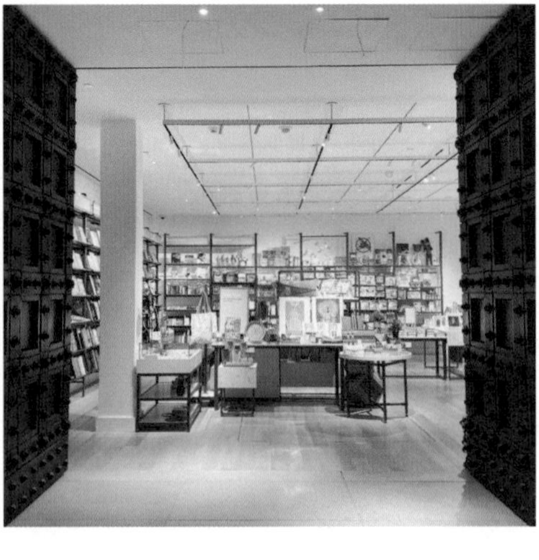

• 필라델피아 뮤지엄 숍

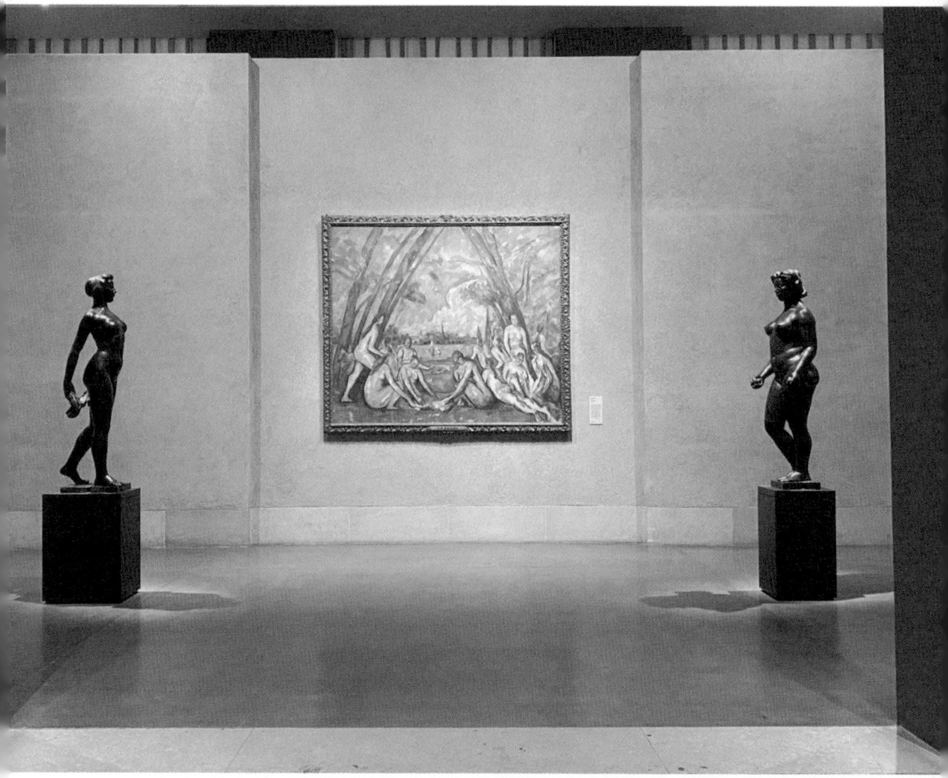

•폴 세잔, 〈대수욕도〉, 전시실 전경

반스 파운데이션
: 항생제 발명가의 놀라운 컬렉션

21세기에 보기 힘든 독특하면서도 개성 있는 뮤지엄이자 세계적인 수준의 컬렉션으로 인상 깊었던 장소가 바로 반스 파운데이션Barnes Foundation입니다.

현재 경매 시장에서 가장 인기 있는 작품들은 단연코 인상파 그림입니다. 모든 사람이 원하는 바로 그 그림들을 세계에서 가장 많이 소장하고 있는 곳이 바로 지금 소개할 반스 파운데이션인데요, 세계 여러 뮤지엄의 숍을 갈 때마다 상당수의 인상파 그림 굿즈의 저작권자에 반스 파운데이션이 쓰여 있는 것을

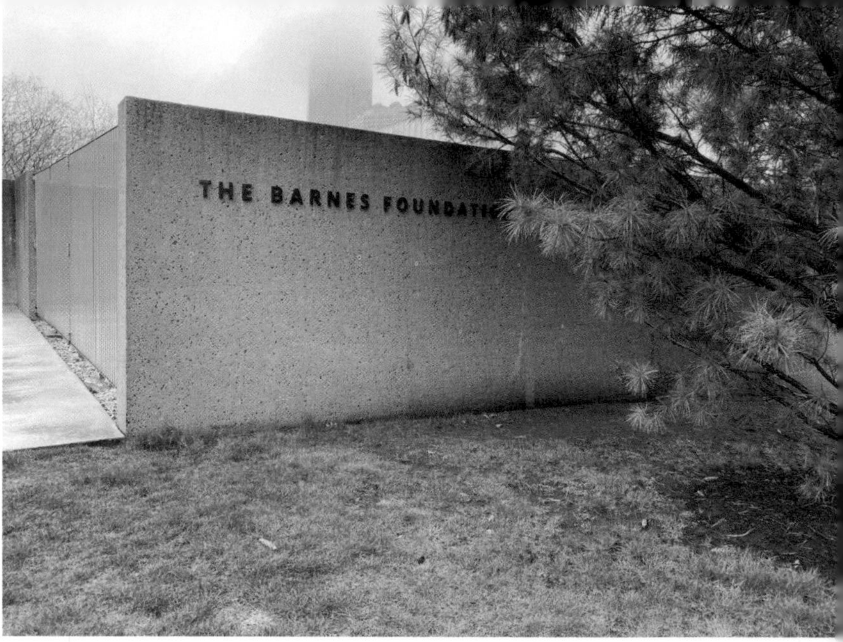

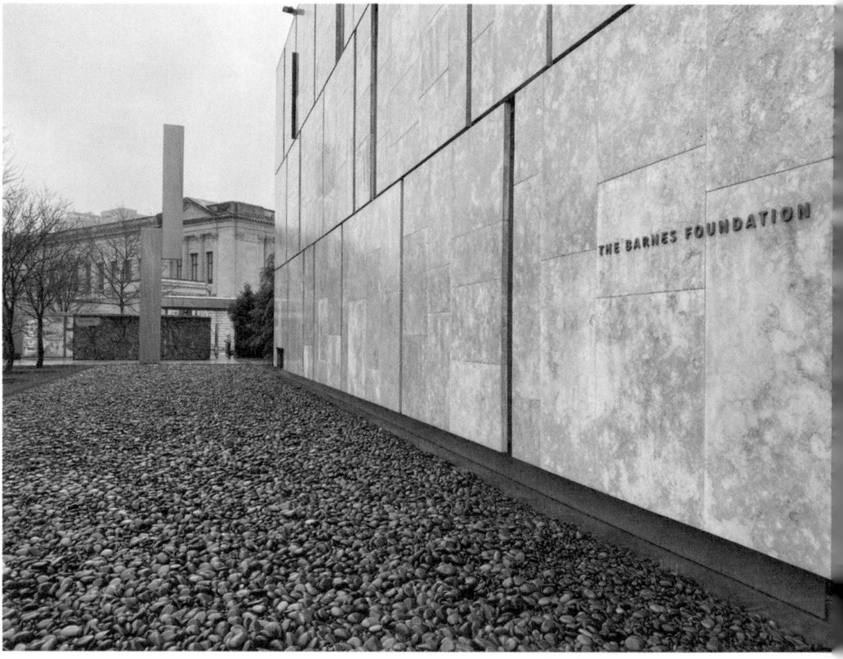

•반스 파운데이션 입구

보고 저의 궁금증은 커져만 갔죠.

제게 이곳은 단지 인상파 그림이 많은 곳 정도의 이미지였습니다. 하지만 이곳의 역사를 알고 다녀온 후에는 미국에서 단 세 곳의 뮤지엄만 가볼 수 있다면 반드시 가봐야 하는 곳으로 강력하게 추천하는 곳이 되었습니다.

이 뮤지엄은 100년이 넘는 역사를 자랑하지만 오픈한 지 겨우 10년이 된 곳인데요. 무슨 말이냐고요? 자, 그럼 이제 앨버트 반스 아저씨의 이야기를 시작해야겠군요.

악마 컬렉터, 앨버트 반스

악마라는 별명까지 가지고 있을 정도로 자신의 철학이 너무 확고하다 못해 뒤틀린 인간관계를 갖고 있던 앨버트 반스Albert C. Barnes, 1872~1951. 그는 필라델피아 빈민가에서 자랐습니다. 가난에 시달리고 형제를 잃는 아픔 등 수많은 고통을 겪지만, 불굴의 의지로 의대에 진학합니다.

세계 최대 컬렉션 중 하나를 만든 사람이 의대 출신의 화학자라는 사실은 매우 흥미롭습니다. 그는 아지롤이라는 갓난아기를 위한 항생제 안약을 개발하는데, 100년 전 이 신약은 미국 내 모든 가정의 필수품이 될 정도였고, 반스와 동업자는 억만장자가 됩니다. 그의 사업은 더욱 승승장구해 대공황 이전에 회사를 성공적으로 매각하게 되지요.

그의 아트 컬렉션은 1912년부터 시작됩니다. 친구이자 화가였던 윌리엄 글래큰스에게 유럽에 가서 가장 좋은 그림을 구해오라고 2만 달러를 지원한 것입니다. 여기서 또 하나 놀라운 것은 1912년 당시 그 2만 달러로 무려 33점의 작품을 구해왔다는 것이죠. 인상파 그림 33점에 2만 달러는 싸도 너무 싼데요, 저도 그 시절로 갈 방법이 없을까요?

친구가 유럽에서 구해온 그림들을 반스는 아주 마음에 들어 합니다. 그 뒤로 바쁜 사업 틈틈이 유럽에 직접 가서 수많은 그림을 수집해오기도 하죠. 당대 최고의 인상파 그림들을 싹쓸이한 반스는 이후 40여 년에 걸쳐서 무려 르누아르(179점), 세잔(69점), 마티스(59점), 반 고흐(7점), 피카소(46점), 루소(18점) 외에도 100여 점이 넘는 아프리카 조각품을 수집합니다. 총 2,500여 점이 넘는 예술 작품이 반스 파운데이션의 소장 목록이라고 하니, 대단합니다. 그림에 대한 반스의 열정은 “좋은 그림이란 좋은 책보다도 좋은 사람보다도 더 만족스러운 친구”라는 그의 어록에서도 잘 나타나네요.

희귀 컬렉션을 소장하게 된 이유, 거트루드 스타인과 레오 스타인

반스의 컬렉션은 1922년부터 절정에 달했는데, 이때 그는 유명한 화상인 볼라르와 폴 기욤 외에도 거트루드 스타인Gertrude Stein, 1874~1946과 레오 스타인Leo Stein, 1872~1947 남매를 소개받습니다. 이 남매는 인상파와 피카소에 이르기까지 근대미술 컬렉션 역사에서 한 획을 그은 사람들인데요, 그와 오빠 레오는 20세기 최고 예술가들의 어려운 무명 시절을 후원한 사람으로 역사에 남게 됩니다.

반스는 바로 이 두 남매를 소개받고 마티스와 초기 피카소 그림을 사들이게 됩니다. 프랑스에 간 반스가 거트루드와 레오를 소개받은 것만 보아도 이들의 위치가 설명되는 것 같네요. 반스는 이 남매에게 소개받아 세잔뿐만 아니라 피카소의 그림 중에서도 입체파로 넘어가기 이전의 청색 시대와 장미 시대 그림을 소장하게 됩니다. 때문에 반스는 미술사에서도 나름 희귀한 그림들을 소장하게 되죠.

메리온 저택의 반스 파운데이션

저라면 10여 년간 열정적으로 수집한 그림을 당연히 누군가에게 자랑하고 싶을 텐데요,

반스는 필라델피아 남쪽의 메리온에 큰 저택을 짓고 자신만의 방식으로 그림을 전시합니다.

반스는 당시 평범한 뮤지엄이 아닌 교육기관을 지향했습니다. 교양이 이미 넘치고 교육을 충분히 받은 미술 엘리트가 아니라 평범한 사람들이 반스 파운데이션의 교육을 통해 미술에 대한 눈을 뜨기 바랐던 거죠. 이 가치관은 저 역시 공감하는 부분이 많습니다. 반스 파운데이션의 가치관, 정말 멋지지 않나요?

반스의 이 교육기관은 1922년 문을 열었고 얼마 전 2022년에 100주년을 맞이했습니다. 처음에는 큰 문제가 없는 듯 보였지만 교육을 맡은 러셀과의 불화를 시작으로 자신의 기대에 부응하지 못한 사람들과 반스의 충돌은 끝이 없었습니다.

반스 파운데이션의 가장 큰 불행은 반스가 사람들의 방문을 극히 꺼렸다는 점입니다. 일단 반스는 교육 수준이 높고 부유한 사람들의 방문은 거절하기 바빴기 때문에 반스 파운데이션에 방문할 수 있는 방법은 반스 본인의 직접 초대와 교육적인 목적을 가진 학생이 되는 것 말고는 없었죠. 특히 평론가들에 대한 그의 노골적인 거절은 그 편지를 보면 충격적일 정도입니다. 자신이 키우는 애견의 발자국으로 도장을 찍을 정도이니 말 다했죠. 거절할 때 반스 자신이 아닌 비서나 직원인 척하면서 거절하긴 했지만요. 그들을 향한 혐오를 극단적으로 표현했으니 악마라는 별명을 얻는 것은 당연해 보이네요.

그의 이런 성격 탓에 필라델피아 지역이 반스에 의해 '오염'되었다고 생각한 사람마저 있었다고 합니다. 이 때문에 필라델피아 뮤지엄에 뒤샹 작품을 기부한 아렌스버그 부부조차 처음에는 뮤지엄이 필라델피아 지역에 있다는 사실만으로도 작품 보내기를 꺼렸다고 합니다. 결국 필라델피아 뮤지엄의 디렉터였던 킴벌이 이 지역 사람들과 신문들은 반스를 아예 신경 쓰지 않는다며, 그는 거의 왕따이니 걱정하지 말라고 이들 부부를 달래는 답장을 해야 했습니다.

예술 작품을 너무나 사랑한 나머지 뒤틀리고 꼬인 성격이 되어버린 반스가 안타깝기만 합니다. 방문객을 어떻게든 막고자 했던 그의 강박으로 반스 파운데이션은 세계적인 컬렉션에도 불구하고 점점 잊혀 갔습니다. 그곳에 방대한 인상파 컬렉션이 존재한다는 소문뿐 실제 그림을 본 사람은 극소수였기에 이 뮤지엄의 가치는 인정받기 힘들었습니다.

반스는 1951년 사망하면서 '악마'라는 별명에 걸맞는 유언을 남겼습니다. 모든 전시품은 반스 파운데이션 외부로 절대 나갈 수 없으며 전시품의 전시 방식 역시 반스가 정해놓은 그대로 영원히 유지해야만 한다는 내용이었습니다. 보통 뮤지엄끼리 그림을 빌려오고 빌려주는 것을 활발히 하면서 새 기획전을 만들고 관람객을 유치합니다. 오로지 반스 파운데이션의 그림들만 전 세계 어느 곳으로도 대여 불가능했지요. 이는 그림들의 불행이었습니다.

반스의 사망 이후 1960년대 들어서 반스 파운데이션은 규칙을 바꿔 일주일에 두 번 오픈합니다. 여전히 교육을 받기 어려운 학생들의 방문이 우선이었지만요.

1990년대에 들어서 터질 문제가 터지고야 맙니다. 노후한 건물이 자연재해를 막아내지 못해 그림까지 손상되고 만 것입니다. 70년 넘게 관람객을 제대로 받지 못한 탓에 재정적으로 이미 손해가 막심했던 재단은 낙후된 건물을 유지보수하는 것도 어려울 정도였습니다. 재단은 큰 결정을 내려야만 했습니다. 바로 반스의 유언을 수정하는 것이었습니다.

유언을 바꾸기 위한 법적 싸움과 재정적인 논쟁 그리고 반스 파운데이션이 원래대로 순수하게 유지되길 바라는 자들의 항의 끝에 마침내 새로운 뮤지엄이 2012년 필라델피아에 오픈하게 됩니다. 어떤 사람들은 이 결정에 분노한 반스가 무덤 속에서 떼굴떼굴 구를 것이라는 표현까지 했습니다. 그럼 반스가 무덤에서 뒹굴 법한 그 뮤지엄으로 지금 가보도록 할까요.

새로운 반스 파운데이션의 등장

이 독특한 뮤지엄은 2012년에 잔잔한 골드톤의 석회암으로 감싸인 모던하고 우아하기 그지없는 뮤지엄으로 새롭게 오픈했습니다. 제가 방문했을 때는 4월경으로 봄비가 내리고 있었는데 드문드문 드러난 나뭇가지 사이로 빗방울이 맺힌 풍경이 뮤지엄의 우아함을 더해주고 있었죠. 빗방울의 존재가 마치 그림 작품 하나하나처럼 느껴져 저를 외롭지 않도록 해주는 것 같았어요.

건물로 들어서니 높은 천장과 드넓은 로비와 함께 따뜻한 커피를 마실 수 있는 공간이 자리하고 있었습니다. 우리가 생각할 때는 너무나 당연한 공간이지만 반스에게는 기겁할 일일 거라 생각하니 절로 웃음이 나왔습니다.

전시실에 들어갔을 때의 충격은 아직도 잊지 못할 정도인데요, 일단 2013년 세계에서 가장 비싼 그림으로 낙찰된 세잔의 '카드놀이 하는 사람들'의 다섯 명 버전 그림이 저를 반겼습니다. 세잔은 이 작품을 여러 버전으로 그렸습니다. 2억 5천만 달러에 카타르 왕실에 낙찰된 이 작품의 두 명 버전은 2017년에

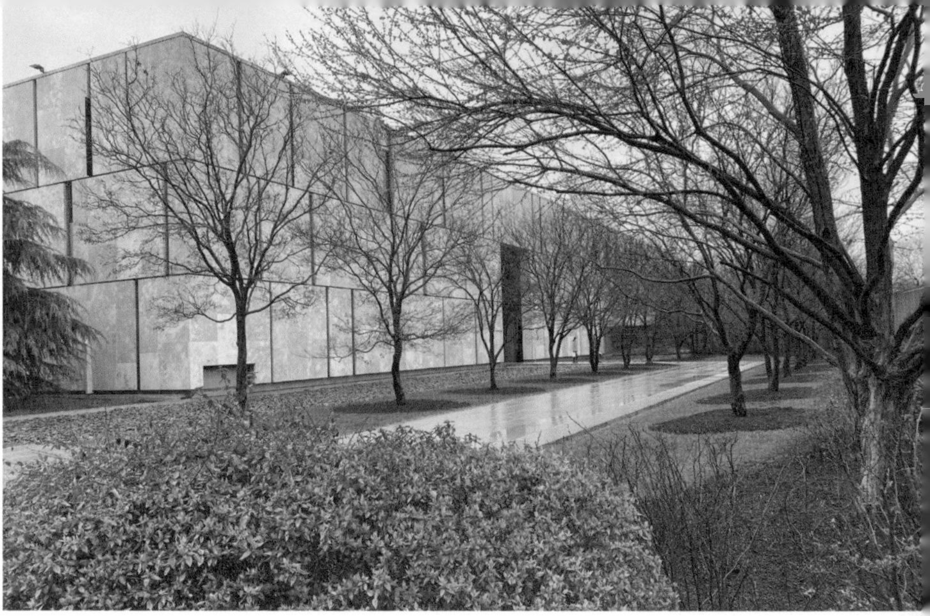

•2012년 새롭게 단장한 반스 파운데이션

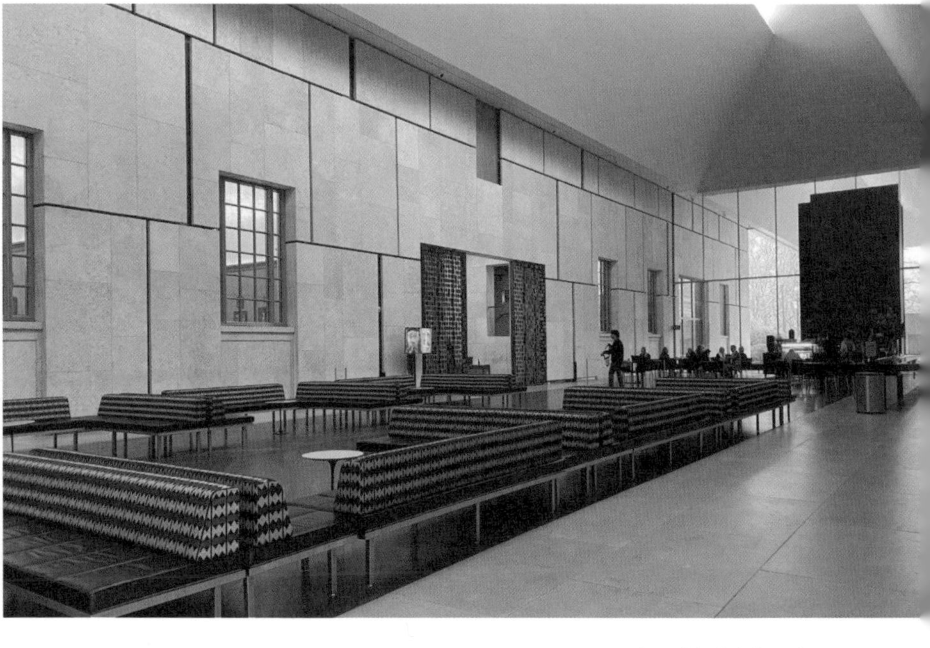

•반스 파운데이션 로비

다빈치의 '살바토르 문디'가 수수료 포함 5억 달러에 낙찰될 때까지 4년여간 무려 전 세계에서 가장 비싼 그림 타이틀을 달고 있었죠. 그 작품의 다섯 명 버전이 이 반스 파운데이션 뮤지엄에 전시되어 있다니! 참고로 네 명 버전의 그림은 미국 뉴욕 메트로폴리탄 뮤지엄에 그리고 또 다른 두 명 버전의 그림은 프랑스 파리의 오르세 뮤지엄, 영국 런던의 코톨드 갤러리가 소장하고 있습니다. (두 명 버전의 그림은 카타르 왕실 컬렉션까지 합쳐 총 세 작품입니다.)

하지만 제가 충격을 받은 이유는 다름 아닌 전시 방식 때문입니다. 전시실에 들어가자 벽면을 빼곡하게 채운 그림들이 보였고, 그림 주변에 여러 가지 철제 예술품들이 나란히 장식되어 있었습니다. 그림들 사이의 간격이 유독 좁을뿐더러 그림에 대한 설명도 일절 없었어요.

전 세계 어느 뮤지엄에서도 보지 못한 전시 방식이었습니다. 충격과 파격 그 자체인 이 전시 방식 역시 반스의 유언에서 비롯됩니다. 100년 전 메리온의 반스 파운데이션에 반스가 정한 전시 방식을 고스란히 새 뮤지엄에 반영한 것입니다. 그 때문에 새 뮤지엄은 메리온에 있는 오래된 반스 저택의 모든 방의 구조 및 크기, 천장 높이에 맞춰 동일하게 설계됐습니다. 전시실을

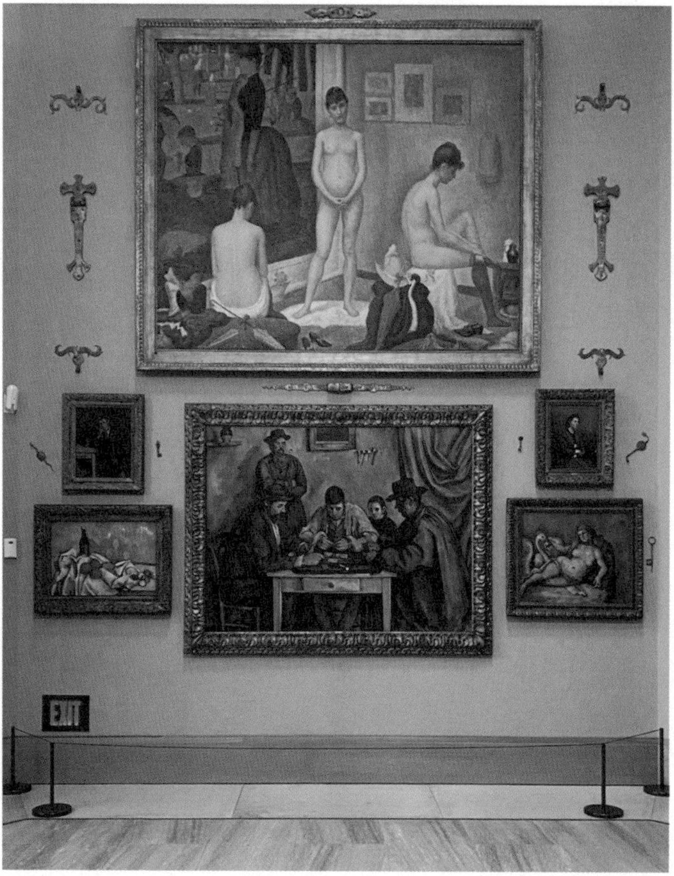

•폴 세잔, 〈카드놀이 하는 사람들〉, 1890-1892

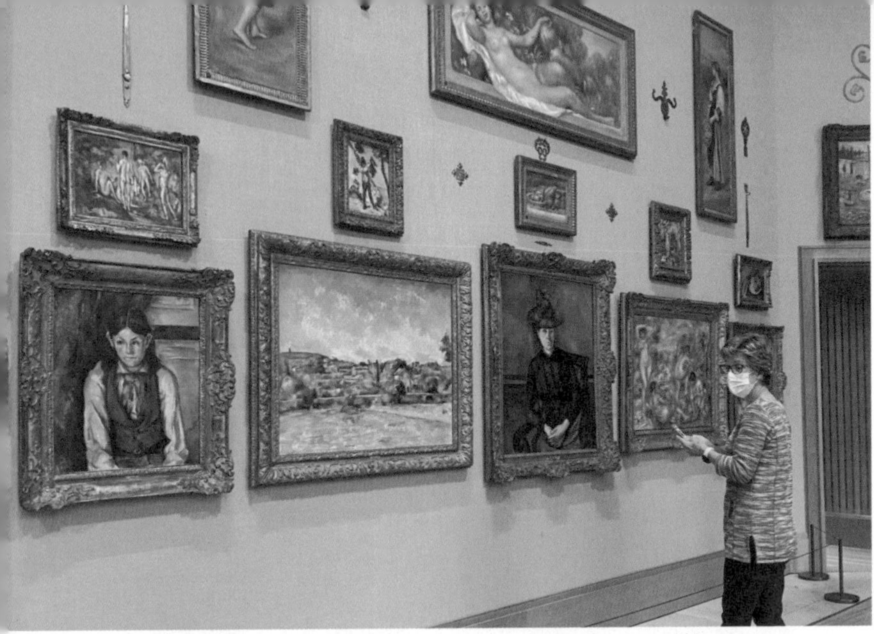

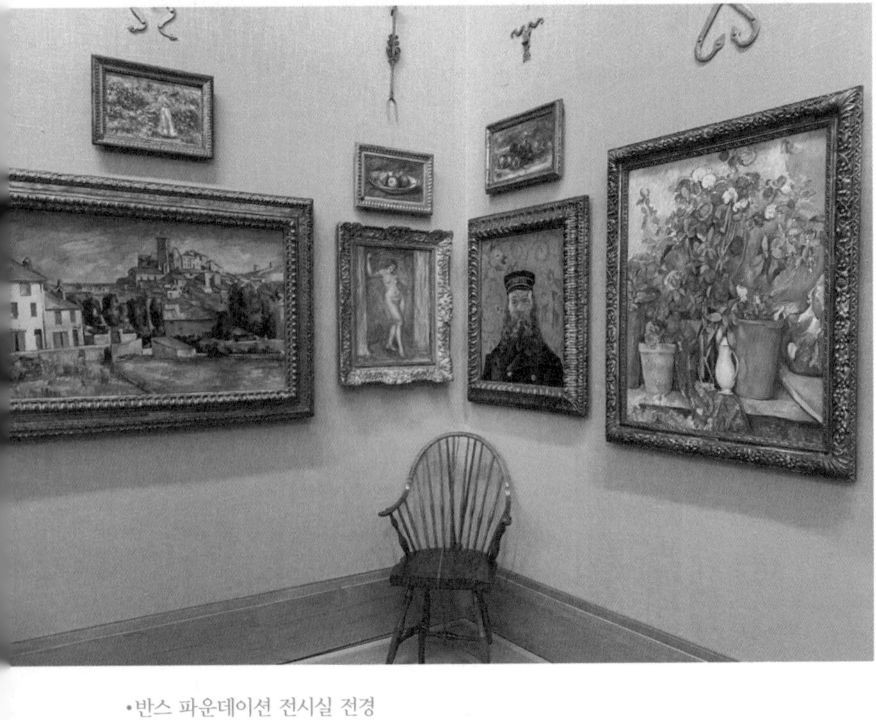

•반스 파운데이션 전시실 전경

통째로 옮겨온 것이죠. 작품과 작품 사이의 여백과 거리를 똑같이 유지해야 했고, 특정 작품 주변에 놓인 철제 예술품(아이언)과 가구까지 모든 것을 그대로 전시해야 했기 때문에 예전 메리온 저택과 똑같은 크기의 전시실을 지닌 현대적 건물이 탄생한 것입니다. 세상에나….

그리하여 이 뮤지엄은 21세기의 초현대적인 건물에 19세기의 전시 방식을 지닌 정말이지 개성 강한 뮤지엄으로 재탄생합니다. 이 충격은 실제로 보지 않고는 가늠하기 힘들 정도입니다. 저도 그랬으니까요. 다만 한 가지 다른 것이라면 마티스의 주문 제작 벽화인 '춤'입니다.

마침내 완성한 대작,
마티스와 춤(1932–1933)

앙리 마티스의 '춤' 작품은 들어가자마자 첫 번째 전시실의 천장에 높이 장식되어 있는 벽화입니다. 마티스는 1930년에 인생 처음으로 미국을 방문합니다. 이때 미국에서 자신의 작품을 가장 많이 소장하고 있는 사업가 반스를 만납니다. 마티스를 만난 반스는 자신의 집 2층 메인 전시실을 장식할 벽화를 의뢰합니다. 당시 막 환갑을 넘긴 마티스는 스스로 예술적인 영감이 줄었다고 느낀 데다가 자신의 전성기 역시 지났다고 여겼습니다. 게다가 대공황 이후 자신의 작품 가격이 하향곡선을 그리고 있어서 마음이 불안한 상태였습니다. 때문에 신흥 강국인 미국에서 자신의 인지도를 높이고 작품을 홍보할 기회가 된다는 생각에 상당히 고무적으로 이 프로젝트를 수락합니다. 물론 반스가 세 번에 걸쳐 지불하게 될 3만 달러의 작품 가격도 마음에 들었고요. 하지만 프랑스로 돌아가 작업을 시작하면서부터 이 거대한 대작을 완성하기까지, 몇 년 동안 어마어마한 스트레스를 받게 됩니다. 일단 벽 사이즈에 착오가 한 번 있었습니다. 거대한 벽화 도안을 구상하는 것만으로도 이미 지친 마티스는 컷아웃 기법으로 스케치를 해두었는데, 프랑스를 방문한 반스를 통해 사이즈가 틀렸다는 걸 알게 되었죠. 이미 지쳐 있던 마티스는 얼마나 기운이 빠졌을까요. 마티스는 그 뒤 사이즈를 여러 번 체크한 후 다시 작업을 했답니다.

프랑스 니스에 가면 마티스 뮤지엄이 있는데요, 이 뮤지엄에서 '춤'의 스케치를 볼 수 있습니다. 춤추는 주인공들의 디테일을 살리기 위해 마티스가 얼마나 공을 들이고 신경을 썼는지 훤히 알 수 있죠.

스트레스 끝에 작품 설치를 위해 필라델피아에 온 마티스를

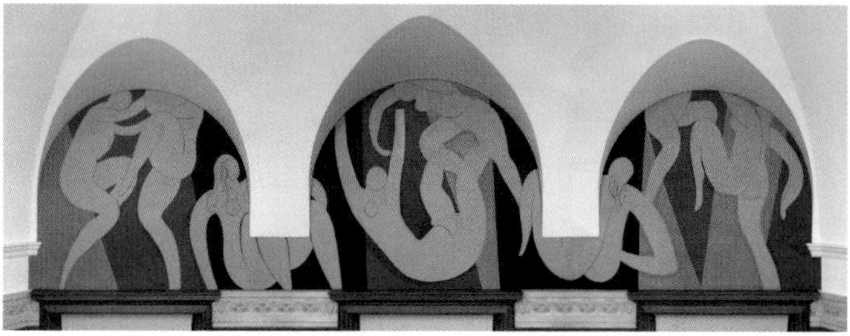

•앙리 마티스, 〈춤〉, 1932-1933

실망하게 한 것은 그림에 대한 반스의 강박적인 통제였습니다. 반스는 마티스의 작품을 홍보할 생각이 전혀 없었습니다. 자신의 집을 방문하는 관람객을 누구보다 꺼린 반스는 절대로 마티스의 작품을 대중에게 선보일 생각이 없었지요. 마티스의 좌절과 분노, 상상할 만하죠. 몇 년을 쏟아부어 마침내 완성한 대작으로 새로운 시장에서 존재감을 확인하고 제대로 작품 홍보를 하고 싶었던 마티스. 그에게 심심한 위로를 전합니다.

'춤'이 반스 파운데이션에 설치된 후 마티스는 두 번 다시 이 작품을 보지 못했습니다. 그건 다른 사람들도 마찬가지였죠. 반스가 왜 악마란 소릴 듣는지 이 부분에서는 공감이 되기도 합니다. 마티스의 '춤'이 마음에 들어 설치 후 뛸 듯이 기뻐했으면서 오직 평생 반스 혼자서만 감상한 것입니다.

반스의 컬렉션은 도록 발간 역시 엄격히 금지했기 때문에 누구도 마티스의 이런 대작이 존재하는지조차 모르고 있었다는 사실은 '아트 컬렉션'의 어두운 부분을 보여주는 것 같네요. 여러분은 어떻게 생각하나요?

이 작품은 메리온의 반스 저택에 꼭 맞게 설계된 바람에 현재 새 뮤지엄 빌딩에서는 양쪽 기둥 몰딩 부분이 비어 있습니다. 빈 부분을 확인하는 것도 소소한 재미라고 볼 수 있겠네요.

반스가 집착한 화가,
르누아르와 잔느 뒤랑루엘의 초상화(1876)

반스가 집착에 가깝도록 수집하고 가장 사랑했던 화가는 피에르오귀스트 르누아르입니다. 반스는 당시 워싱턴 D.C. 필립스 컬렉션의 르누아르 작품 숫자를 비웃을 정도로 미국 내에서 가장 압도적인 소장품을 보유하고 있었습니다.

1841년에 프랑스 리모주에서 태어나 파리에서 생활한 르누아르는 처음에는 도자기 작업을 했는데, 스트레스를 풀 때는 루브르 뮤지엄에 갔다고 합니다. 23세부터 그림을 선보였고, 다른 인상파 화가들에 비하면 곧장 살롱에서 인정받고 대중적인 인기도 있어 수입이 나쁘지 않았습니다. 살롱으로 방향을 틀고, 상업적인 성공에 더 중점을 뒀던 화가이죠. 처음에는 인상파 화가들과 같이 전시도 했지만, 나중에는 인상파와 떨어져 자기의 길을 가게 됩니다. 르누아르는 가장 대표작이라고 할 수 있는 '물랭 드 라 갈레트의 춤'을 완성하고 승승장구하던 시절에 이탈리아로 떠납니다. 그곳에서 르네상스 거장들의 작품을 보며 '인상파는 내 길이 아니구나' 생각하고는 고전적인 그림을 시도합니다.

반스는 르누아르의 작품을 아들인 장 르누아르에게서 대거 사들입니다. 장은 영화감독이었는데 자본이 필요하다 보니 아버지 그림을 매매했던 거 같아요.

반스 파운데이션에서 만나볼 르누아르의 그림은 폴 뒤랑루엘의 딸 잔느를 그린 작품입니다. 저는 작품을 볼 때 작가의 주변 인물들, 즉 동시대를 살며 함께 역사를 장식한 사람들이 등장하는 작품을 좋아하는데요, 이 작품은 르누아르가 자기 작품을 많이 구매해줬던 화상 뒤랑루엘의 딸 잔느를 그린 겁니다. 뒤랑루엘은 르누아르뿐만 아니라 모네, 마네, 피사로, 드가 같은 인상파들을 지원했던 인물이에요. 19세기에 이 사람이 없었다면 프랑스 미술이 지금 같은 위상을 차지하기 어려웠겠죠. 프랑스는 살롱이 압도적인 지위를 차지하고 있었는데 아시다시피 인상파는 살롱에서 거부당한 미술가들이 주축이 된 집단입니다. 뒤랑루엘이 런던, 뉴욕, 베를린 등지에서 전시를 열었기에 국제적으로도 인상파 그림이 관심을 받을 수 있었던 거죠. 르누아르는 뒤랑루엘과 이 가족의 초상화를 많이 그렸습니다. 뒤랑루엘 아들들은 사업을 물려받았으니 당연히 그렇다 쳐도 딸까지 그린 걸 보니 뒤랑루엘에 대한 르누아르의 애정이 얼마나 깊었는지 가늠할 수 있었습니다. 하긴 르누아르 작품의 거의 절반을 뒤랑루엘이 사줬으니까요.

생각보다 크기가 큰 작품이고요, 17세기 초상화 구도를 보이면서 컬러는 너무나 화사하고 현대적이죠. 전통의 구도와 현대적인 색상이 조화로운 작품이에요. 이 작품 외에도 르누아르 그

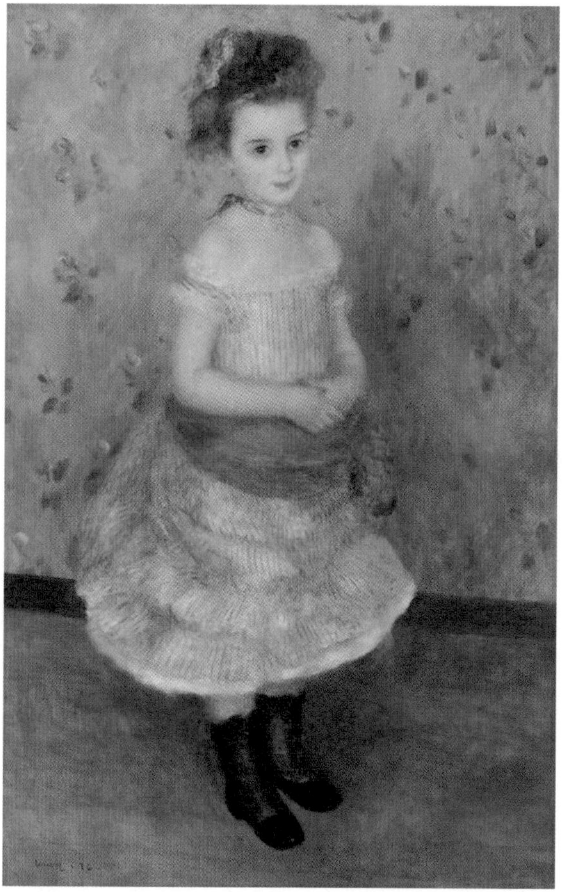

• 피에르오귀스트 르누아르, 〈잔느 뒤랑루엘의 초상화〉, 1876

림은 활기 가득한 색채들, 채도가 높은 색으로 유명합니다.

물론 당시에는 '색채가 지나치게 밝다, 이게 뭐냐, 야단스럽다' 하는 평론가들의 의견도 있었습니다. "캔버스가 얼마나 비싸고 고귀한데 여신이나 역사화를 그려야지, 길에서 아무 데나 보이는 평범한 여자를 그리다니 말이 안 된다"라는 말도 있었어요. 하지만 결국 대중적으로 선택받은 건 르누아르였죠.

반스 파운데이션에서 전시를 볼 때 한 가지 더 눈여겨볼 점을 알려드릴게요. 바로 앙상블이라고 하는 건데요, 오른쪽 전시실의 모습, 보시다시피 아이를 안은 여성의 그림 아래에는 탁자가 놓여 있고, 그림 위와 양옆에 또 다른 그림들이 좁은 간격으로 배치되어 있죠? 이런 앙상블이 바로 반스가 살아생전 일일이 디자인한 것입니다. 그냥 허투루 놓인 것이 없어요. 모두 고심 끝에 배열한 것이죠.

그림만 볼 게 아니라 그림이 어떤 가구와 그림들 그리고 어떤 철제 예술품들과 함께 놓여 있는지 살펴보세요. 반스 파운데이션에서만 볼 수 있는 재미있는 관람 포인트입니다.

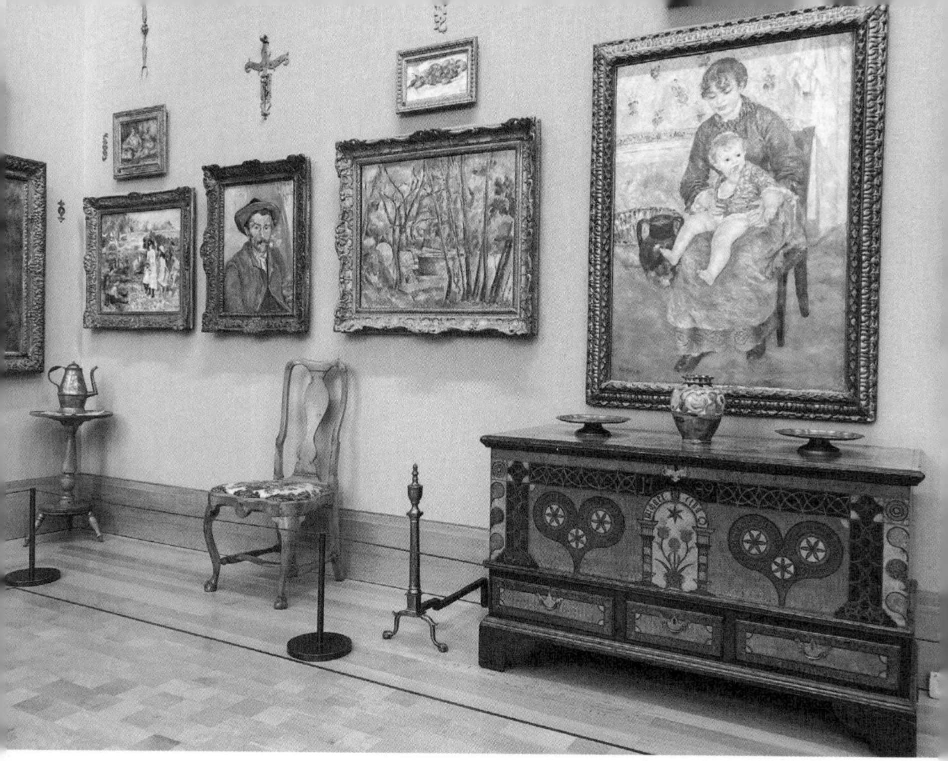

•반스 파운데이션의 배치 앙상블

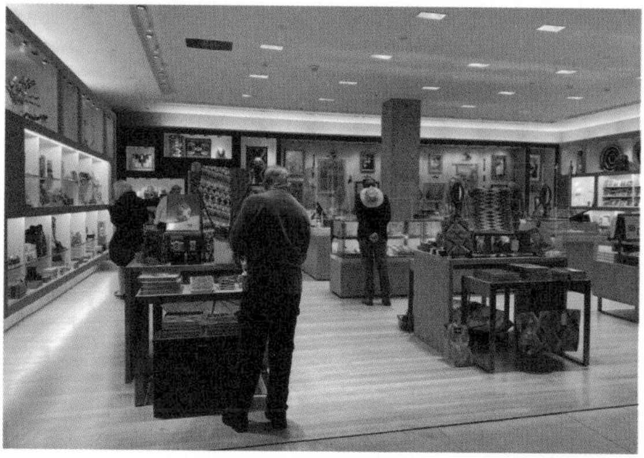

•반스 파운데이션의 숍

4장

미국 뮤지엄 맛집은 바로 여기 _워싱턴 D.C.

글렌스톤
: 예술, 건축, 자연의 완벽한 조화

요즘 뮤지엄에서 가장 이상적인 예는 바로 예술, 건축, 자연이 조화롭게 이루어진 경우입니다. 제가 방문했던 모든 뮤지엄을 통틀어 글렌스톤Glenston은 그에 가장 부합하는 뮤지엄이었어요. 글렌스톤은 메릴랜드 주 포토맥강 근처 사냥터였던 계곡에 위치해 뮤지엄으로 향하는 길이 마치 깊은 숲길을 드라이브하는 느낌이었는데요, 부유한 워싱턴 정치인들의 별장이 늘어선 숲속을 지나다 보면 어느덧 글렌스톤을 만나게 됩니다.

글렌스톤에 들어서면 더 큰 감동이 기다리고 있습니다. 한

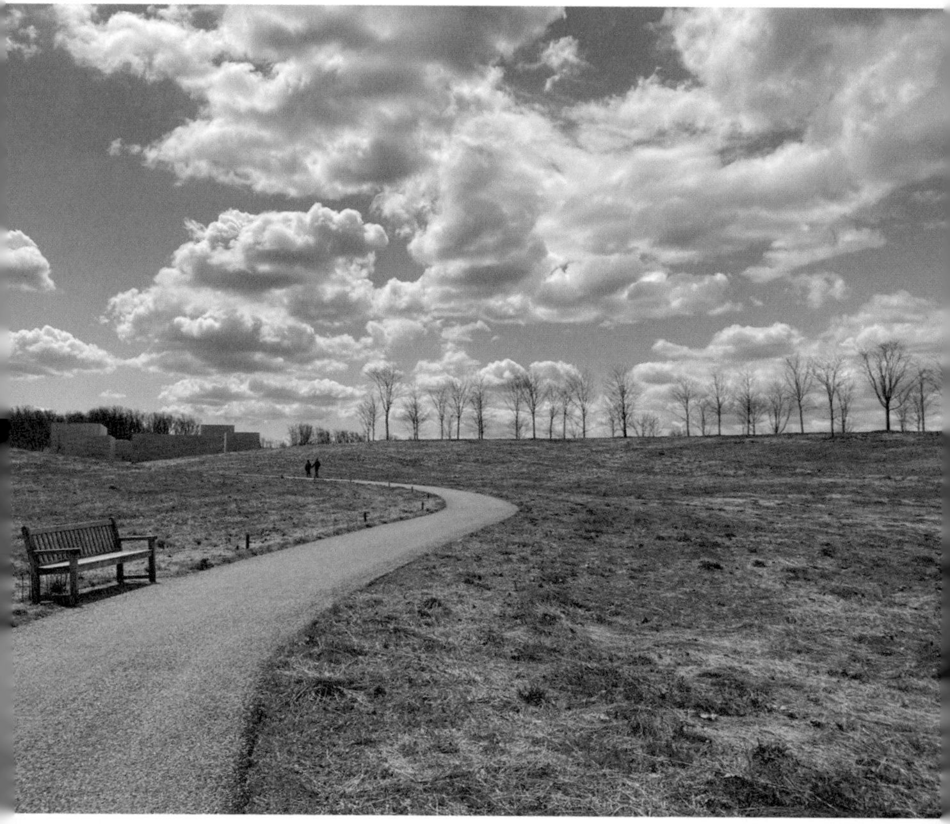

•글렌스톤의 아름다운 구릉

매체에서 이 뮤지엄의 핵심과 강점은 예술품이 아니라 자연이라고 말했듯이 우아한 구릉, 위로와 치유의 인사를 건네듯 졸졸 흐르는 개울, 키 큰 나무들이 빼곡한 숲 한가운데에는 산책로가 있습니다. 분명 인공적으로 조경되었을 텐데 실제로는 자연 그대로의 풍경처럼 보이는 것도 매력적으로 다가왔습니다. 36만 평에 달할 만큼 넓고 거대해, 왠지 모를 해방감을 만끽할 수 있었고요. 가장 인상적이었던 것은 글렌스톤을 거닐다 보면 내내 마주치는 모던하고 우아한 실버 그레이 컬러였습니다. 직원들의 의상부터 곳곳의 이정표들 그리고 건물의 천장까지 글렌스톤은 온통 이 색상으로 꾸며져 있는데요, 이 색은 팬톤에서 글렌스톤만을 위해 특별히 만든 '글렌스톤 그레이'라는 색입니다. 뮤지엄을 다녀오고 나면 이 색이 머릿속에 각인될 정도이지요.

글렌스톤은 억만장자 미첼 레일스와 에밀리 레일스 부부가 2006년에 설립한 뮤지엄입니다. 미첼이 뮤지엄을 설립하게 된 계기는 좀 독특한데요, 1988년 러시아로 연어 낚시 여행을 갔다가 헬리콥터 사고로 거의 죽을 뻔한 경험을 하고 나서 인생의 우선순위를 돈을 버는 것이 아닌 자선으로 방향을 틀게 됩니다. 본인이 사두었던 포토맥 사냥터 부지에 집을 짓고 아트 컬렉션을 시작해 2006년, 당시 여자친구였던 에밀리와 함께 글렌스톤을 오픈하게 됩니다.

오픈 초반 일주일에 이틀만 방문객을 받는 폐쇄적인 경영 방식에서 탈피해 2018년에는 대대적인 리뉴얼을 통해 지금과 같은 규모를 갖추었습니다. 이후 2023년에는 뮤지엄에 20억 달러에 가까운 돈을 기부하면서 메트로폴리탄 뮤지엄과 비슷한 규모를 갖추게 되죠. 개인 사립 뮤지엄으로서는 거의 최고가 아닌가 싶네요.

워싱턴 D.C.의 내셔널 갤러리는 미첼을 일컬어 '들어본 적도 없고 아무도 모르지만 지금 이 시대 가장 강력한 영향력을 지닌 컬렉터'라는 표현을 하기도 했습니다. 정확한 표현입니다.

뮤지엄을 산책하듯 걷다 보면 우아한 구릉 위에서 제프 쿤스의 야외 조각 'Split-Rocker' 작품이 관람객을 반겨줍니다. 쿤스의 이 작품은 신인상주의의 점묘를 표현한 토피어리 작품인데 글렌스톤에서 매년 한 번씩 수천 종의 식물과 꽃으로 꾸민다고 합니다. 크고 밝은 게 귀여우면서도 친숙한 느낌이죠? 넓은 대지 위에 제프 쿤스와 리처드 세라의 작품이 무심한 듯 놓여 있는 모습은 뭔가 꾸안꾸 자본의 느낌이랄까요. 정말 신선했습니다.

글렌스톤에는 오디오 가이드가 없습니다. 보통 전시회에 가

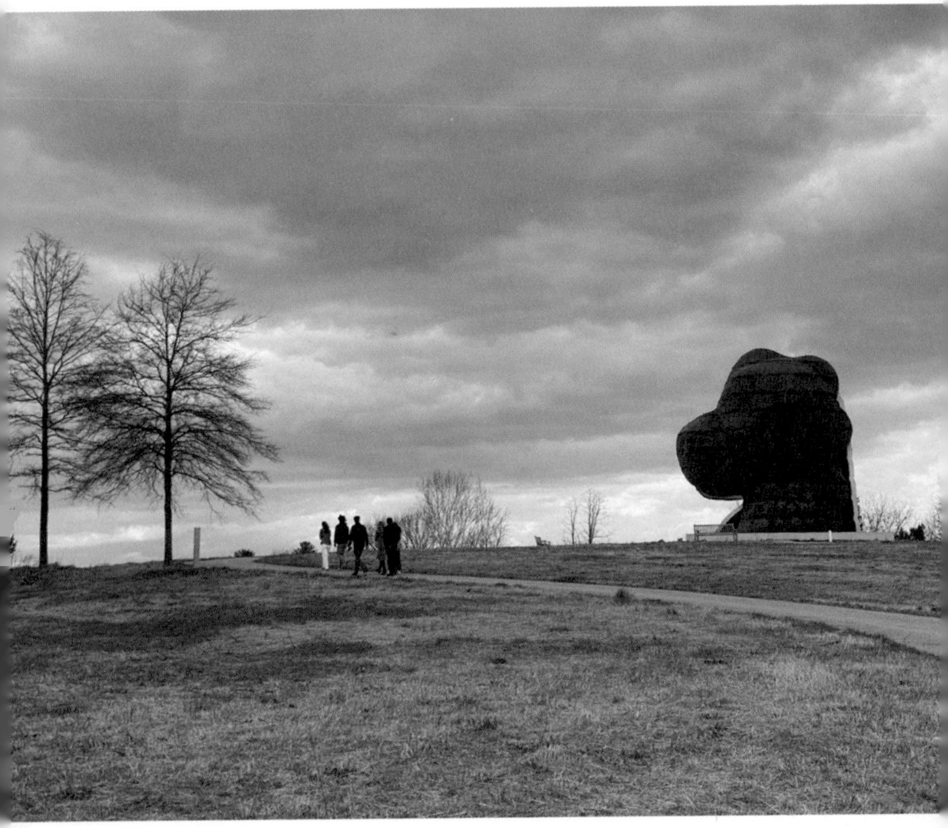

• 제프 쿤스, 〈Split-Rocker〉, 2000

면 그림 옆에 작품명, 작가명, 제작연도, 재료 등이 적혀 있잖아요. 글렌스톤은 그러한 텍스트도 없어요. 전시실 내부에는 오직 나와 작품뿐입니다. 그 사이를 연결하는 다른 장치들이 없어서 고요하게 작품 속으로 침잠해 들어가볼 수 있어요. 오로지 작품과 공명하고 대화하며 자신만의 해석을 하도록 독려하는 거죠. 대신 글렌스톤 그레이 컬러의 유니폼을 입은 가이드들이 어디에나 존재합니다. 이들은 관람객이 질문할 경우 언제든지 친절하고 풍성하게 작품에 대해 해석해줍니다.

우아하게 너울거리는 초원 속을 이끌리듯 걷다 보면, 어느덧 은은하게 빛나는 파빌리온을 마주하게 됩니다. 이 파빌리온은 중세 마을 산지미냐노를 오마주한 것으로 알려져 있는데요, 2010년 공모전에서 선택된 건축가 토마스 파이퍼가 설계해 2018년에 오픈했습니다.

파빌리온은 안뜰이라고 할 수 있는 워터 코트를 둘러싼 건물을 말합니다. 물이란 언제나 신비한 매력을 뿜어내죠! 하늘을 반사하고 건물을 반사합니다. 덕분에 건물은 더욱더 은은하면서도 거대해 보이고요. 그 외에도 하늘을 나는 잠자리부터 새 그리고 물을 간질이는 바람까지 모든 것이 이 워터 코트에 하나의 영상처럼 반영됩니다.

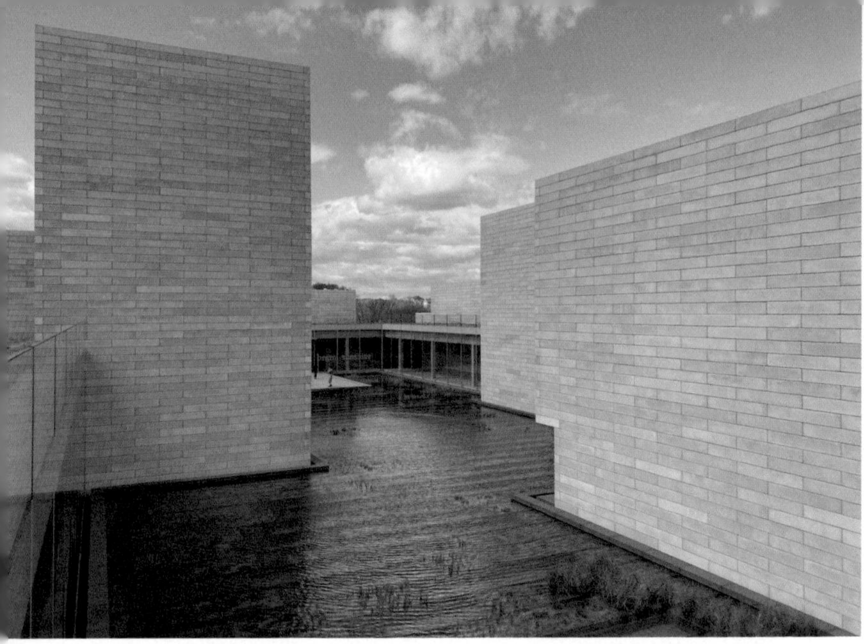

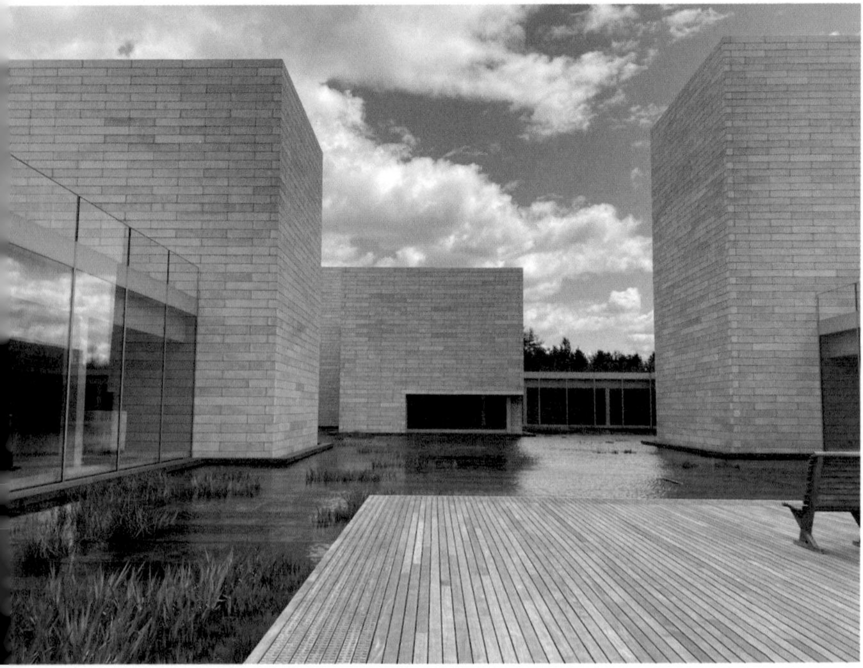

•글렌스톤의 파빌리온과 워터코트

전시실에서 전시실로 넘어갈 때마다 이 중앙 안뜰인 워터 코트를 계속해서 마주하고 건너가게 되는데요, 그때마다 새 작품을 맞이하기 위한 의식처럼 뮤지엄의 분위기가 달라지는 걸 느낄 수 있답니다.

강철로 이루어낸 자연과 인간과의 소통, 리처드 세라와 Sylvester(2001)

리처드 세라Richard Serra, 1939~2024는 네다섯 살부터 그림을 그리기 시작합니다. 그의 인터뷰를 보면 상당히 어릴 적인데도 코지라는 따스한 이름을 지닌 선생님이 세라가 그린 그림을 교실 벽에 걸어두고 어머니를 초대했다는 것을 기억하고 있습니다. 어머니는 그 뒤로 어딜 가든 아들이 예술가라고 자랑스럽게 이야기했다고 합니다. 그리고 그대로 되었죠. 세라의 형 토니 세라에게도 어딜 가든 변호사가 될 거라 이야기했는데, 역시 어머니 말대로 되었습니다.

세라의 인터뷰에는 또 한 가지 감동적인 이야기가 있습니다. 그가 뉴욕의 다락방에 살던 시절, 달랑 매트리스 하나뿐인 휑한 자취방에 어머니가 방문해 창문으로 보이는 허드슨강을 가리키며 "멋지다!"라고 이야기해주었다고 합니다. 난방도 되지 않고 온수도 나오지 않는 다락방에서 살고 있더라도, 멋지다고 이야기해주는 어머니가 있다면 자신감이 폭발하게 된다는 이야기였죠. 세라를 향한 어머니의 헌신과 지지가 빛을 발하네요. 하지만 이토록 아들들을 위해 전폭적으로 지지해주던 어머니가 자살로 생을 마감한 것은 형제들에게 큰 상처가 되었습니다.

그는 또한 어릴 적 조선소에서의 경험을 이야기합니다. 조선소에서 일한 아버지 덕분에 엄청난 질량의 물체가 흔들리며 물에 뜨는 기이한 장면을 볼 수 있었던 거죠. 그 순간의 경이로움이란! 강철, 그것은 그렇게 그를 평생토록 사로잡았죠.

예일대에 들어간 세라는 특이하게 문학을 전공합니다. 셰익스피어와 에머슨에게 영향을 받아 대학 졸업 후에는 예술 세계에 입문하고자 파리와 피렌체에서 생활하기도 합니다. 대학 시절엔 제철소에서 아르바이트를 한 적도 있었죠.

스페인에서 벨라스케스의 작품 '시녀들'을 보고 나서 깔끔하게 그림을 포기한 세라는 초반에는 고무, 네온 같은 재료로 작업하지만 1970년대에 들어 자신에게 가장 익숙하고 편안한 강철을 재료로 작품을 제작하게 됩니다. 그리곤 일본 교토에서 젠 스타일의 정원을 보고 시공간감에 대한 개념이 완전히 바뀌게 됩니다. 세잔의 그림 역시 '공간을 발명해 만들어낸' 작품으로 세라를 자극했고요.

그는 1990년대 그의 대표작이 되는 'Torqued Ellipse'를 만들게 됩니다. 모두가 이 작업을 콘크리트로 만들기를 조언했지만 세라는 결국 강철로 만들어내고 맙니다. 마치 무중력으로 서 있는 것처럼, 하나도 무겁지 않은 것처럼, 전혀 주조되지 않은 것처럼 보이는 작품을요. 이 작품은 현재 디아 비컨이 소장하고 있습니다.

세라 작품은 보통 잠수함에 쓰이는 아주 무거운 소재로 만들어지기 때문에 저는 가끔 실내에 설치된 세라 작품을 보면 건물이 작품의 하중을 견딜 만큼 튼튼한지부터 먼저 걱정할 정도입니다. 세라도 이를 알기 때문에 실내 설치의 경우, 현장의 규모와 모양, 하중의 한계를 고려해 작업한다고 하네요. 그래서 야외 작업보다 더 공을 들이고 따라서 배우는 점도 많다고 합니다.

물론 작품을 만들 때 상당히 골치가 아프다고 합니다. 이해도 가는 것이 LA편에서 설명할 더 브로드의 설립자 일라이 브로드가 세라에게 작품을 의뢰한 적이 있었습니다. 브로드 부부의 집 정원에 놓을 작품이었는데, 브로드는 LA의 높은 지대에 살다 보니 세라의 이 무거운 작품을 운반할 방법이 없었습니다. 운반 차량은 이 무거운 세라의 작품을 싣고 그 언덕을 올라갈 수 없었고, 헬리콥터는 세라의 작품을 실으면 이륙이 불가능했습니다. 브로드가 걱정할 때마다 세라는 "문제없어요!"라고 대답했는데, 당시 브로드는 '이집트 사람들이 피라미드를 쌓을 때 이런 고민을 했었을까?' 생각했다고 합니다. 저는 이 일화를 듣고 배꼽을 잡았는데 결국 세라는 자신의 말대로 '문제없이' 브로드 부부의 정원에 작품을 설치할 수 있었죠. 덕분에 그 작품명은 '문제없음(No Problem)'이 되었답니다. 너무나 재미나죠.

세라는 이렇게 하나의 작품을 위해 재료, 무게, 수평성, 수직성, 시간의 흐름, 주변과 상응하는 부식, 거기에 '운반의 괴로움'까지 고려하며 작업을 하다 보니 관객도 자신의 작품 속에서 '노력'해주길 바라는 것 같습니다. 그의 예술에 참여하고 함께 걸으며 그 의미를 깨닫고 색다른 감정을 느낄 수 있도록요.

앞으로 세라의 작품을 만난다면 바깥의 여러 각도에서 각기 다른 파사드(facad. 건물의 주요한 정면)를 느껴보고, 내부를 걸으면서 작품과 조응해보세요. 어디서도 만난 적 없는 극한의 무겁고 강한 강철 소재와 막강한 크기 앞에서 설렘과 흥분을 느낄 수 있을 겁니다.

여러 뮤지엄에서 세라 작품을 보았지만 가장 세라가 세라다운 곳을 꼽으라면 글렌스톤을 빼놓을 수가 없네요. 디아 비컨,

MOMA, LACMA 등 미국 뮤지엄 곳곳에 세라 작품이 소장되어 있지만 역시 자연에 노출되었을 때 그 빛을 발하는 것 같아요.

글렌스톤에서 만날 수 있는 작품 'Sylvester'는 세라의 친구인 데이비드 실베스터의 이름을 딴 작품입니다. 이 113톤의 강철 구조물은 관람자에게 아주 새로운 경험을 선사합니다. 2차원적인 그림이 아니라서 그냥 '본다'라는 동사로는 느낄 수 없는 것도 있겠지만, 3차원적인 조각이라 하더라도 그 내부에 들어가서 체험해야 한다는 점 또한 새롭습니다.

세라의 작품은 그 막강한 크기 덕에 겉에서 보면 작품 일부밖에 볼 수가 없습니다. 겉에서 보더라도 작품을 둘러싸고 한 바퀴를 아주 크게 돌아야 하고, 그 작품 내부를 직접 걸어봐야 합니다. 때에 따라서는 만지기도 하면서 시간을 할애해야 하죠. 소리를 내보면 에코 효과도 느낄 수 있습니다. 작품 속에 관람자가 존재하는, 작품과 관람자가 소통하는 예술인 것이죠. 세라는 이 작품이 하늘을 자르는 방식을 좋아한다고 말했는데, 실제로 작품 내에서 하늘을 올려다보면 하늘이 조각나는 느낌을 받을 수 있습니다.

또 강철과 납이라는 소재가 시간과 공기에 저절로 부식하도록 놔두면서 자연과의 상호 작용까지도 관람객이 느낄 수 있도

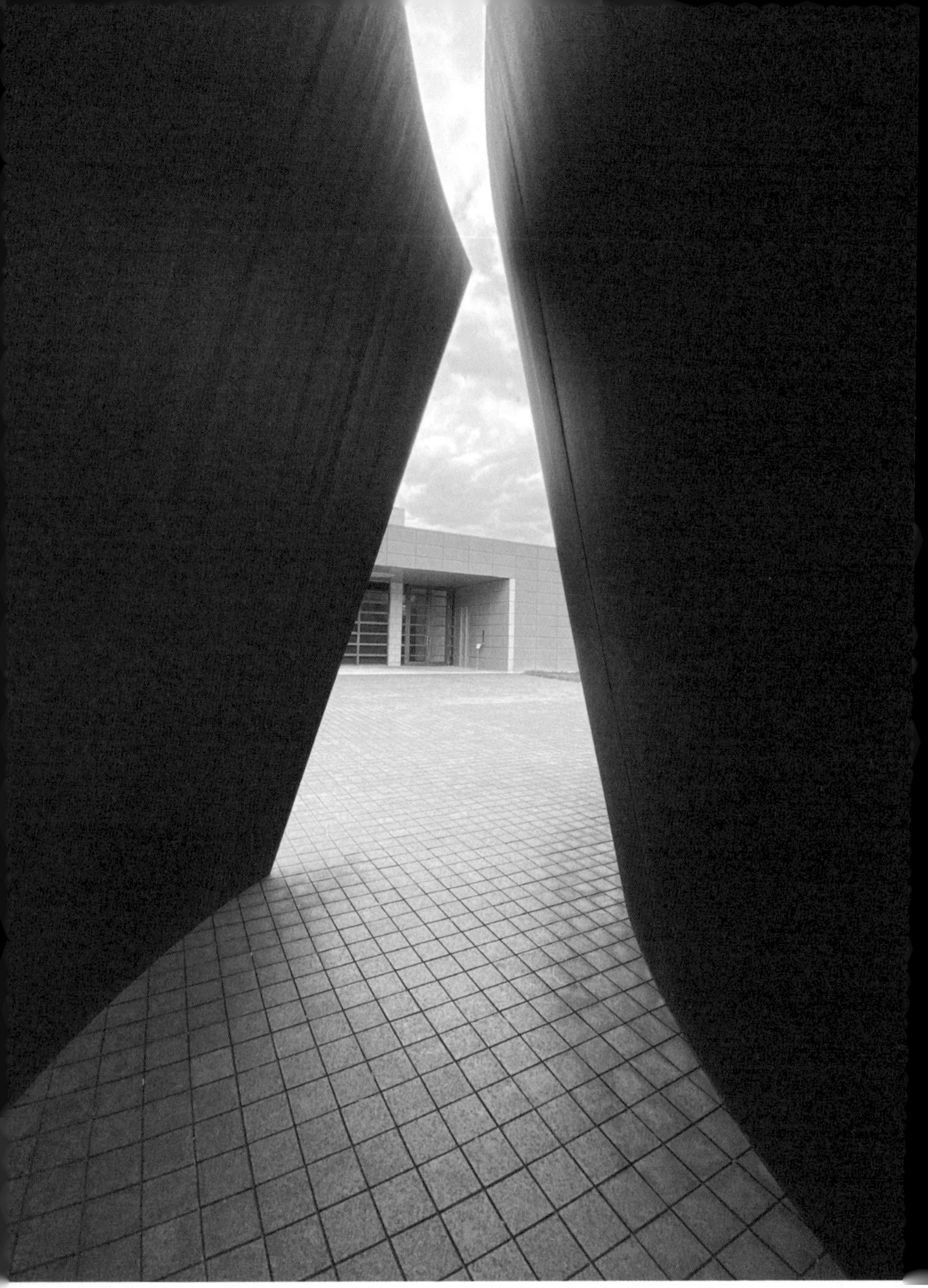

• 리처드 세라, 〈Sylvester〉, 2001

록 했습니다. 소재 본연의 특성을 그대로 발현해낸 작품인 것이죠. 우리도 각자 다르게 나이 들어가듯 소재 자체도 주변 환경에 따라 더 빠르게 부식하기도 하고 더 느리게 부식하기도 하는 겁니다. 즉 이 작품은 시간을 들여 체험하는 관람객과 대화가 가능할 뿐만 아니라 자연과도 대화가 가능한 예술인 거죠.

대지 예술의 거장, 마이클 하이저와 Collapse(1976/2016)

여러분은 공허 그리고 영원이라는 모호한 단어들을 물리적 세계로 가져와 옮긴다면 어떤 크기가 될지 생각해본 적 있나요? 랜드아트(대지 예술)의 거장, 마이클 하이저Michael Heizer, 1944~가 그 답을 줍니다.

보통 '크다'라는 정의를 떠올릴 때, 여러분이 떠올릴 수 있는 가장 큰 건 무엇인가요? 하이저는 세상에서 인간이 상상할 수 있는 가장 거대한 것을 원했습니다. 세계에서 가장 큰 예술 작품을 말이죠.

이런 거대한 상상력 너머에는 부모님의 영향이 자리하고 있었습니다. 하이저의 아버지 로버트 하이저는 세계적인 인류학자이자 고고학자였습니다. 아버지가 주로 연구한 것은 '고대의 암각화 그리고 선사시대에 이 거대한 돌을 과연 어떻게 옮겼는가'

였는데, 실제로 아들이 거대한 돌에 집착하며 사막과 벌판으로 돌을 이고 지고 옮기며 예술 활동을 한 것이 놀랍고도 재미난 부분이지요.

하이저는 1960년대에 주로 사막에서 작업하는 '화가'였습니다. 하지만 단순히 유럽의 미술사를 답습하거나 계승하는 '그림'이 아닌 미국 그 자체의 예술품을 만들고자 했습니다. 게다가 무려 지구 자체를 재료로 쓴 '화가'이지요. 하이저는 지구 자체가 몇백만 년 동안 지어진 건축 명작이라고 생각했습니다. 자신의 작품을 두고 세계를 무대로 생각한 미국 예술로서 땅을 캔버스로 쓰고, 붓 대신 불도저를 사용해 지구에 드로잉을 한다고 표현했습니다.

하이저는 땅을 재료로 써서 땅 위로 솟은 무언가를 만드는 게 아니라 그 반대 방향으로 땅을 파고 찢고 자르면서 작품을 만들었습니다. 그의 대지 예술은 지평선이 끝없이 펼쳐진 무한대의 땅에 보이는 것이라곤 아무것도 없습니다. 그게 바로 무한대로의 접근이 아닐까 생각해봅니다.

하이저는 자신의 작품이 엠파이어스테이트 빌딩이나 금문교와 경쟁하고 있다고 이야기했습니다. 실제로 1969년 네바다에 작업한 작품 'Double Negative'의 경우 엠파이어스테이트 빌딩을 눕힌 것보다도 길이가 약 457미터 더 길게 작업을 했었고요.

우리가 여행으로 특정 나라에 방문할 때 건축물이 훌륭한 랜드마크가 되는 경우가 많은데요, 만리장성을 보려면 중국에 가듯이 하이저를 보기 위해서는 미국으로 가야 한다는 이미지를 만들고 싶었다고 합니다. 이 얼마나 거대한 의미와 포부입니까. 그리고 몇 세기가 지나도 남을 영원한 작품을 목표로 작업하고 있으니, 그의 무한한 작품 의식에 그저 놀라울 뿐입니다.

파빌리온에 들어서서 여러 전시실을 살피던 중 유독 한 전시실('Room 5')의 입장 줄이 길었습니다. 설명을 보니 하이저의 작품이라 어떤 작품일까 당연히 궁금해졌습니다. 한정된 인원만이 전시실에 들어갈 수 있어 저 역시 한참을 기다리다 전시실로 들어섰는데요, 처음 작품을 보았을 때 든 생각은 '여기 건설 공사 현장 아니야? 이게 예술품이라고?'였어요. 하이저를 익히 알고 있었는데도 말이죠.

야외 공간이었지만 벽으로 막혀 있어 하늘 위로만 시야가 트여 있었고, 깊게 파인 사각 구덩이에 그냥 막 던져 넣은 듯한 15개의 기다란 강철 빔이 구덩이 바깥까지 빠져나와 있었습니다. 무작위로 던져진 듯한 강철 빔은 녹이 슬었고, 그 질량에 눌리는 느낌이 가혹했습니다. 발이 빠져 낙상하지 않도록 사각 구덩이 주변을 조심스럽게 걸어야 했죠. 작품 'Collapse'는 하이저가 베트남 전쟁과 911테러에서 영감을 받아 만든 작품입니다. 그 때 느꼈던 작품 속에 담긴 무게와 밀도는 잊지 못할 것 같네요. 911테러에서 모티브를 얻었다는 설명을 듣는 순간, 관람객들의 침묵이 그곳의 공기를 대체했습니다.

하이저의 작품을 보면 저절로 침묵하게 됩니다. 종교적 경험마저 하는 듯한 느낌을 받기도 합니다. 물론 예술과 종교는 '경외심'이라는 공통의 감정을 공유하면서 유사한 역할을 하기도 하지요.

비어 있는 공간까지도 모두 계산에 넣으면서 '비어 있다'는 것 자체도 형태가 있다고 말했던 하이저. 물질에 생각을 던져 넣은 예술 작품을 만든다는 그의 설명을 납득할 수밖에 없는 작품이었습니다.

내셔널 갤러리
: 미국에서 유일하게 다빈치를 소장한 곳

워싱턴 D.C.에는 '내셔널 몰'이라는 공원이 있습니다. 내셔널 몰은 워싱턴 기념탑을 중심으로 서쪽으로는 링컨 기념관, 동쪽으로는 미의회의사당을 품고 있는 드넓은 공원입니다. 이 내셔널 몰 주변에는 우리에게 스미소니언 박물관이라고 알려진 스미소니언 인스티튜션에 속하는 뮤지엄만 무려 17곳이 자리하고 있는데요, 이 중에는 다음 장에서 설명할 허시혼 뮤지엄도 포함되어 있습니다.

워싱턴 D.C.는 내셔널 몰 주변 외에도 도시 전체에 크고 작

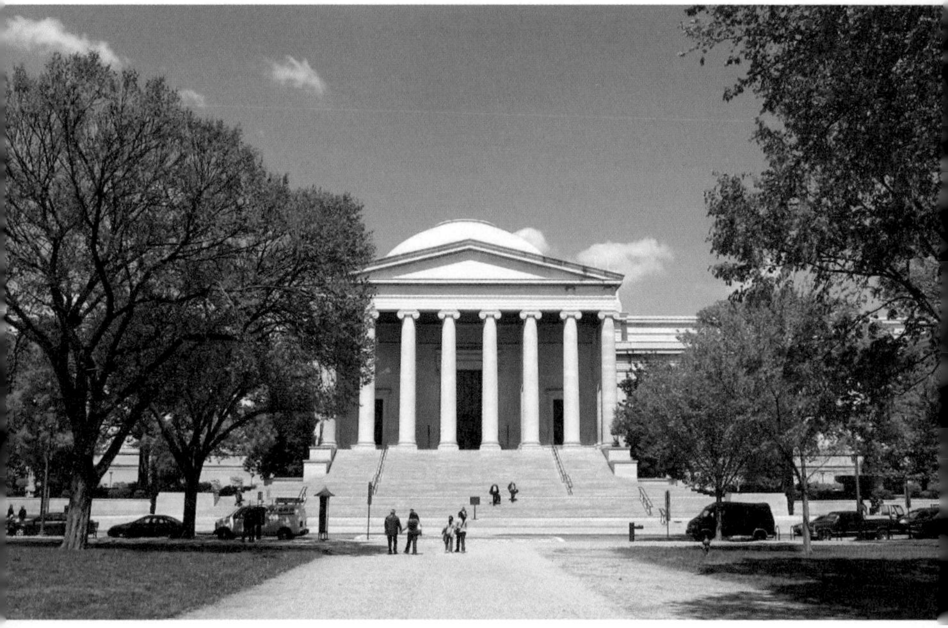

• 내셔널 갤러리 전경

은 뮤지엄들이 많아 말 그대로 뮤지엄 도시라고 할 수 있는데요, 많은 뮤지엄 중에 가장 웅장한 내셔널 갤러리National Gallery of Art로 갈게요. 이 뮤지엄은 내셔널 갤러리라는 이름과는 다르게 개인의 아이디어로 설립된 뮤지엄입니다. 카네기멜런 대학교의 전신이었던 멜런 대학을 설립한 앤드루 멜런의 아이디어였지요. 멜런은 뉴욕 프릭 컬렉션을 만든 헨리 클레이 프릭과도 긴밀하게 사업했던 사이였습니다. 둘 다 어마어마한 사업 성공을 발판으로 동부의 상징적인 컬렉션을 만들어낸 것이 조금 부럽기도 하네요.

멜런은 훗날 미국의 재무장관을 역임하게 되는데 이때 루스벨트 대통령에게 미국도 세계적인 수준의 뮤지엄을 설립해야 한다고 설득합니다. 멜런이 모델로 삼은 것은 영국 런던의 내셔널 갤러리였습니다. 그리고 본인의 자금으로 이 뮤지엄을 짓고 자신의 컬렉션 126점을 기증합니다. 이 컬렉션에는 당시 에르미타주가 소장하고 있던 얀 반 에이크의 '수태고지' 그리고 라파엘로를 비롯해 고야의 전설적인 작품 등이 포함되어 있었습니다.

멜런은 존 러셀 포프에게 건축을 의뢰합니다. 포프는 워싱턴 D.C.의 상징적인 공공기관을 많이 지었는데, 제퍼슨 기념관 역시 그의 작품이죠. 그 외에도 영국 박물관의 드빈 갤러리와 뉴욕 프릭 컬렉션의 아름답기 그지없는 실내 정원 역시 포프의 건축입니다. 아쉽게도 멜런과 포프는 1937년 내셔널 갤러리를 건축하기 시작한 시점에 사망하지만, 뮤지엄은 포프의 아이디어 그대로 신고전주의 양식으로 문제없이 지어집니다. 이후 멜런 자녀들의 노력과 더불어 많은 사람이 미국인의 교양을 북돋기 위해 작품들을 기증하면서 지금의 규모를 갖추게 됩니다.

워싱턴 D.C.의 거의 모든 뮤지엄은 무료라고 보면 돼요. 보통 예술 작품을 소장하는 것은 돈 없이는 불가능하니까 계층의 구별이 있을 수도 있지만, 예술 작품을 감상하는 데 재력의 구분이 있어서는 안 되겠죠. 문화예술의 향유는 누구에게나 공평하게 열려 있어야 한다고 생각해요. 내셔널 갤러리에는 아주 넓은 야외 조각 공원이 마련되어 있는데, 이 정원도 창조적 영감이 가득한 산책 공간입니다.

고전과 현대의 융화를 꿈꾸며,
건축가 아이엠페이

1968년에 멜런의 자녀들은 내셔널 갤러리 이스트 빌딩을 세우기 위해 아이엠페이I. M. Pei, 1917~2019에게 건축을 의뢰합니다. 페이는 훗날 루브르 뮤지엄의 유리 피라미드를 건축하고, 프리츠커상을 받은 중국계 미국인 건축가입니다. 우리나라와 가까운 교토의 미호 뮤지엄도 페이의 작품이죠.

제가 놀랐던 것은 1930년대에 내셔널 갤러리를 건축할 때 이미 이 신관의 필요성을 예측하고 미리 부지를 마련해두었다는 사실입니다. 부지가 상당히 독특한 사다리꼴 모양인데, 이 어려운 부지에 삼각형 모양의 빌딩들을 겹쳐 놓은 페이의 아이디어 역시 빛이 나지요.

건축이란 언제나 그 터를 읽는 일입니다. 뮤지엄의 경우도 예외가 아닙니다. 기존 건축물의 캐릭터를 살려 새로운 건축물과 이질감 없이 융화되도록 해야 하죠. 내셔널 갤러리의 본 건축물인 신고전주의 양식의 웨스트 빌딩과 현대미술을 수용하기 위해 지어질 이스트 빌딩을 어떻게 융화시킬지 페이는 고민이 많았습니다. 결국 건물 외벽을 분홍색을 띄는 트라버틴 대리석으로 마감하고 웨스트 빌딩과 이스트 빌딩의 출입구를 축을 따라 정렬합니다.

1978년에 개관한 내셔널 갤러리 이스트 빌딩을 인상 깊게 본 프랑스 미테랑 대통령은 프랑스 혁명 200주년을 기념하는 루브르 뮤지엄의 리모델링을 페이에게 맡깁니다. 이렇게 탄생한 유리 피라미드는 내셔널 갤러리 이스트 빌딩 시절부터 페이의 시그니처였습니다.

건축가라면 세계적인 뮤지엄 건축이 누구나 욕심이 나는 일일 텐데요, 이 과정은 정말이지 진지하고도 체계적으로 이루어지는 법이라 내셔널 갤러리를 지을 때도 폴 멜런이 페이를 선택하기 위해 9개월에 걸쳐 고민했다는 것은 다시 생각해도 놀라운 것 같습니다.

"그림이란 완벽한 서사 그 자체" 다빈치

레오나르도 다빈치는 그림이 완벽한 서사를 전달해야 한다고 생각했습니다. 그러기 위해선 원근법, 해부학, 빛 전부를 완벽하게 이해해 그려야 한다고 믿었습니다. 또한 그림 자체로 빛을 뿜어내야 하고요.

'최후의 만찬' 같은 벽화는 앞에서 보거나 왼쪽과 오른쪽에서 보거나 홀 구석에서 보거나 멀리서 보거나 어느 시점에서나 원근법을 완벽하게 계산해 그린 작품입니다.

다빈치는 서른 즈음부터 루도비코 스포르차라는 밀라노의 대공 밑으로 들어가게 됩니다. 이 루도비코라는 후원자를 잡기 위해 다빈치가 보낸 편지를 보면 놀라운 점이 있어요. 왼손잡이에 심지어 거울 글씨를 쓰던 다빈치는 자신이 잘하는 장기를 편지에 쭉 나열하며 깔끔하고 보기 좋게 편지를 쓰려고 노력합니다. 그런데 편지엔 군사공학자, 과학자, 토목공학자 이야기만 가득하고 그림 이야기가 없어요. 장기를 열 몇 가지 썼는데, 그중에 그림이 없다는 사실은 지금 봐도 놀랍습니다. 맨 마지막 추신에만 '저는 그림도 잘 그립니다'라고 짧게 썼어요.

다빈치는 그림뿐만 아니라 다른 수많은 분야의 관심과 연구로 융합 인재의 전형을 보여주는 사람인데요, 왜 우리는 그림으로만 그를 알고 있을까요? 그 이유는 다빈치의 다른 모든 재능은 노트에 담겨 있기 때문입니다.

이 노트들을 코덱스라고 부릅니다. 공증인 아들이다 보니 정리하는 재능을 물려받았는지 무려 2만 페이지가 넘는다고 해요. 현재 남아 있는 코덱스는 원본의 4분의 1가량으로 그마저도 세계에 뿔뿔이 흩어져 있습니다.

1990년대에 빌 게이츠가 다빈치의 코덱스를 낙찰받아서 데이터베이스화합니다. 개인적으로 인류의 위대한 유산인 이런 작품들을 개인이 사유화하는 것에 반대하는 입장이긴 합니다. 모두가 그리고 우리의 후손들이 앞으로도 몇백 년 혹은 몇천 년 동안 이 감동을 함께 나누기를 바라기 때문이에요. 그 와중에 게이츠의 코덱스 낙찰은 개인 사유화(사실은 빌 게이츠 재단

소유)의 올바른 방식을 보여주는 것 같아요. 모두가 공유할 수 있도록 그리고 훗날 이 코덱스에 재앙이 생겨도 코덱스를 볼 수 있도록 말이죠.

코덱스를 보면 다빈치는 스스로 회화의 가치를 알았던 것 같습니다. 예를 들면 모차르트와 쇼팽 모두 대단한 음악가이지만 그들의 연주를 지금 듣거나 볼 수 없잖아요. 악보가 남긴 했어도 천재가 사망하는 순간 연주는 물론 그 유산까지도 전부 휘발되니까요. 하지만 그림은 남지요. 많은 예술 분야 중에서도 스스로를 남길 수 있는 분야가 바로 그림입니다. 저는 이 코덱스들을 보고 또 한 번 종이의 힘을 느꼈습니다. 종이가 있고, 기록이 있기 때문에 우리가 셰익스피어의 작품을 즐길 수 있고, 다빈치의 생각도 공유할 수 있다고 생각해요.

다빈치는 훗날 프랑스의 프랑수아 1세의 후원을 받아 프랑스 앙브아즈 성에 거주하다가 그곳에서 사망합니다. 덕분에 '모나리자'는 이탈리아가 아닌 프랑스 루브르 뮤지엄에서 수많은 관람객을 맞이하고 있죠.

미국에 딱 한 점 있는 다빈치의 작품,
지네브라 데벤치(1474-1478)

내셔널 갤러리는 미국에

서 유일하게 다빈치 작품을 소장한 뮤지엄입니다. 개인 소장은 미국 어디에선가 누군가 하고 있을지 몰라도 뮤지엄에서 볼 수 있는 다빈치는 바로 이곳, 내셔널 갤러리뿐입니다.

초상화 속 모델은 바로 지네브라 데벤치. 완벽하게 보존되어 있네요. 다빈치 작품을 본 것만으로도 감동인데, 투명한 유리 액자에 쌓여 있어 앞 뒤 옆면을 전부 볼 수 있습니다. 천재의 호흡을 그대로 느낄 수 있을 것만 같아 그야말로 흥분의 순간이었죠.

지네브라의 의상을 자세히 볼까요. 앞 옷깃의 시스루와 푸른색 매듭을 섬세하게 표현한 것 좀 보세요. 지네브라는 창백한 얼굴에 살짝 홍조를 띠고 있네요. 그런데 표정은 너무 진지해요. 좀 웃어도 좋았을 텐데, 어려운 여성의 모습이군요. 웬만한 일에는 흔들리지 않는 강인한 멘탈을 지녔을 것처럼 보여요.

당시 지네브라의 나이는 16세로 알려져 있습니다. 보통 이 시대 여성 초상화는 결혼이나 약혼을 기념할 때가 많았는데, 결혼의 경우에는 남자가 왼쪽에서 오른쪽을 보고 있는 그림 하나, 여자는 오른쪽에서 왼쪽을 보는 그림 하나를 각각 그려 이 두 작품을 나란히 놓는 방식이 일반적이었습니다. 지금 지네브라는 왼쪽에서 오른쪽을 보고 있으니 아마도 약혼이 아니었나

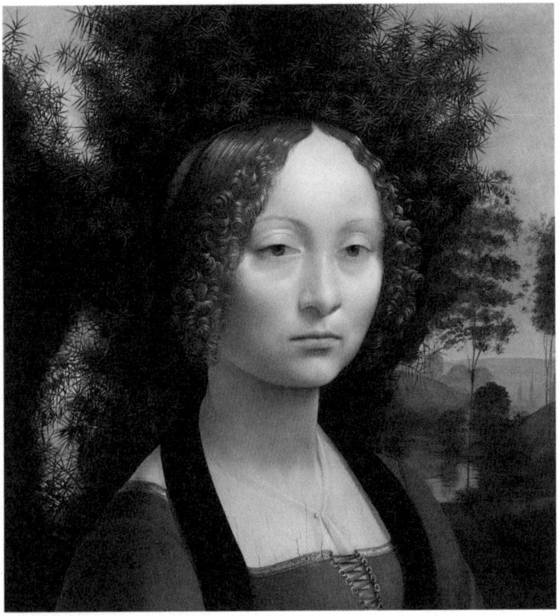

• 레오나르도 다빈치, 〈지네브라 데벤치〉, 1474-1478

추측하고 있답니다.

지네브라의 머리는 향나무 가지로 만든 장식인데, 이 향나무가 순결을 의미하는 한편 이탈리아어로 지네프로(ginepro)라고 발음해 그의 이름인 지네브라(ginevra)와 그 의미가 연결되기도 합니다.

이 그림을 그릴 때 다빈치는 스물두 살의 창창한 청춘이었는데요, 이미 피렌체의 부유한 금융가에게 딸의 약혼 기념 그림을 의뢰받은 능력자였습니다. 게다가 르네상스 여성 초상화의 종결자로 불리는 그가 '모나리자'를 그리기 수십 년 전에 작업했던 그림이기에 더욱 의미가 있겠죠?

작품을 위해 모든 것을 건 화가,
렘브란트

렘브란트 판레인은 열아홉 살에 이미 자신만의 스튜디오를 만들어 그림에 매진했는데, 이때부터 이미 거장의 솜씨를 드러냅니다. 당시에는 보통 성경을 배경으로 성화를 많이 그렸습니다. 이런 역사화들을 종합 예술이라고 보면 되는데, 인간의 신체 비율과 해부학적 지식에 해박해야 하고 그림의 뒷배경인 풍경화 실력도 뛰어나야 합니다. 더해서 사람의 감정도 담을 수 있어야 하거든요. 이 모든 것에 뛰어났던 렘브란트는 20대에 벌써 이름을 날리는 화가가 됩니다.

유독 감정을 잘 포착해내며 암스테르담에서 초상화로 이름을 날린 렘브란트는 1630년대에는 초상화로는 따라올 경쟁자가 없게 됩니다. 그야말로 주문이 물밀 듯이 밀려 들어옵니다. 보통 초상화를 그릴 때 모델더러 자세를 취해달라고 하잖아요.

그런데 렘브란트는 움직이라고 했어요. 생동감 있는 순간을 포착하겠다는 거죠.

렘브란트는 사스키아와 결혼하고 집도 삽니다. 그런데 렘브란트에게는 번 것보다 돈을 더 쓰는 치명적인 습관이 있었습니다. 일단 그림의 재료들을 사는 데 돈을 아끼지 않았고, 남들과는 다른 것을 하고 싶은 욕심이 있었습니다. 고대 유물과 그리스로마 시대 조각품을 미친 듯이 사들입니다. 또 부유층 초상화를 많이 그리다 보니 이들이 입는 옷의 특이한 질감을 연구하기 위해 이국적인 원단을 일단 사들입니다. 그림을 더 잘 그리기 위해서요. 보통 이런 컬렉션은 경매에서 낙찰받아오는데, 렘브란트는 경매에 나가면 첫 가격부터 남들이 아예 쳐다볼 수도 없는 높은 가격을 불러버렸어요. 평생을 이렇게 살았는데 어떻게 재산이 남겠어요?

화려한 삶을 살던 렘브란트에게 시련이 닥치기 시작합니다. 결혼해서 낳은 아이들이 전부 갓난 아기 때 사망하고 셋째 아들 티투스만 성인까지 살게 되죠. 빚이 자산을 압도하던 그즈음 배우자마저 사망하고 맙니다.

이 시점이 바로 그의 대표작 '야경'을 완성한 1642년입니다. 커리어의 정점을 찍고 이때부터 내리막길을 가게 되죠. 놀라운

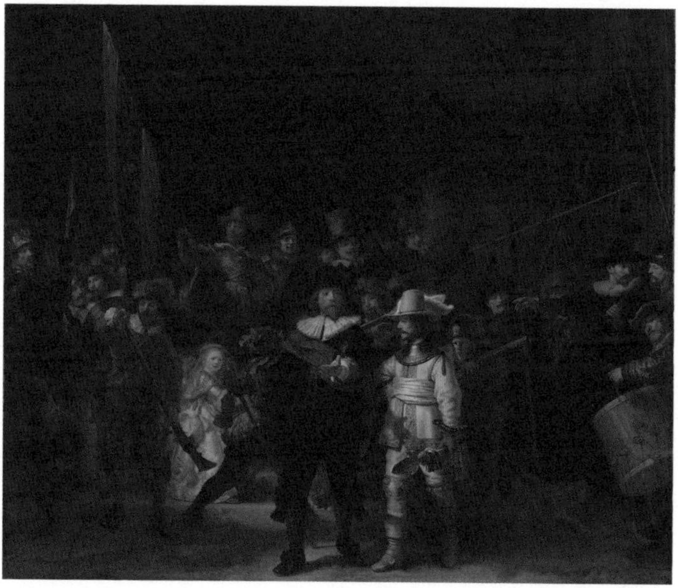

•렘브란트 판레인, 〈야경〉, 1642, 암스테르담 뮤지엄

점은 경제적으로 어려워지면서 그림은 더욱 빛을 내게 되었다는 사실입니다. 특히 렘브란트의 자화상을 보면 말로 표현할 수 없을 만큼의 높은 완성도를 볼 수 있습니다.

한 편의 자서전과도 같은 렘브란트의 자화상(1659)

명작이란 무엇일까요? 명화란 무엇일까요? '남들이 다 유명하다고 하는데 에이, 나한테 별로네.' 저도 이렇게 생각한 적이 많습니다. 하지만 이 그림 앞에서는 생각이 달라지더군요. 렘브란트는 젊은 시절부터 죽기 한 달 전까지 자화상을 그려서 남겼습니다. 이 자화상들을 시대의 흐름에 따라서 보다 보면 그림이 전달하는 '서사란 이토록 강력하구나' 하는 걸 알 수 있어요. 글로 남기는 어느 자서전보다도요. 따로 설명할 필요 없이 자화상들만 쭉 보더라도 이 사람이 살아온 자취가 눈에 선하게 그려집니다. 그냥 한 편의 영화가 뚝딱 만들어질 정도의 내러티브를 지니고 있어요. 앞서 말씀드렸다시피 렘브란트는 평면의 그림 속에서도 모델의 감정을 읽을 수 있는 위대한 화가입니다. 그런 그가 자신의 감정을 직접 자기 초상화에 담은 겁니다.

사실 17세기 초상화는 대부분 귀족들의 의뢰로 그려졌는데요, 이러한 상류층은 사회적 지위 때문에 감정을 드러내는 것을 금기시했습니다. 때문에 초상화들은 전부 엄격하고 근엄하고 경직된 표정을 하고 있습니다. 렘브란트는 그 금기를 깨고 당시로서는 파격적으로 그림에서 감정을 전달한 것이죠.

젊은 시절 의기양양하고 세상 두려울 것 없는 청년은 말년에는 가족도 돈도 다 잃은 초라하기 짝이 없는 모습으로 초상화에 등장합니다. 삶을 제때 돌아보지 않은 것에 대한 후회와 불운한 삶에 대한 고통, 스스로에 대한 연민이 노장의 주름과 눈빛에 켜켜이 쌓여 있습니다. 어떤 인생을 살아왔는지 얼굴에 전부 담겨 있어요. 언뜻 회한의 눈물이 보이는 것도 같습니다. 수많은 뮤지엄에서 렘브란트 자화상을 봐왔는데, 내셔널 갤러리에 있는 말년의 자화상에서는 모든 것을 포기하고 초월한 듯한 늙은 한 남자에 대한 동정이 폭발해 눈물이 날 정도였죠. 그냥 그림 하나일 뿐인데, 어떤 자기계발서를 읽는 것보다도 삶을 어떻게 살아야 하는지 단박에 보여주는 강렬한 시각적 충격을 선사했습니다.

이 그림을 보며 '그림을 그릴 때 렘브란트의 심정은 어땠을까. 이걸 과연 남기고 싶었을까. 훗날 혹은 동시대에 이 그림을 보는 사람들이 렘브란트에 대해 무슨 생각을 할지 본인은 알았

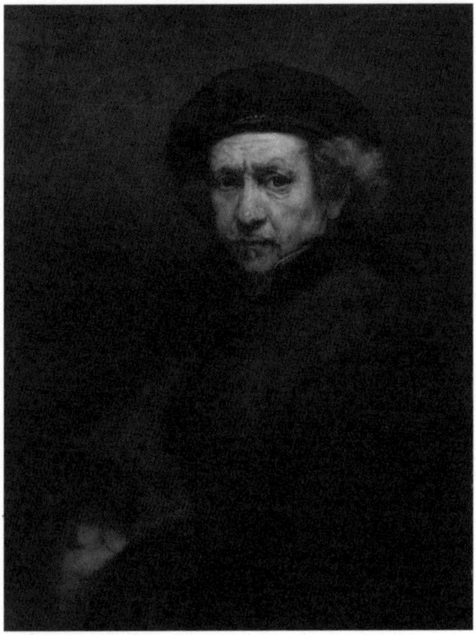

• 렘브란트 판레인, 〈자화상〉, 1659

을 텐데…. 아마도 스스로를 돌아보는 사색과 명상의 기능으로 이 그림을 그리고 또 그렸겠구나. 너무 괴로우니까 안 그리고는 못 배겼겠구나' 하는 생각을 해봤습니다.

그림 하나로 이토록 많은 사유를 할 수 있다니, 렘브란트가 아니면 누가 해낼까요? 그런 면에서 렘브란트는 정말 비교 불가한 거장이라고 생각해요. 독일 화가 막스 리베르만의 말로 끝맺고자 합니다.

> "프란스 할스의 그림을 보면, 나도 그리고 싶다는 열망이 솟구치지만, 렘브란트의 그림을 보면 그냥 그림을 포기하고 싶어진다."

범접할 수 없는 대가 렘브란트였습니다.

물랑루즈의 아웃 사이더,
로트레크

프랑스 남부에는 알비라는 작은 도시가 있습니다. 도시 전체가 유네스코 문화유산에 등재된 이곳은 중세의 매력으로 꽉 찬 한편 사랑스럽고 평화로운 분위기까지 더해진 아름다운 도시입니다. 또 툴루즈로트레크 뮤지엄이 자리하고 있기도 하죠. 1864년, 이 도시에서 대대로 백작 집안이었던 툴루즈 로트레크가에 한 아이가 태어납니다. 앙리 드 툴루즈 로트레크. 이 아이는 14세에 왼쪽 다리가 부러지고 15세에 오른쪽 다리가 부러집니다. 얼마나 뼈가 약했던지 왼쪽 다리는 의자에서 일어나다가 부러졌어요. 그 때문에 하체는 어린 아이 상태에서 성장을 멈추고, 상체만 성인으로 성장하게 되는 기이한 체형을 갖게 되는데요, 유전적인 질병으로 추측하고 있습니다. 어머니랑 아버지가 사촌이고, 친할머니와 외할머니는 자매예요. 로트레크의 동생은 태어나자마자 사망했기 때문에 어머니는 남은 외아들 로트레크를 위해서 모든 희생과 헌신을 하게 됩니다.

로트레크는 어릴 때부터 글보다 그림에 뛰어난 자질을 보입니다. 이 백작 가문에서 외아들을 위해 미술 교육을 부족하지 않게 시켜주려고 노력을 많이 해요. 어머니가 어린 로트레크를 데리고 파리와 알비를 오갑니다. 참고로 파리와 알비를 오가려면 지금도 파리에서 툴루즈까지 고속 기차로 다섯 시간, 툴루즈에서 또 기차를 타고 한 시간 넘게 가야 합니다. 150년 전에는 어땠겠나요. 어머니의 사랑이 눈물겹습니다. 다리를 고쳐보려고 또 얼마나 노력을 했겠습니까.

로트레크는 교양이 넘치고 품위가 가득하던 어머니를 일생 마음속에 품고 살았습니다. 그의 어머니에 대한 사랑은 사망 전 어머니에게 남긴 마지막 말 때문에 더 뭉클한데요, "엄마, 저에겐 엄마뿐이에요." 사랑하는 아들을 먼저 떠나보내면서 이 말을 들은 어머니의 마음은 찢어졌을 겁니다. 그의 사망 후에 고향 알비에 뮤지엄을 지은 것도 어머니였죠.

파리에 올라와 몽마르트 언덕을 오가며 화상 탕기의 갤러리에 드나들던 로트레크. 그는 19세기 말, 벨 에포크 시대 파리의 매력적이고 퇴폐적인 밤 문화를 경험하며 이를 그대로 드러내는 작업을 합니다. 특히 매춘부들을 그림에서 자주 다루었지요.

로트레크는 기형적인 체형으로는 정상적인 귀족 그룹에 속해서 사교 활동을 할 수가 없었어요. 한마디로 동떨어진 존재였습니다. 이는 매춘부들에게 동질감을 느낀 이유이기도 합니다. 매춘부들도 도덕적으로 질타받는 위치에 있었고, 그와 마찬가지로 사회에서 동떨어진 존재였으니까요. '내가 체형에 결핍이 있다면 저들은 도덕성에 결핍이 있다. 결국 우리 모두 결핍의 존재다.' 그는 19세기의 산증인으로서 자신과 같은 처지라고 느꼈던 물랑루즈의 무희와 매춘부 들의 모습을 화폭과 포스터로 생생하고도 도발적으로 담아냅니다.

로트레크가 대단한 건 자세를 취한 모델의 굳은 모습을 그리는 게 아니라 댄서들이 춤을 추는 모습, 옷 갈아입는 모습, 가수가 노래하는 모습 등 자유로운 모습 그대로를 포착해낸다는 점입니다. 때문에 마치 그림이 살아 움직이는 듯 생동감을 가지고, 또 인물의 감정까지도 작품에 잘 드러나죠.

댄서나 배우 들이 스타킹을 올리는 모습, 소파에 기대앉아서 한쪽 다리를 접고 있는 모습 등을 보면 선의 색도 그렇지만 선 자체도 상당히 날카롭고 신경질적으로 보이죠. 부드럽고 완만하기보다는 예리한 선으로 강렬함을 뿜어내는 드로잉입니다. 독특하고 독보적이지요. 야하거나 선정적인 게 아닌 객관적인 관찰을 통해서 디테일을 살린 그림들이죠.

인물들에 대한 연민 또한 그림에서 잘 드러납니다. 매춘부들도 얼마나 답답한 생활을 했겠습니까. 한번 종속되면 벗어날 수 없는 생활, 매일 쳇바퀴처럼 반복되는 지루한 삶들. 그림을 보면 매춘부를 색안경 없이 같은 인간으로 보고 그린 걸 알 수 있어요.

로트레크는 1899년에 알코올중독과 매독 합병증으로 입원합니다. 매일같이 술을 마시고 자기 몸을 거의 학대하다시피 했으니…. 결국 젊은 나이인 37세에 생을 마감합니다.

로트레크가 즐겨 그리던 뮤즈, 마르셀 랜더

내셔널 갤러리에는 로트레크 작품들 중 가장 크고, 중요한 작품 중 하나인 '볼레로를 추는 마르셀 렌더'가 있습니다. 그가 가장 즐겨 그리던 주제였던 마

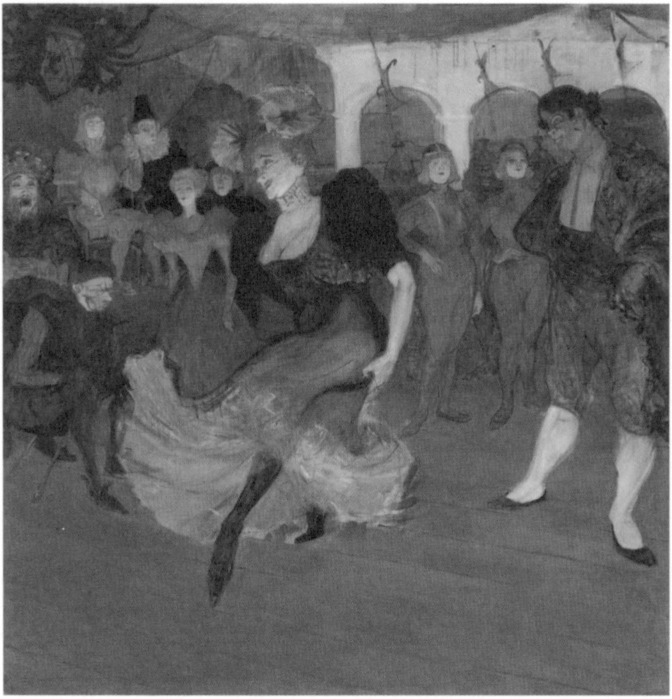

•앙리 드 툴루즈 로트레크, 〈볼레로를 추는 마르셀 렌더〉, 1896

르셀 렌더는 빨강머리의 여배우였습니다. 그는 렌더를 광적으로 사랑했는데 렌더가 킬페리쿠스 1세의 스토리를 담은 오페레타를 공연할 때 석 달 동안 무려 20회 이상 공연을 관람하러 간 적도 있다고 하네요. 거의 사생팬 스토커와 비슷한 집착으로 렌더의 움직임을 예리하게 포착해 총 여덟 작품을 제작합니다.

보색 대비로 이뤄진 밝은색의 공연 드레스를 입은 마르셀 렌더는 로트레크의 작품이 으레 그러하듯이 날카롭고 거칠고 강하고 구불구불한 선으로 그려져 있습니다. 분홍색 페티코트와 검정 스타킹 그리고 또다시 등장한 분홍색 머리 장식은 너무도 강렬해 전시실에 들어선 순간 그림에 빨려들듯이 다가갈 수밖에 없었고, 한동안 자리를 뜰 수가 없었습니다. 움직임을 포착해 그리는 로트레크의 강점이 잘 나타난 이 그림은 관람객으로 하여금 역동적인 감정에 휘말리게 하는 도발적인 매력이 있습니다.

프랑스 알비에 위치한 툴루즈로트레크 뮤지엄의 수많은 작품보다도 개인적으로는 훨씬 더 감동적인 작품이었습니다. 이 작품은 휘트니 뮤지엄을 설립한 휘트니 가문의 존 헤이 휘트니의 기부로 지금의 뮤지엄에 전시되어 있습니다.

허시혼 뮤지엄
: 성공한 이민자의 예술 컬렉션

조셉 허시혼은 라트비아에서 뉴욕으로 온 이민자였습니다. 신문 배달부터 시작해 노력한 끝에 청소년기에 월스트리트에 입성합니다. 미국 대공황 시절부터 예민한 감각으로 금융계에서 부를 일군 허시혼은 18세 때 뒤러의 작품으로 첫 컬렉션을 시작하는데요, 예술에 대한 사랑 역시 금융 감각만큼 남달랐던 모양입니다. 그는 점점 예술가들에 대한 우정과 애정으로 현대미술을 수집해나갑니다. 로댕, 브랑쿠시, 알렉산더 칼더, 파블로 피카소 등 찬란한 컬렉션을 자랑합니다. 그의 컬렉션은 베

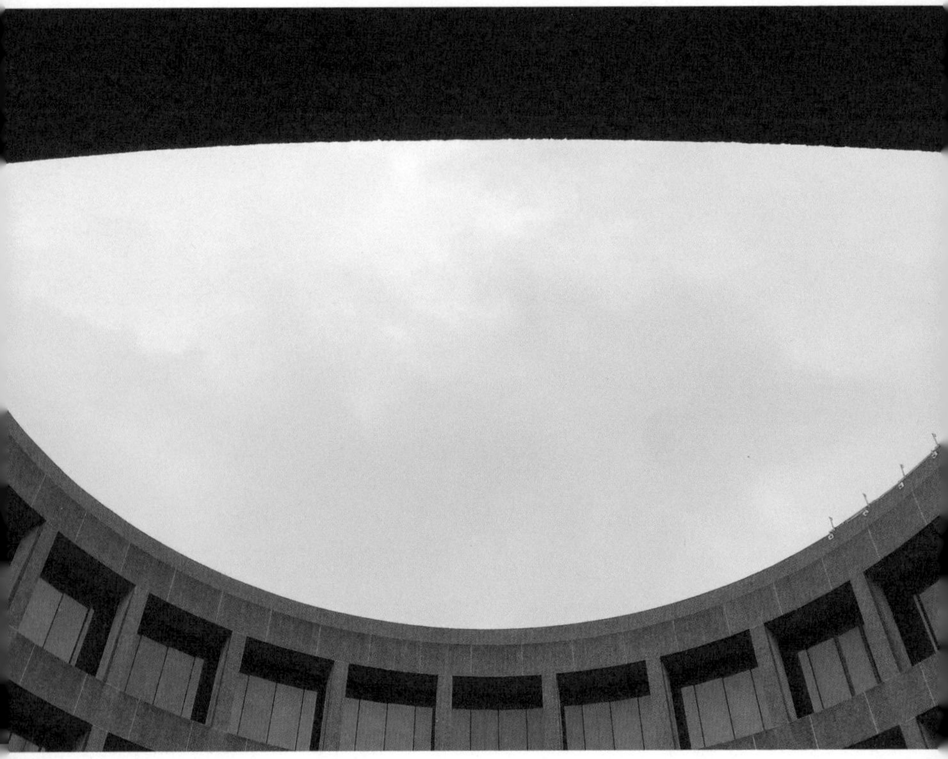

•뮤지엄 안에서도 볼 수 있는 도넛 형태의 건축 양식

일에 가려져 있다가 평생에 걸쳐 모은 1만 2천 점 이상의 컬렉션을 구겐하임 뮤지엄에 전시하면서 전 세계 뮤지엄들의 즉각적인 관심을 받게 됩니다. 이후 존슨 대통령의 설득으로 자신의 컬렉션을 스미소니언 인스티튜션에 기증하기로 결정합니다.

1974년 허시혼 뮤지엄 개관식에서 선보인 그의 스피치는 감동적입니다. "저처럼 이민자로 미국에 도착한 사람들을 위해 미국이 보여준 관대함에 대한 작은 보답으로, 저의 예술 작품 컬렉션을 미국 국민들에게 제공하게 되어 영광입니다. 제가 미국에서 성취한 일은 세계 어디에서도 성취할 수 없었습니다."

허시혼 뮤지엄Hirshhorn Museum은 프리츠커상 수상자였던 고든 번샤프트의 설계로 중앙이 비어 있는 둥근 도너츠 모양의 3층짜리 뮤지엄 건축물로 세워집니다.

인간의 본능적인 욕망을 예술 작품으로,
쿠사마 야요이

세계적인 명품 그룹 LVMH의 크리스찬디올 최고경영자인 델핀 아르노는 쿠사마 야요이Kusama Yayoi, 1929~를 일컬어 사람들에게 가장 큰 기쁨을 가져다주는 작품을 만든다고 이야기했습니다. 쿠사마를 일컫는 또 다른 표현으로는 현시대 최고의 아트 아이돌이라는 묘사도 있죠. 현대미술에서 이토록 대중의 열광적인 지지를 얻는 작가가 또 있을까요? 그 이유는 무엇일까요?

인간이 가장 추구하는 것은 아마도 '영원'이 아닐까 생각해봅니다. 무한한 영원이요. 이는 나의 건강이 영원했으면 하는 생명의 영원, 내 사랑이 변하지 않았으면 하는 사랑의 영원이 될 수도 있을 겁니다. 그리고 사회 구성원들이 무한으로 연결된 이 시대에도 완벽하게 어울리는 콘셉트이죠. 쿠사마의 예술 세계는 인간의 본능적인 욕망인 '영원'과 '무한'을 표현하고 있기 때문에 오래도록 전 지구인에게 사랑을 받고 있는 것이 아닐까 생각해봅니다.

일본 마츠모토에서 태어나 어린 시절을 일본에서 보낸 쿠사마는 어린 시절 어머니의 압박과 통제 속에 살아갑니다. 어린 쿠사마는 아버지의 혼외정사를 감시하게 되면서 그는 성적인 공포와 함께 환각에 시달리게 됩니다. 수많은 점들이 자신을 둘러싸고 결국엔 자신을 잡아먹을 듯이 온 사방에서 거대해지고, 세포가 증식하듯이 자신의 손에서 나오는 이 점들은 식탁부터 교실 벽을 지나 모든 표면을 덮습니다. 하지만 그는 이 공포에 지지 않고 싸웁니다.

예술가들이 놀라운 것은 자신들이 가졌던 트라우마를 밖으로 꺼내 작품으로 만들어낸다는 사실입니다. 쿠사마는 현재도 매일매일 불안과 두려움에 처절하게 싸우고 있으며, 이 고통을 덜어주는 유일한 방법이 계속해서 예술 작품을 창조해내는 것이라고 말했습니다. 예술의 힘은 자신의 죽음에 대한 생각을 멀리 떨쳐버릴 수 있는 데에 있다고 했지요. 저 역시 예술의 가장 큰 역할은 치유라는 것에 동의합니다. 그래서 뮤지엄을 중독적으로 계속해서 방문하고 있는 것이고요.

트라우마라는 것은 내면에 있을 때 아무에게도 보여주지 못하고, 아무에게도 말하지 못할 때 내 안에서 거인처럼 커져가며 나를 잡아먹습니다. 하지만 일단 꺼낸 순간 겁쟁이처럼 작아지죠. 다만 꺼낼 용기가 많이 부족한 게 사실입니다. 용기를 내어 대담한 행동을 하는 사람들이 예술가라고 생각해요. 특히 쿠사마는 그 예를 더없이 잘 보여주는 작가가 되겠죠.

그의 트라우마이자 집착이었던 이 점들은 그에겐 태양과 지구를 상징하게 되었고 생명의 에너지로 다시 태어납니다. 지금 와서 생각해보면 이 점이 동그라미가 아닌 사각형이거나 삼각형이었다면 그의 예술이 이런 파급 효과가 있었을지 의문입니다. 확실히 동그라미에서는 사랑과 영원의 힘이 느껴지는 것 같습니다. 그리고 이 동그라미가 달랑 하나뿐이었다면 고립된 존재였을 텐데 수많은 동그라미가 있으니 이는 연결과 사랑을 뜻하기도 합니다. 이 '연결'의 상징성 때문에 SNS에서도 쿠사마의 작품이 열광적이라는 분석도 있었습니다.

쿠사마는 젊은 시절 조지아 오키프의 작품을 보고 오키프에게 편지를 썼다고 합니다. 예술가가 되는 길고도 힘든 삶에 대해 조언을 바라면서요. 그후 그는 뉴욕으로 넘어가 수많은 작품을 제작합니다. 뉴욕의 많은 갤러리에서 그의 그림을 거부했지만 무너지지 않았죠.

그가 창조해낸 작품들은 'Narcissus Garden' 'Infinity Net' 'Infinity Mirror rooms' 'Pumpkin' 등 다양합니다. 저는 그의 작품 중 'Narcissus Garden'도 상당히 좋아하는데요, 이 작품은 수백 수천 개의 볼링공 크기의 미러볼들이 놓여 있는 작품입니다.

1966년 베니스 비엔날레에 초대받지 못한 쿠사마는 골드 기모노를 입고 전시장 앞에서 1,500개의 미러볼을 전시합니다. 그리곤 이 미러볼을 2달러에 판매하죠. 결국에 이 미러볼들은 철거되었지만 이미 찍힌 수많은 사진이 치트키가 되었습니다. 이후 쿠사마가 세계적인 명성을 얻으면서 이때의 사진들은 지금까지도 회자되고 있으니까요.

쿠사마는 미러볼들이 달, 햇빛, 평화의 아이콘이라고 이야기했습니다. 미러볼들은 당연하게도 관람자의 모습을 비추고, 구의 형태이다 보니 왜곡된 모습으로 비치게 됩니다. 나의 굴절된 모습을 보면서도 나르시시즘에 빠지게 되는 작품, 쿠사마는 모든 사람은 결국 자기 자신에게 가장 큰 관심이 있다는 그 통찰을 작품으로 표현했습니다.

최근 한국에서도 기록적인 가격으로 낙찰된 쿠사마의 'Infinity Net'은 일본에서 미국으로 건너갈 때 비행기 창문으로 내다본 태평양의 파도에서 영감을 얻은 작품입니다. 실제로 바다의 해류를 형상화한 작품이죠.

쿠사마 야요이에게 영감과 평화를 가져다준 Pumpkin(2016)

모든 작품 중에 역시 쿠사마를 대표하는 작품은 'Pumpkin'일 겁니다. 자신의 어릴 적 집 근처에서 친근하게 보았던 호박에 강박적이고도 마법 같은 점들을 입힌 것이 바로 전 세계를 열광시킨 쿠사마의 'Pumpkin'입니다. 이 작품은 작가가 자기의 영혼을 반영한 것이라 표현하기도 했는데요, '호박의 너그러운 소박함, 그것은 단단한 영혼의 균형'이라 말하기도 했습니다. 맨날 보던 호박이 다르게 보이는 순간이죠?

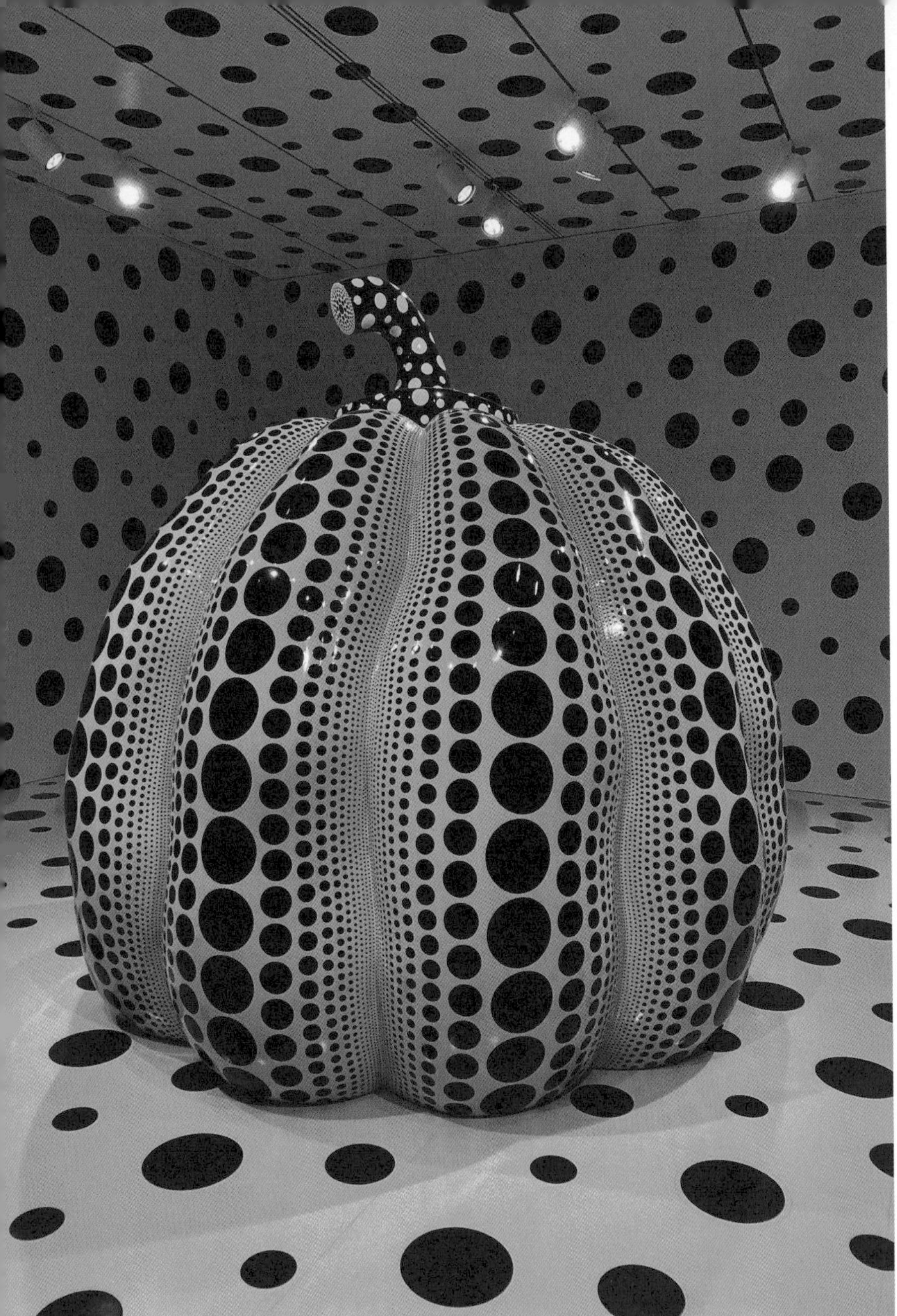

•쿠사마 야요이, 〈Pumpkin〉, 2016

이 상징적인 작품은 일본 나오시마섬에 1994년 처음으로 영구 설치되어 30여 년의 세월이 지난 지금까지도 수많은 예술 애호가들을 그 작은 섬으로 이끌고 있습니다. 저 역시 예술 애호가를 모시고 나오시마로 예술기행을 정기적으로 떠나고 있는데요, 방문할 때마다 해안가에 자리 잡은 이 작품이 가진 힘에 놀라곤 합니다. 'Pumpkin'에 대한 한결같은 애정, 그리고 'Pumpkin'을 만난 뒤 관람객의 얼굴에 밝은 미소가 생기는 것을 몇 번이나 보고 깜짝 놀랐습니다. 정말이지 마법과도 같은 작품이라고 할 수 있어요. 쿠사마가 '대단하고 경계 없는 자연의 공급'이라 표현한 'Pumpkin' 작품이 이곳 허시혼 뮤지엄에도 자리하고 있습니다.

허시혼 뮤지엄에서 많은 관람객이 찾는 영구 소장품, 바로 쿠사마의 반짝이는 호박이 우릴 반깁니다. 이 호박, 한두 번 본 호박도 아닌데 전시실에 들어서서 호박을 마주한 순간, 아침부터 비를 맞고 기다리느라 축축해진 코트와 젖어버린 신발의 눅눅함이 어느새 증발하고 뽀송뽀송해진 것 같았습니다. 놀라웠어요. 최악의 기분이 최상의 기분으로 즉각 탈바꿈하는 순간이었죠. 예술의 힘이란 마법 그 자체라는 건 바로 이런 걸 두고 말하는 거겠죠. 쿠사마뿐만 아니라 제게도 평화를 가져다주는 대단한 호박이란 걸 다시 한번 실감했어요. 이 'Pumpkin' 시리즈는 최근에도 명품 브랜드 루이비통과 협업하며 그 대중성을 다시 한번 입증합니다.

스스로를 만날 수 있는 Infinity Mirror Rooms

'Pumpkin'을 보고 나면 작은 미러룸이 나옵니다. 한 명씩 들어갈 수 있는 미러룸으로 허용된 시간은 단 30초. 바깥의 현실 세계를 떠나 미러룸에 들어간 순간 환상의 세계가 펼쳐집니다. 마치 다른 나라, 이 시간 선 밖의 다른 세상에 있는 것 같아요. 수많은 점이 관람자에게 우주에 있는 듯한 신비롭고 놀라운 경험을 선사합니다. 온통 거울로 뒤덮인 곳인 만큼 작디작은 사각형 공간에서 나의 존재가 무한으로 복제되어 뻗어나가는 자아의 확장을 경험할 수 있습니다.

이런 미러룸이 허시혼 뮤지엄에는 하나 더 있습니다. 이곳의 통로를 지날 때면 시시각각 변하는 점 무늬의 공들을 경험할 수 있는데요, 여기에선 영상을 찍거나 사진을 찍어도 공간 가늠이 안 됩니다. 마치 공간이 무한으로 확장해나가는 듯 보이기 때문이죠.

일단 쿠사마의 미러룸 작품 속에 들어서면 공간을 의식하는

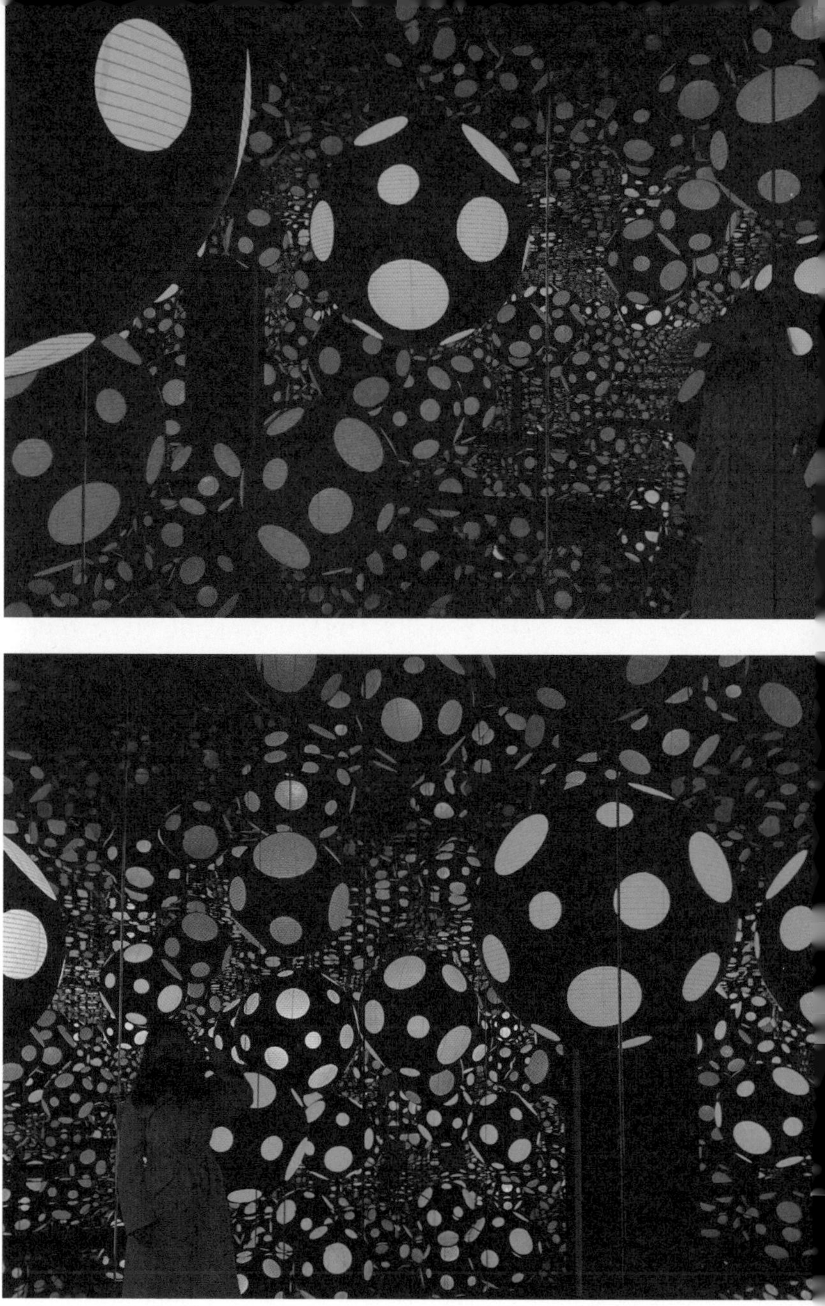

•쿠사마 야요이,
〈Infinity Mirror Rooms-My Heart Is Dancing into the Universe〉, 2018

인간의 지각 능력이 현저히 떨어집니다. 인간의 중요한 기능 하나를 30초간 상실하게 만듦으로써 현실과 동떨어진 새로운 경험을 창출해내는데요, 뭔가 아득해지고 멀어지면서 머리가 멍해지는 느낌입니다. 실제로 쿠사마의 작품을 소장한 테이트 모던에서는 공간 지각력이 떨어져 발을 헛디디거나 벽에 부딪치거나 어지러울 수 있으니 그럴 땐 자기의 발을 내려다보라고 안내합니다. 그럼 자기 위치를 파악할 수 있다고요.

쿠사마의 이 작품들이 특별한 이유는 전시실 밖으로 나오면 갑자기 모든 주변이 환해지면서 의식이 돌아오고 현실로 돌아와 깨어나는 느낌이 들기 때문이에요. '내가 어디에 있었지? 난 누구지? 여긴 어디지?' 일상의 탈출이 또 하나의 예술의 역할이라면 쿠사마보다 그걸 더 잘해내는 예술가는 드물 것 같네요.

직접 체험할 수 있다는 면에서도 모든 관람객에게 말할 수 없이 강렬한 느낌을 주는 것 같습니다. 요즘 미디어아트를 일컬어 몰입형 아트라고 하는데, '몰입'이라는 단어가 쿠사마만큼 잘 어울리는 작가도 없을 거예요.

Must go

크리거 뮤지엄(The Kreeger Museum)

데이비드 크리거와 카르멘 크리거 부부가 1959년부터 수집해온 방대한 현대미술 작품들이 전시된 곳. 실제로 부부가 살았던 저택이 뮤지엄이 되었으며, 피카소를 비롯해 모네, 피사로 등의 작품이 거실에 무심하게 전시되어 있다. 저택은 프리츠커상 수상자 필립 존슨이 설계했으며, 1994년에 지금의 뮤지엄으로 개관했다. 이곳에 방문하면 실제로 억만장자의 호젓한 집에 초대받아 그의 사적인 컬렉션을 살펴보는 것만 같다. 별것 아니라는 듯 놓여 있는 피카소와 모네 그림에 화들짝 놀라며 유쾌하게 둘러볼 수 있을 것이다.

필립스 컬렉션(Philips Collection)

1917년에 아버지를 잃고 연이어 형마저 잃은 던컨 필립스는 가족을 잃은 슬픔을 극복하고 다시 삶을 꾸리는 방편으로 그림에 빠진다. 1921년에 어머니와 함께 뮤지엄을 설립하는데, 이는 미국 최초의 현대미술관이 된다. 필립스는 이후 화가였던 마조리 애커와 결혼해 평생에 걸쳐 2,500여 점의 작품을 수집한다.

르누아르를 비롯해 모네, 피카소, 반 고흐 등의 작품을 소장하고 있으며, 마크 로스코의 작품만으로 꾸며진 로스코 룸도 자리하고 있다.

5장

뮤지엄 애호가들의 버킷리스트 _휴스턴

메닐 컬렉션
: 결코 놓칠 수 없는 억만장자의 컬렉션

텍사스 휴스턴 조지부시 공항에 도착하면 우주복을 입은 황소가 우릴 향해 인사합니다. 보자마자 웃음이 나는 귀엽고 유쾌한 캐릭터입니다. 휴스턴은 NASA와 바비큐가 정말 유명한 곳이지만 그에 못지않게 예술에 대한 사랑도 큰 도시입니다. 땅이 넓은 텍사스에 위치해서인지 느긋하고 여유 넘치는 분위기도 한몫하는 것이 바로 휴스턴의 매력이죠. 이 도시에는 메닐 컬렉션The Menil Collection이라는 도시의 정체성과도 같은 개인 컬렉션 뮤지엄이 존재하는데요, 그 이야기를 들려드리고자 합니다.

텍사스의 예술 수준을 높인 메닐 부부

도미니크 드 메닐과 존 드 메닐. 훗날 메닐 컬렉션으로 예술 후원에 한 획을 그은 분들이 바로 이 메닐 부부입니다. 혹시 전 세계에서 가장 큰 석유개발회사인 슐럼버거에 대해 들어보셨나요. 프랑스에 기반을 둔 세계 최대 규모의 유전개발 회사로 콘래드 슐럼버거가 그의 동생 마르셀 슐럼버거와 함께 창업한 회사입니다. 창업자 콘래드의 딸이 바로 도미니크 슐럼버거입니다. 도미니크는 어마어마한 상속녀의 신분으로 소르본 대학에서 수학을 전공한 후 줄곧 역사와 예술 그리고 문화에 깊은 호기심을 갖게 되는데요, 22세에 베르사유 궁전에서 열린 한 파티에서 존 드 메닐을 만나 결혼하게 됩니다. 부부는 나치가 점령한 프랑스를 떠나 1941년 텍사스에 정착해 살며 슐럼버거사의 미국 내 사업을 크게 일으킵니다. 예술에 관심이 많던 도미니크는 존과 함께 남다른 재력을 바탕으로 1940년대부터 예술 컬렉션을 시작합니다. 그 컬렉션이 바로 텍사스의 예술 수준을 세계적으로 끌어올린 '메닐 컬렉션'입니다.

예술 작품에 투자한 이 부부가 너무 멋져 보이는 것은 저만 그런가요? 부부는 무려 1만 5천 점에 가까운 작품을 수집하는데, 이처럼 예술에 헌신할 수 있었던 이유는 바로 마리 알랭 쿠튀리에 신부 덕이었습니다.

프랑스 국적의 쿠튀리에 신부는 제1차 세계대전 참전으로 부상을 당한 뒤, 그림으로 스스로를 치유하다가 결국 도미니크 수도회의 신부가 됩니다. 예술가이기도 했던 쿠튀리에 신부는 교회가 현대미술을 포용해야 한다고 강하게 주장했습니다. 중세에는 미술과 종교가 하나였고, 교회의 미술이 곧 미술 자체였습니다. 현대에 이르러 모든 훌륭한 예술가는 교회 밖에 있는 것을 한탄하던 사람이 바로 쿠튀리에 신부였죠. 그는 미국에서 체류하던 시절 메닐 부부를 만나 예술 컬렉션과 현대미술의 중요성에 대해 강하게 어필합니다.

이후 쿠튀리에 신부는 교회 안으로 레제, 브라크, 샤갈 등의 작가를 들이기 위해 부단히 노력합니다. 마티스의 프랑스 방스 로사리오 채플에도 깊이 관여해 메닐 부부는 이 로사리오 채플 방문 후 마크 로스코와 함께 로스코 채플을 구상하게 되죠.

컬렉션 초반에는 부부의 취향이 그다지 일치하지 않았던 것으로 보입니다. 존이 피카소를 좋아했다면 도미니크는 브라크에 더 깊은 관심을 보였고, 1945년 존이 쿠튀리에 신부의 조언으로 300달러에 사들인 세잔의 그림도 도미니크에겐 과소비 같아 보였다고 말했으니 말이에요. 하지만 존은 꾸준히 도미니크를 응원하고 인정해주었고, 둘은 안정된 신뢰를 바탕으로 독보적인 컬렉션을 꾸려 나갑니다. 현대미술의 메디치라는 별명까지 얻게 되었으니까요.

당시 예술가들은 대부분 뉴욕에 스튜디오가 있었습니다. 메닐 부부의 집도 뉴욕 센트럴파크 근처에 자리하고 있었기에 부부는 뉴욕에서 많은 시간을 보내며 미국 예술가들과 돈독한 관계를 유지해나갈 수 있었죠. 하지만 이 부부는 우리가 기반을 두고 있는 곳은 휴스턴이고, 결국 우리가 받은 것들을 휴스턴에 돌려주어야 한다고 생각합니다.

자신들의 예술에 대한 열정을 쏟아낼 곳으로 뉴욕 대신 휴스턴을 선택한 메닐 부부에게 그의 친구는 "휴스턴은 문화예술의 사막과 같다"라고 말합니다. 그 말에 대한 존의 대답! "사막이야말로 기적이 일어나는 곳이죠!" 너무 멋져서 소름이 쫙 돋지 않나요?

렌초 피아노가 지은 메닐 컬렉션

존이 로스코 채플 완공 이후 1973년 세상을 뜨자 도미니크는 자신과 남편의 뜻을 실현할 뮤지엄 건축을 구상하게 되었습니다.

이때 그의 마음 속에는 파리 퐁피두 센터를 건축한 렌초 피아노가 있었는데요, 메닐 컬렉션은 제가 방문했을 때 이미 오픈한 지 30년이 넘은 곳이다 보니 뮤지엄치고는 아담하다는 생각이 들었습니다. 2층 건물. 이게 전부라고? 하는 의구심마저 들었죠. 하지만 오픈 시간을 기다려 입장했을 때 겉에서 본 것과는 다른 광활한 공간이 저를 맞이했습니다.

도미니크는 피아노에게 다음과 같이 부탁했다고 합니다. 외부에선 작아 보이지만 내부는 커다랗고, 예술이 숨 쉴 수 있고, 관람객들이 피곤하지 않은 공간. 그리고 명상 경험이 가능한 공간을요.

메닐 컬렉션은 피아노가 지은 두 번째 뮤지엄입니다. 렌초 피아노는 전시실을 '신성하게' '금욕적으로' 디자인했다고 이야기했는데요, 실제로 퐁피두 센터 스타일을 완전히 깔끔하게 포기한 이 건축물을 보고, 피아노의 다양한 매력을 느낄 수 있었죠.

파리의 퐁피두 센터를 떠올리면 상당히 알록달록하면서 건물 내부를 바깥으로 꺼내놓은 파격적인 실험을 한 곳이란 생각이 드는데, 이 메닐 컬렉션은 키워드를 뽑자면 #하얗다 #투명하다 #모던하다 정도로 말할 수 있을 것 같네요. 그리고 뮤지엄이 주변 경관에 스윽 녹아든다는 느낌이었습니다. 주위가 공원처럼 편안하게 조성되어 있고, 뮤지엄은 그 사이에서 홀로 튀는 것이 아니라 있는지 없는지 모를 듯한 무위의 건축물처럼 세워져 있다고 할까요? 특히 곳곳에 자리한 녹지들은 얼마나 평온한 느낌을 주는지 소중한 사람과 꼭 함께 오고 싶은 곳이었어요. 도미니크는 이 뮤지엄이 누군가의 집에 들른 듯 친밀한 공간이 되었으면 좋겠다고 했는데, 제가 받은 인상이 딱 그러했습니다.

메닐 컬렉션의 또 하나의 가장 큰 특징은 자연 채광을 빌딩 안으로 들여와 마치 빛이 빌딩의 흰 벽에 샤워하듯 쏟아진다는 겁니다. 날씨와 시간에 따라 달라지는 빛을 통제해 작품이 자연광과 인공조명 사이에서 적절히 빛날 수 있도록 설계했습니다. 도미니크는 변화하는 빛이 작품에 생명력을 더한다고 생각했거든요. 이곳에 방문하면 천장 구조를 꼭 살펴보세요. 루버(louver)라고 불리는 빗살이 늘어선 천장 사이로 텍사스의 뜨거운 햇빛이 수줍은 듯 은은하게 들어오는 모습을 만끽할 수 있습니다.

피아노는 이 뮤지엄을 두고 딱 도미니크의 초상화 같은 곳이라고 표현했습니다. 신중하고 지적이면서 따뜻하게 환대하는 우아한 공간이라고요. 아무리 본인 건축이지만 어쩜 이렇게 딱

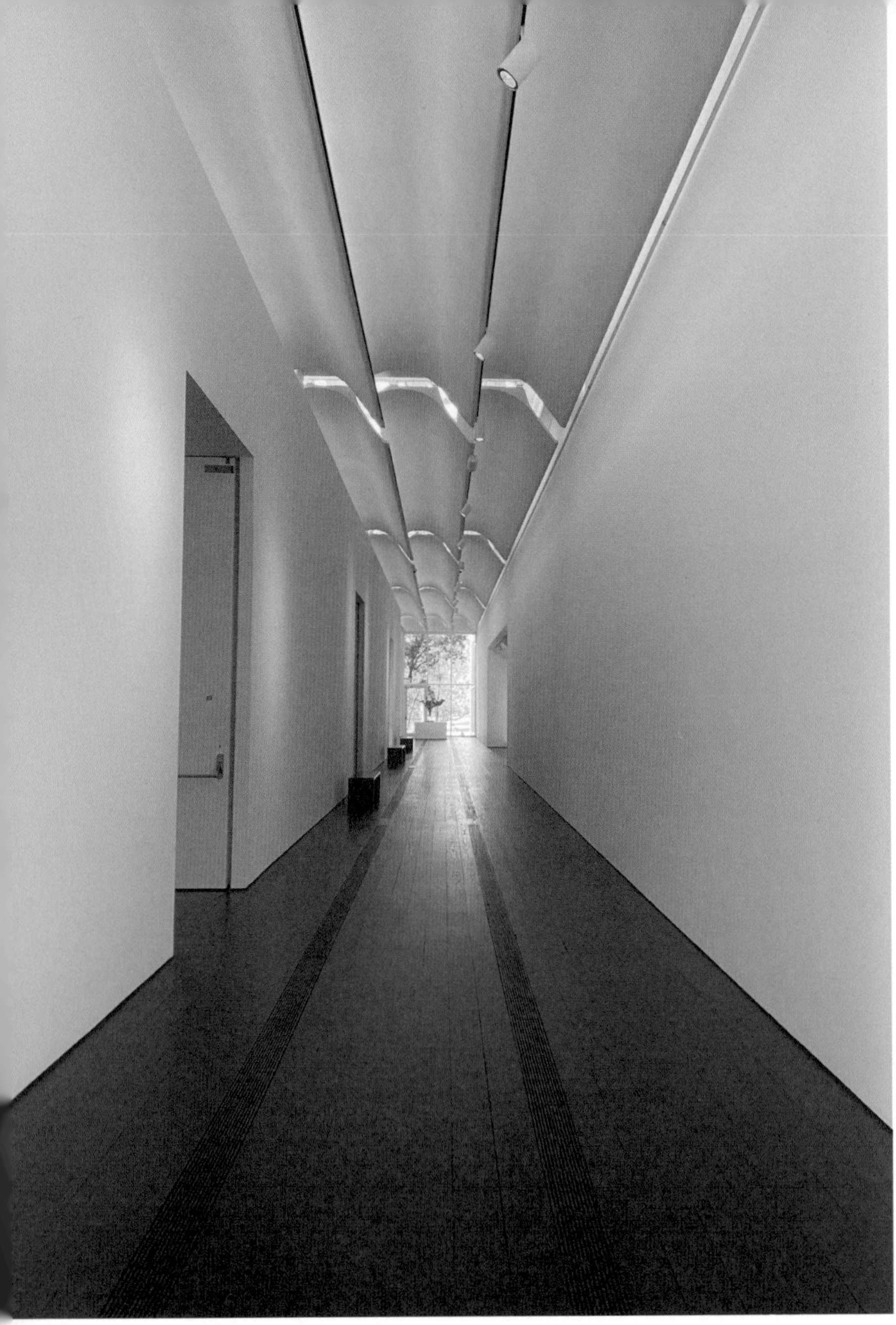

•메닐 컬렉션의 천장인 루버

들어맞는 표현인지. 메닐 컬렉션에서 받았던 인상과 정확히 일치합니다.

메닐 컬렉션의 시작

1987년 6월 4일, 뮤지엄 개관식에서 도미니크가 연설한 내용은 언제나 저를 가슴 뛰게 만듭니다. "예술가란 경제적으로 보면 소용없는 존재처럼 보이지만 그들은 없어서는 절대 안 될 존재다. 재능 있는 예술가는 세상의 위대한 후원자다."

예술은 인간의 경험에 반드시 필요한 본질적인 것이라는 메닐 부부의 가치관도 멋지지만, 제가 더 응원하고 싶은 것은 '익스클루시브'가 아닌 '인클루시브'의 가치관입니다. "예술은 곧 포용"이라는 정신이 녹아 있는 곳이 바로 메닐 컬렉션입니다.

메닐 부부는 텍사스에서 이례적으로 흑인을 지원하고 포용했던 성향으로 사람들에게 감탄과 감동을 주었습니다. 도미니크는 남편 존이 다른 사람들의 힘든 삶을 항상 공감하는 사람이었다고 말합니다. 그의 인생 역시 고단했기 때문이라고 하면서요. 존은 행동하는 성향을 갖고 있던 사람이었기에 그저 말로만 흑인을 포용하고 흑인 예술을 지원했던 것이 아니라 실제

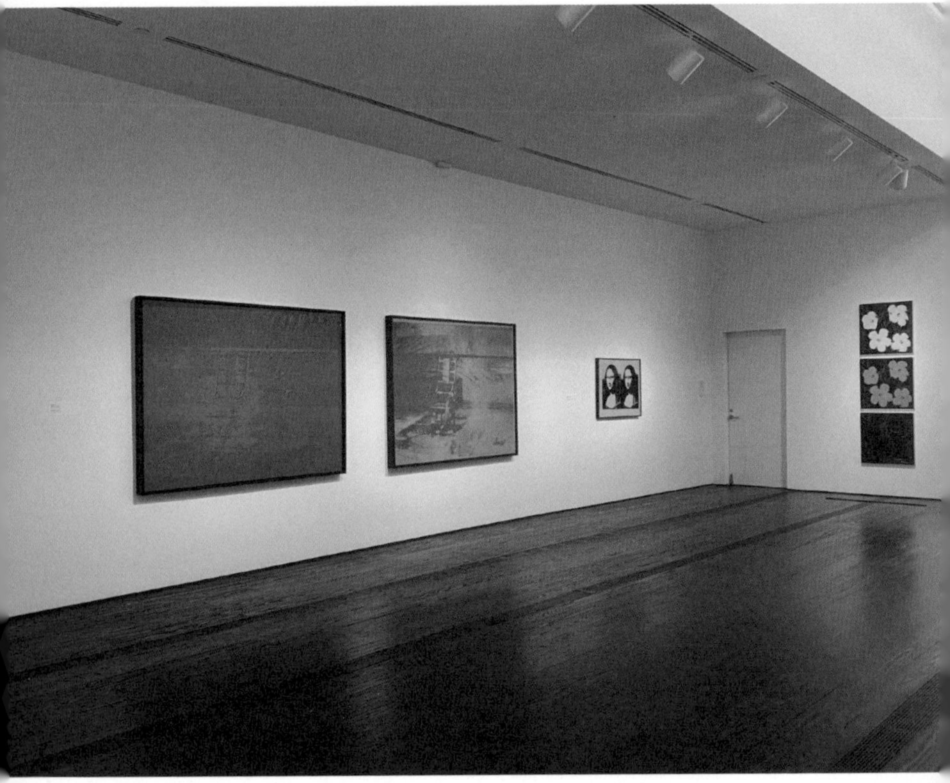

•메닐 컬렉션 전시실 전경

로 메닐 컬렉션의 상당수를 아프리카 예술품으로 채웁니다. 또한 넬슨 만델라와 마틴 루터 킹을 지원하고 응원하기도 했고요.

예술의 중심인 뉴욕이 아닌 불모지였던 휴스턴에 모든 재정과 애정을 쏟아부은 점 역시 당시로서는 파격적인 결정이고 칭찬받아 마땅하다고 생각합니다. 도미니크는 뮤지엄을 오픈하며 "휴스턴! 바로 여러분의 뮤지엄입니다"라고 이야기했습니다. 메닐 컬렉션은 지금까지 휴스턴 시민에게 열린 공간으로, 무료 입장 원칙을 지금까지 지켜오고 있습니다.

댄 플래빈의 마지막 작품이 걸린 리치몬드 홀

메닐 컬렉션에는 매력 만점의 공간이 한 군데 더 있습니다. 바로 리치몬드 홀인데요, 메닐 컬렉션 메인 빌딩과는 좀 떨어져 있는 곳인데 1930년대에 지어진 오래된 식료품 가게를 전시 공간으로 전환한 곳입니다. 이 드넓은 창고형 공간에는 제가 너무나 애정하는 댄 플래빈의 형광등 작품이 전시되어 있습니다.

이 작품은 1996년 11월, 플래빈이 사망하기 이틀 전에 완성된 작품입니다. 즉 플래빈 생애 마지막 작품인 거죠. 도미니크는 1990년에 작품을 의뢰했고요.

리치몬드 홀에 들어가는 순간 늘 그렇듯 '우와' 하고 깜짝 놀라게 됩니다. 끝이 안 보일 정도로 넓고 텅 빈 사각 공간에 벽을 따라 늘어선 형광등들이 너무나 찬란합니다.

플래빈의 작품 중에 가장 유쾌한 작품으로 시중에 나와 있는 형형색색의 형광등을 모두 모아서 벽 양쪽에 수직으로 주르륵 늘어놓았습니다.

입구에 서서 보면 각각의 형광등은 마치 아이스크림이 녹아내린듯 보입니다. 그러다가 안으로 걸어 들어가며 작품과 사람이 섞이게 되면 스테인드글라스 한복판에 서 있는 듯한 착각도 듭니다. 전기로 만들어낸 상업형 조명의 절정을 경험할 수 있을 겁니다.

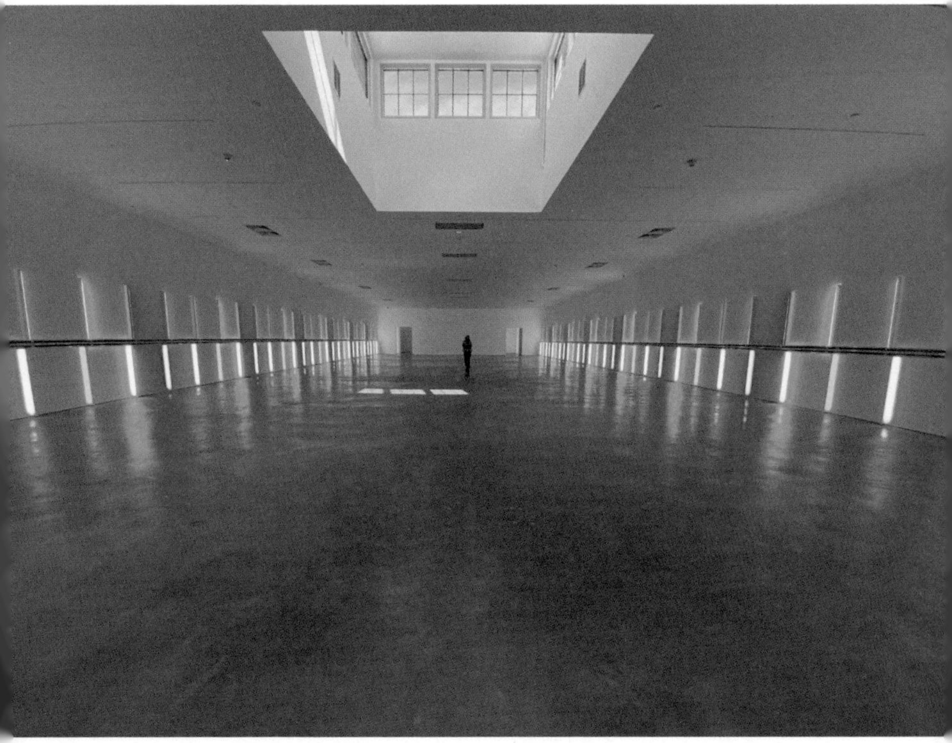

• 댄 플래빈, 〈Untitled〉, 1996

로스코 채플
: 로스코 관람이 아닌 '로스코 경험'

만약 감정에 언어가 있고, 그 언어를 캔버스로 옮긴다면 어떤 작품이 될까요? 여러분들은 혹시 '로스코 경험'이라는 말을 들어보셨나요? 휴스턴을 경외의 눈으로 바라볼 수 있게 하는 뮤지엄 아니 채플, 바로 로스코 채플Rothko Chapel입니다.

일단 마크 로스코Mark Rothko, 1903~1970가 누구인지부터 설명이 필요하겠군요. 강의를 다니다 보면 아직 우리나라에서 로스코의 인지도가 그렇게 높지 않은 걸 알 수 있는데요, 이는 미국을 제외한 다른 나라에서도 마찬가지여서 2023년 마크 로스코

특별전을 주최한 루이비통 파운데이션의 LVMH 아르노 회장은 로스코의 명성이 유럽에서 아직 빈약한 것은 부당한 일이라고까지 했습니다.

하지만 일반적인 대중이 아닌 예술계로 눈을 돌리면, 로스코는 20세기 중반 활동한 미국 추상화가로 아마도 가장 유명하고 가장 작품이 비싼 미국 예술가 중 한 명이 아닐까 싶네요.

자신만의 독특한 추상 세계를 완성하다,
마크 로스코

러시아에서 유대인으로 태어난 로스코는 어린 시절 러시아 내의 유대인 증오로 인해 생존에 대한 두려움에 떨어야 했습니다. 미국 이민 후 생활고에 시달렸지만 뛰어난 실력으로 예일대에 진학해 집안의 자랑이 됩니다. 하지만 그림에 뜻을 두고 예일대를 중퇴한 뒤 1920년대부터 뉴욕에서 혼자만의 습작을 계속해나가는데요, 엘리트인 그가 대공황 시대에 미술을 전업으로 하려고 하자 가족들은 당연히 이해하지 못했습니다.

그는 초반에 파울 클레에게 영향을 받았다가 1950년대에 들어 자신만의 독특한 추상화를 완성해냅니다. 그가 만들어낸 신비로운 '색채'들은 비극적인 무드와 동시에 황홀한 느낌을 전달하는 한편 관람객이 최면에 걸려 그림 속으로 빨려 들어가는 듯한 착시 현상를 만들면서 곧 유명세를 얻게 됩니다. 그러다가 1950년대 말부터는 캔버스에 어두운 색들이 등장하는데, 이 묵직한 색들 때문에 로스코의 정신 세계를 암울하고 좌절스럽게 묘사하는 평론가들이 많았습니다. 하지만 생전의 로스코는 색채로 자신을 정의하는 컬러리스트라는 표현을 완강히 거부했지요. 한 컬렉터가 그의 작품 중 빨강, 노랑, 오렌지 컬러로 제작된 '행복한' 그림을 사려고 했을 때 로스코가 이 컬러들은 지옥의 색이라고 말하며 발끈했을 정도니까요. 자신의 작품은 '빛의 중요성'을 표현하는 작품이며, 작품 스스로 살아있고, 또 스스로 숨 쉰다고 이야기했던 로스코. 결국 예술가로서 오해받고 있다는 느낌과 끝없는 고독이 그를 자살로 몰고간 것은 아닐까 생각되네요.

스티브 잡스가 말년에 애플 본사에 걸어둘 그림으로 로스코를 고른 것도 이 예술가를 유명하게 만듭니다. 잡스는 직원들에게 영감을 줄 그림을 고민하다가 로스코를 선택했는데, 덕분에 로스코 마케팅에는 늘 잡스가 등장합니다.

커리어의 정점을 달리던 로스코는 뉴욕 시그램 빌딩의 포시즌 레스토랑에 걸릴 벽화를 부탁받습니다. 이 빌딩은 미스 반데어로에와 필립 존슨이 공동 설계한 건축으로 뉴욕의 새로운 랜드마크가 될 것이 분명했고, 예술가로서의 명예를 한껏 높일 기회였지만 로스코는 벽화를 그려놓고 돌연 계약을 취소합니다. 자신의 그림은 '비극'을 표현한 것인데 포시즌처럼 호화로운 레스토랑에 걸리는 것이 못마땅했던 거죠. 로스코는 자신의 어시스턴트에게 이런 말까지 했습니다. "난 내 작품으로 그 레스토랑에서 식사하는 미친 인간들 밥맛을 싹 없애주고 싶었지." 이 일화는 토니상을 거머쥔 브로드웨이 연극 〈레드〉의 대사로 등장할 만큼 유명하죠.

결국 이 시그램 빌딩 벽화 그림들은 훗날 런던의 테이트 모던으로 가게 됩니다. 로스코가 자살로 생을 마감한 바로 그날, 이 그림들이 런던에 도착했으니 아이러니하지요. 이 그림들은 메닐 부부의 마음을 움직여 훗날 로스코 채플을 구상하는 데 큰 역할을 합니다.

로스코를 이야기할 때 아무래도 작품 가격을 이야기하지 않을 수 없는데요, 미술 경매 시장에서 작품 가격으로도 1,000억, 2,000억을 가볍게 넘기는 화가입니다. 2,000억은 아트 컬렉터 드미트리 리볼로프레프가 구매한 프라이빗 구매 기록입니다. 리볼로프레프는 로스코 그림이 휘장을 벗는 순간 그림이 그

안에서 폭발하는 것 같았다고 표현했습니다. 그림이 뿜어내는 에너지를 알 만하죠? 물론 그림을 본 순간 즉시 구매한 것은 당연하고요. 또한 최근까지 미술계를 떠들썩하게 흔들었던 뉴욕 노들러 갤러리의 앤 프리드먼 사건*의 중심에 바로 이 로스코의 작품이 있었습니다. 얼마나 유명한 사건인지 넷플릭스 다큐멘터리로도 만들어져 있으니 관심 있는 분들은 감상해도 좋겠습니다.

1970년 로스코는 유언장 하나 없이 자신의 뉴욕 스튜디오에서 손목을 그은 채로 발견됐습니다. 장례식 이후 로스코의 전속 갤러리였던 말보로 갤러리는 상속자인 로스코의 배우자 와 두 아이들을 따돌리고, 거의 대부분의 작품을 헐값에 가져갔습니다. 당시 로스코가 남긴 작품은 798점에 달했습니다.

훗날 로스코의 딸 케이트 로스코는 10년에 걸친 소송을 통해 이를 자세히 밝히게 됩니다. 이런 사건들로 케이트는 미술계에 크게 실망하게 됩니다.

로스코의 자살 후 그의 배우자 역시 6개월 뒤 갑작스럽게 세상을 떠납니다. 조문객이 많았던 로스코의 장례식과 비교해 배우자의 장례식엔 겨우 열 명 남짓의 사람들만이 왔다는 점은 좀 씁쓸하지요.

아들 크리스토퍼 로스코는 현재 문학 작가이자 대학 교수로 활동하면서 로스코 재단의 일을 맡아 하고 있습니다. 그러나 그 역시 처음에는 미술계에 호의적이지 않았던 듯 보입니다.

*앤 프리드먼 사건: 뉴욕의 유서 깊은 노들러 갤러리의 앤 프리드먼 관장은 1995년 어느 날 '글라피라'라는 여성이 가져온 마크 로스코의 비공개 작품을 보게 된다. 작품의 진품 여부를 결정하는 데 가장 중요하게 여겨지는 프로비넌스(작품의 소장 이력)가 불분명했지만, 로스코 최고 권위자 데이비드 앤팸 (로스코의 카탈로그 레조네-한 작가의 생애 작품 전체를 기록한 도록-를 만들기도 했다)을 비롯한 미술계 여러 전문가로부터 진품이 확실하다는 감정을 받는다. 이후 앤 프리드먼은 20여 년에 걸쳐 글라피라로부터 공급받은 마크 로스코, 잭슨 폴락, 로버트 마더웰 같은 미국 근현대 추상화가의 작품을 전 세계 부호에게 1,000억 원 가까이 판매한다. 결국 이 작품들이 전부 위작으로 밝혀지면서 165여 년의 역사를 지녔던 뉴욕 노들러 갤러리는 2011년 문을 닫고 32년을 미술계에 몸담았던 앤 프리드먼도 명예가 크게 실추된다. 이 사건은 이후 2019년까지도 소송이 계속되었는데, 앤 프리드먼에게 로스코 작품을 구매한 사람 중에는 전 소더비(세계 최대 미술 경매 회사) 회장 도메니코 데솔레도 포함되어 있다. 그들은 로스코를 소유할 수 있다는 환상에 사로잡혀 이 위작들을 보자마자 거액의 현금을 이체해 구매했다. 이 사건은 로스코가 얼마나 전 세계 부호들의 소유욕과 열망을 반영하는 작가인지를 증명한다.

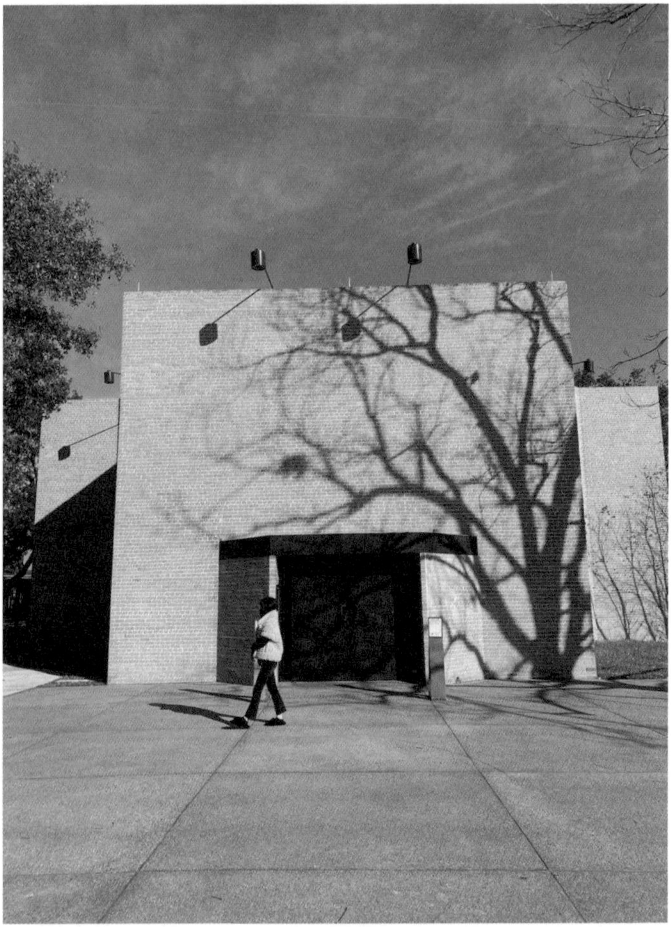

•로스코 채플 전경

로스코 채플이 오픈할 때 크리스토퍼는 일곱 살에 불과했는데 서른세 살이 될 때까지 단 한번도 로스코 채플에 가보지 않았다고 하니까요. 서른세 살의 크리스토퍼는 채플에 발을 디뎠을 때 아버지의 그림과 전혀 소통할 수 없다는 사실에 크게 당황했습니다. 아무 느낌도 받을 수 없어 금방 나가려고 했지만 결국 한 시간 넘게 머무르면서 '로스코 경험'을 했다고 털어놓았지요. 시간이 멈춘 것처럼 자신이 어디에 있는지조차 알 수 없는 경험이었다고 합니다.

크리스토퍼는 이 채플을 일컬어 관람객을 위한 아버지의 선물이며 관람객으로 하여금 '내면으로의 여행'을 떠나도록 만드는 곳이라고 정의했습니다. 정말 멋진 표현이네요.

로스코 채플의 완성과
바넷 뉴먼의 Broken Obelisk(1967)

로스코 채플은 2021년에 50주년을 맞이했습니다. 1971년에 지어진 건물인데 직접 가보면 50년 전 건물인 것이 믿기지 않을 만큼 현대적입니다. 건축에는 로스코도 깊게 관여했습니다. 로스코 채플은 원래 프리츠커상 1회 수상 건축가 필립 존슨이 설계하기로 되어 있었지만 로스코와의 의견 충돌로 중도하차하게 됩니다. 이후 하워드 반스톤이 채플 설계를 넘겨받습니다. 그러나 반스톤 역시 병으로 인해 중도하차하게 되고, 그의 파트너인 유진 오브리가 로스코의 바람대로 채플을 완성합니다. 군더더기 없이 담백한 벽돌 건물에 지붕도 평평한 단층 건물의 모습으로요.

틈틈이 전 세계의 예술 작품을 보러 다니던 메닐 부부는 프랑스의 르코르뷔지에의 롱샹 교회(원래 이름은 '노트르담 뒤 오')와 프랑스 방스에 있던 마티스의 로사리오 채플을 보고 큰 감명을 받습니다. 이즈음 메닐 부부는 예술이 인간의 삶을 변화시킨다는 그 강력한 힘을 믿고 있었습니다. 물론 쿠튀리에 신부에게 받은 영향도 컸지요. 예술이 종교의 역할도 가능하다는 믿음과 자신들의 부를 환원해야 한다는 믿음, 이 두 가지는 쿠튀리에 신부가 늘 강조했던 이야기였습니다.

메닐 부부는 1964년에 로스코에게 부탁했어요. 평범한 뮤지엄이 아닌 그림과 영혼이 함께 하는 채플을 짓고 싶다고요. 로스코는 이 요청에 깊게 공감하고 채플 완성을 자신의 인생 프로젝트로 받아들입니다. 2년여에 걸쳐 벽화 작품 14점을 그리고, 1967년에 드디어 완성하게 됩니다. 하지만 채플 오픈 1년 전에 자살로 생을 마감하는 바람에 로스코는 정작 이 채플에 그림이 걸리는 것을 보지 못했습니다. 안타까운 일이지요.

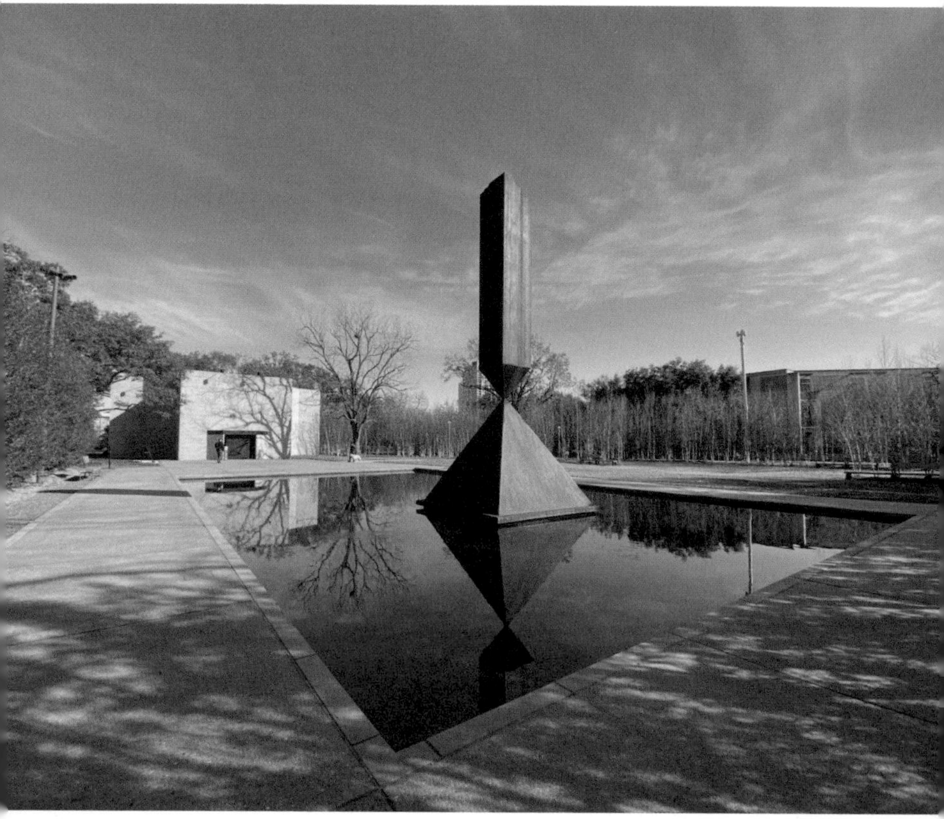

•바넷 뉴먼, 〈Broken Obelisk〉, 1967

로스코 채플의 야외에는 바넷 뉴먼Barnett Newman, 1905~1970의 'Broken Obelisk'가 전시되어 있는데요, 잔잔한 수면에 반사되는 오벨리스크는 묘한 느낌을 줍니다.

이 조각은 뉴먼이 마틴 루터 킹 주니어의 비극적 사건이 숭고하게 여겨지길 바라는 마음으로 만든 작품입니다. 메닐 부부는 뉴먼의 이 작품을 보고 마음 깊이 감동해 당시 휴스턴에서 배정받은 현대 조각 작품 구매 예산으로 이 작품을 사기로 결정합니다. 그리고 이를 휴스턴 시청 앞에 전시하길 바랐습니다. 하지만 휴스턴은 구매는 허가하지만 시청 앞에 전시하는 것은 거부합니다. 이런.

이에 메닐 부부는 자신들이 직접 구매하여 지금의 이 장소에 둡니다. 그리고 1971년 로스코 채플 개관 행사에서 마틴 루터킹 주니어 목사에게 이 작품을 헌정합니다.

메닐 부부의 감동적인 인류애를 엿볼 수 있는 이야기네요. 자신들의 재력을 이렇게 멋지게 쓰는 메닐 부부, 엄지 척입니다. 한편 절친한 사이였던 뉴먼과 로스코가 전부 1970년에 사망하여 채플을 보지 못했다는 점도 채플 앞에 전시된 이 조각을 더욱 애틋하고 의미 있게 해주는 것 같습니다.

'다른 세상과 연결되는 창'
마크 로스코의 벽화 14점

자, 그럼 이제 작품을 볼까요? 채플 안에는 마크 로스코의 작품 14점이 있어요. 검은색에 가까운 아주 짙은 보라색의 그림들인데요, 그의 작품이 그렇듯이 한 벽면을 다 차지하는 아주 거대한 작품들입니다. 거대한 단색의 그림이 벽면처럼 진열되어 있다 보니까 채플에 들어와서 "그림이 대체 어디 있냐" 물어보는 사람들이 많다고 합니다. 그 이야기를 듣고 진짜 많은 생각이 들었어요. 로스코를 모르는 사람들이 이 채플이 유명하다고 해서 왔는데, 작품을 보고 그림인지 벽인지 구별조차 어렵다면 아직도 예술 작품은 대중에게 불친절하구나…. 과연 예술 작품은 어디까지 얼마나 친절해야 하는가. 그런 생각을 하게 되더라고요. 또 로스코나 메닐이 이런 이야기를 들었다면 어떤 답을 내놨을지 궁금하기도 하고요. 예술과 대중의 접점. 정말 어려운 문제 같아요.

내부가 궁금하실 텐데 채플인 만큼 분위기가 무척 경건한 곳이어서 사진 촬영이 엄격하게 금지되어 있어요. 로비 없이 바로 입구가 나오는 단순한 구조로 들어가자마자 바로 예배당으로 입장하게 됩니다. 앉아서 명상할 수 있도록 벤치형의 의자들이 자리해 있고요. 앞쪽에는 긴 직사각형의 거대한 그림 3점이 이음새 없이 붙어 있어 마치 한 작품처럼 보입니다. 그 양옆으로 거대한 그림이 또 한 작품씩 걸려 있고요. 그 측면 양쪽에도 그림 3점이 높낮이를 다르게 해서 각각 걸려 있습니다. 그리고 뒷면에 긴 직사각형의 또 다른 작품 하나가 걸려 있습니다.

처음에 로스코가 구상했던 것은 자연광이었습니다. 자연광이어야만 작품의 뉘앙스와 미묘함이 정확히 드러난다고 했지요. 그 때문에 로스코 채플의 초기 건축가였던 필립 존슨은 그 요구에 타협할 수 없어 프로젝트를 손에서 놓게 된 겁니다. 재미있는 것은 계속해서 어긋나는 로스코와 존슨의 인연입니다. 뉴욕 시그램 빌딩도 존슨이 건축했는데 그곳의 로스코 벽화 프로젝트가 무산되었고, 또 로스코 채플에서는 존슨이 중도에 하차했으니까요.

결국 자연광이 들어오는 로스코 채플을 계획했지만, 미국 남부 텍사스의 햇빛은 너무 뜨겁고 강렬해서 자연광으로는 로스코의 작품이 훼손될 여지가 있었습니다. 그 때문에 어쩔 수 없이 자연광을 가리개로 전부 가려놓았는데요, 2021년에 새롭게 천장 공사를 해 작가의 뜻대로 자연 채광이 은은하게 들어오도록 만들었습니다. 또 여름에는 너무 습해서 그 습기가 그림을 훼손한다는 것을 알고 중간에 로스코 채플의 출입구 보수 공사를 한 적이 있습니다.

로스코 채플의 우마리 전 관장은 이 작품들이 저 너머의 다른 세상과 연결되는 창이라고 표현했습니다. 바라보는 것은 그저 하나의 캔버스이지만 곧 작품 속으로 빨려 들어가면서 나를 잊고, 그 너머 무한대의 세상을 볼 수 있다는 것이지요. 최면을 경험하듯, 작품으로 저 너머의 다른 세상과 연결된다니 근사하지 않나요? 그렇습니다. 이것이 바로 로스코 경험입니다.

진정한 로스코 경험

로스코의 유명세를 더욱 견고하게 만든 설문 조사가 있습니다. 전 세계에서 로스코의 작품을 가장 많이 소장하고 있는 미국 내셔널 갤러리에서 진행한 '지금까지 예술 작품을 보고 눈물이 나고 울어본 적이 있다면 어떤 작품이었는가'라는 설문조사였습니다. 이때 로스코가 무려 70퍼센트의 압도적인 표를 얻었습니다. 로스코 채플에서는 무려 실신한 사람까지 나올 정도였어요. 그만큼 작품의 에너지와 작품이 쏟아내는 이야기가 절대 평범하지 않다는 것이지요.

전 세계 곳곳에 로스코의 작품이 소장되어 있지만 그중 가장 강력한 에너지가 응축되어 있다는 로스코 채플. 저는 미국에 갈 때마다 로스코의 작품을 여러 번 봐왔습니다. 국내에서도 2015년에 특별전을 할 때 다녀왔고요. 하지만 딱히 저랑 주파수가 들어맞는 화가는 아닌 것 같다고 막연히 생각했어요. 남들은 로스코 작품 앞에 서면 감정을 주체 못 해 오열을 하면서 기절한다는데, 저는 별로 그런 느낌이 없었어요.

이번에도 별거 없겠지 생각했습니다. 해외의 뮤지엄에 갈 때마다 로스코 작품을 이미 많이 봐왔고, 이번 로스코 채플에 가기 며칠 전에도 샌프란시스코 현대미술관, LACMA에서 로스코의 작품들을 본 상태였습니다.

일요일 아침, 로스코 채플이 오픈하는 10시에 입장했습니다. 관람객은 저 한 명이었습니다. 들어가서 그냥 가만히 앉아 있었어요. 한 5분쯤 지났을까요. 정면 오른쪽에 있는 그림을 보는데 그 거대한 그림이 녹아서 흘러내리는 듯한 착시가 생기더라고요. 커다란 보라색의 파도가 일렁이는 느낌이었습니다. '이게 대체 무슨 소리야'라고 생각할 수 있는데, 하긴 저도 지금 이야기하면서도 황당하긴 하네요.

그림이 일렁이며 흘러내리는 것 같은 느낌이 들어서 저도 모르게 그림 가까이 가서 봤습니다. 작품 바로 앞에 서자 정말로 그림이 저에게 말을 걸더라고요. '힘들었지… 너의 고통, 내가 전부 잘 알고 있어… 나에게 털어놓고 가. 내가 다 녹여줄게.' 그 순간 갑자기 눈물이 분수같이 뿜어져나오는 거예요. 얼마나 울었는지 코로나 팬데믹 기간이라 마스크를 쓰고 있었는데 채플을 나오니까 마스크가 다 젖어서 못 쓰겠더라고요.

기진맥진해서 채플을 나왔을 때는 미국 남부의 강렬한 햇살로 샤워한 듯 맑은 에너지가 몸 안에 가득찬 느낌을 받았습니다. 또 제 안에 또아리를 틀고 앉아 있던 굵직한 마음의 응어리가 전부 해소된 것 같았죠. 채플에 온종일 앉아 있으면 평생 울 거를 다 울고 나올 것 같아서 중간에 나올 수밖에 없었지만, 정말 남들이 말하는 그 '로스코 경험'을 제대로 경험하고 왔습니다. 로스코는 이런 말을 했어요.

> "그림은 사람과 교감하면서 존재한다. 감상자에 의해 확장되고 성장한다."

로스코는 그림이라는 것을 '사람의 정신과 감정을 움직이고 변화시키는 도구'로 생각한 거 같아요. 그림이라는 것은 관객이 볼 때 그냥 하나의 무생물이잖아요. 어쩌면 캔버스에 물감을 칠한 단순한 하나의 사물에 불과합니다. 하지만 로스코는 단순히 '그림을 본다'를 넘어 관람객의 정서와 감정을 움직이고 변화시키길 바랐습니다. 그림이란 살아 숨 쉬는 것이라고 말했지요. 눈이 작아 보일 정도로 두꺼운 렌즈의 안경을 쓰고 있던 마크 로스코. 아마도 '본다'라는 동사 그 너머의 것이 절실했던 것이 아닐까요.

그는 그림을 보면서 무너지고 오열하는 사람들은 자기가 그림을 그릴 때 느꼈던 감정을 똑같이 경험하는 것이라고 이야기했습니다. 누구나 남에게 말 못 할 지옥이 마음속에 하나쯤은 있고, 바로 그 지점을 건드리는 것이 로스코 채플의 그림입니다. 로스코는 그런 감정들을 가진 관객들과 정말 강력한 사슬로 연결되어 있는 것 같았어요. 관객은 그 사슬에 휘감기며 로스코 경험을 하는 것이겠죠.

로스코는 작품의 재료, 색, 평론 다 필요 없다고 생각했습니다. 그의 아들인 크리스토퍼가 말했던 거처럼 그림에 무슨 물감을 썼는지, 그림을 그리는 동안 안경을 쓰고 그렸는지, 혹은 작업실의 조명은 어땠는지 궁금해할 필요가 없습니다. 그냥 그림을 보는 겁니다. 아니, 경험하는 겁니다.

로스코 경험. 작가의 감정과 경험, 그 절규가 내 안으로 쏟아져 들어오는 것이 어떤 느낌일지 궁금한 분들은 한번쯤 가보길 추천합니다.

이 그림들은 1971년에 개관해 50년 넘게 한결같이 똑같은 자리에 걸려 있습니다. 그 사실이 큰 위안이 되면서 또 대단하게 느껴지는데요, 개관 당시 채플을 방문했던 사람이 아무리 꼬맹이였다고 해도 벌써 환갑이 넘은 나이가 되었을 겁니다. 얼마나 많은 사람이 이 그림들에 몰입하고 교감하며 영향을 받았을지…. 로스코의 작품이 세대를 건너며 수많은 사람의 인생을 변화시켰을 것을 생각하니 작품이 더욱 압도적으로 느껴졌습니다. 이게 바로 클래식의 힘이겠지요.

로스코는 자신의 작품과 관람객 사이에 그 어느 것도 개입되지 않길 바랐습니다. "침묵이 정확하다"라는 말도 했지요. 관람객의 상상을 제한하고 싶어 하지 않았던 그의 뜻대로 저도 이쯤에서 설명을 마쳐야겠군요.

훗날 로스코 작품을 마주한다면 온전히 자신만의 방식으로 심오한 '로스코 경험'을 누리시길 바랍니다.

휴스턴 뮤지엄
: 터널로 이어지는 텍사스 최대 규모의 뮤지엄

세계에서 열두 번째, 텍사스에서는 가장 거대한 규모를 자랑하는 휴스턴 뮤지엄Museum of Fine Art, Houston은 1900년에 오픈했습니다. 그 뒤로 확장을 거듭해 총 세 빌딩이 뮤지엄 건물로 쓰이고 있는데요, 먼저 미스 반데어로에가 미국 내에 건축한 유일한 뮤지엄 빌딩인 로우 빌딩의 컬리넌 홀과 브라운 파빌리온이 1958년, 1974년 순차적으로 개관합니다. 2000년에 프리츠커상 수상자인 라파엘 모네오가 건축한 벡 빌딩이 개관하고, 2020년에 킨더 빌딩이 마지막으로 개관합니다. 세 빌딩명은 전부 뮤

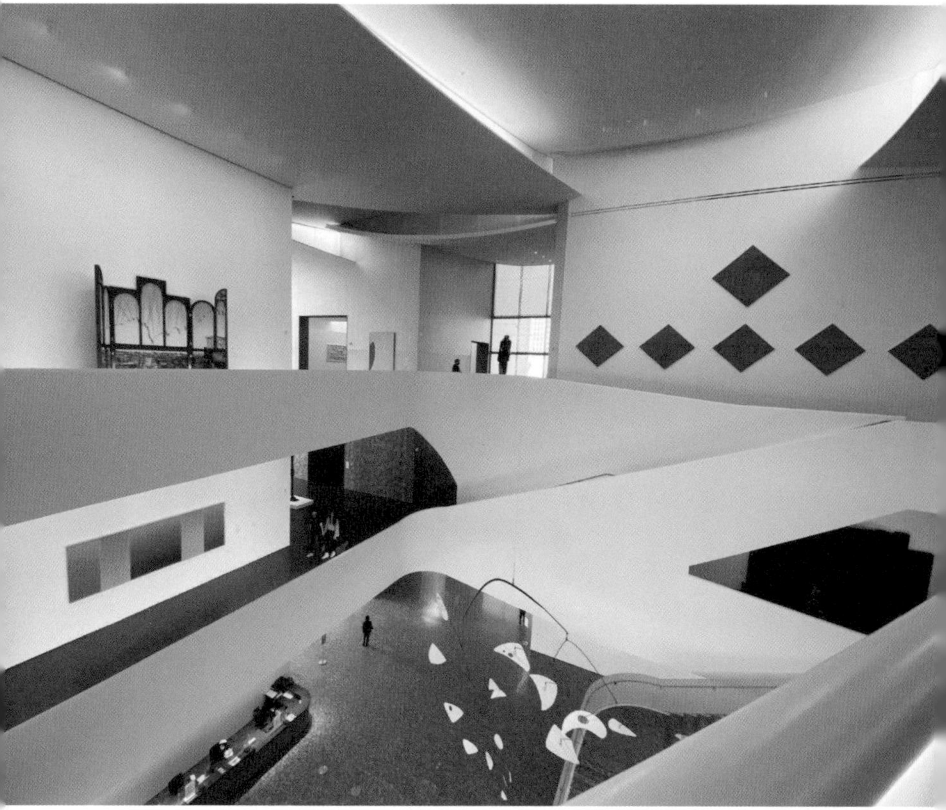

• 2020년에 개관한 킨더 빌딩

지엄 후원자의 이름입니다. 이 중 로우 빌딩과 벡 빌딩을 잇는 근사한 터널을 소개하려고 합니다.

'빛을 예술 자체로 만들다'
제임스 터렐

다른 차원의 세상을 보여주는 데 제임스 터렐James Turrell, 1943~만큼 재능 있는 예술가가 있을까요? 저는 기업 연수 및 인문학 여행 상품에 전문가로 동행해 일본 나오시마에 여러 번 다녀왔는데요, 나오시마에는 압도적인 현대미술 작품들이 많습니다만 동행했던 분들이 가장 놀라운 작가로 터렐을 꼽는 걸 여러 번 봤습니다. 우리나라 뮤지엄 산에도 터렐의 작품이 있는데요, 다녀온 분들은 많이 공감하리라 생각해요.

휴스턴 뮤지엄의 터렐 작품은 오직 이곳에만 있는 독보적인 작품이기에 소개하려고 합니다. 터렐은 아버지도 항공 엔지니어 출신이고, 자신 역시 항공기 조종사였던 독특한 이력을 가진 예술가입니다. 터렐이 항공기를 몰며 느낀 사실은 지상에서 보는 관점과 하늘 위에서 보는 관점이 완전히 다르다는 것이었습니다. 하지만 대부분의 사람은 하늘에서 내려다볼 기회가 거의 없기 때문에 오로지 눈앞에 펼쳐져 있는 조금은 편협한 시각 속에서 살아간다는 것을 알게 되었죠. 이 인식을 바꿔주고 싶었던 것이 터렐이 작품을 만들게 된 계기입니다. 여기에 영감을 더해준 것이 생텍쥐페리의 《야간 비행》이라는 책인데요, 어릴 때 아버지가 소장하고 있던 이 책을 읽으면서 많은 걸 느꼈다고 해요. 이 책 역시 항공기 조종사였던 생텍쥐페리가 쓴 '다른 시각'과 '다른 관점'을 다루고 있습니다. 저는 터렐이 이 책을 언급한 부분이 흥미로웠습니다. 하나의 책이 이렇게 한 사람의 위대한 예술가의 탄생에 영향을 미치는구나. 책의 힘이란 얼마나 놀라운 것인가. 책의 역할과 책임감에 대해서 또 한 번 생각해볼 기회가 되었어요.

또 하나 터렐의 삶을 변화시킨 것은 바로 모네의 '건초더미'라는 작품입니다. 터렐은 칸딘스키만큼이나 건초더미에 영향을 받았습니다. 이 둘의 공통점은 이 작품을 처음 봤을 때 그게 건초더미인지 전혀 몰랐다는 사실입니다. 하하. 뭔가 위안이 되지 않나요? 이런 거장들도 유명한 그림이 뭔지 모를 수가 있다는 겁니다. 모네의 그림은 건초더미 그 자체보다는 '빛'을 형상화한 작품이기 때문에 빛의 황홀한 색감을 보느라 그 사물이 뭔지를 알아볼 겨를이 없었던 거죠. 작품 제목을 보고서야 그게 건초더미인 줄 알고 충격을 받았다고 합니다.

그런데 터렐은 모네의 작품을 보고 이런 생각을 합니다. 왜 빛의 모습과 빛이 반사된 그 풍경을 작품으로 만들었을까? 그냥 빛 그 자체를 예술의 재료로 하면 어떨까? 예술가들의 생각은 언제나 충격을 주지만 굳이 물감과 붓으로 캔버스에 옮길 필요 없이 빛 자체를 재료로 쓰겠다는 터렐의 아이디어에 전율이 오네요! 그렇게 터렐의 작품들이 탄생하게 된 거죠.

빛을 예술 자체로 끌어올리는 것은 무엇보다 기술과의 커뮤니케이션이 중요할 겁니다. 터렐의 작품은 사람의 인식 그 자체를 타깃으로 합니다. 빛을 인식의 매개체로 사용하는 거죠. 짙은 어둠의 공간 속에서 원래부터 존재하던 빛을 알아보지 못하는 'Dark Space' 작품 같은 경우 뇌의 화이트 밸런스 기능을 이용한 것입니다. 사람은 보통 자기가 '본 것'이 맞다고 생각합니다. 블랙박스가 상용화되기 전 자동차 사고가 나면 얼마나 옥신각신했었는지 기억나세요? 분명히 목격했던 것 같은데 실제로는 아니었던 경우도 많죠. 기억이란 당연히 왜곡되는 것이지만, 눈앞에 뻔히 보고 있는 것조차도 왜곡되게 해석하는 일도 많습니다. 터렐은 자신의 작품을 위해 지각 심리학을 연구하는 한편 뇌의 환각을 이용합니다.

터렐의 작품에서는 이게 벽인지 공간인지(나오시마의

'Open Field') 그리고 원래 빛이 있었는지 없었는지(나오시마의 'Minamidera'), 이 길은 구부러진 길인지 직선 길인지(아리조나의 'Roden Crater') 아무것도 알 수가 없습니다. 혹은 내가 분명히 두 눈으로 확인했던 모든 것이 실제로 경험한 순간 오답이었다는 것을 알게 됩니다.

윌슨 터널에 설치된
제임스 터렐의 The Light Inside(1999)

'The Light Inside'는 LA의 LACMA와 뉴욕의 구겐하임에서 동시 개최되는 전시회와 연계해 휴스턴 뮤지엄의 윌슨 터널에 설치된 작품입니다. 터렐의 작품은 늘 건축이 함께 동반되는데요, 빛을 퍼트리는 공간의 크기가 철저히 계산된 것이기 때문이죠. 그래서 벽과 모서리에 펼쳐진 빛이 어떻게 인간의 지각에 작용하는지 느낄 수 있습니다.

다음 장 사진에서 까맣고 기다란 바닥이 보이세요? 네, 바로 통로입니다. 중간에 뮤지엄 직원이 서 있지 않았다면 이것이 통로인지 펼쳐진 공간인지, 통로라면 통로의 끝은 어디인지 그 경계와 공간감 그리고 넓이 모두 전혀 가늠할 수가 없습니다. 직접 보면 공간이 부푼 듯 보이고, 마치 붕 떠 있는 느낌이 들어요.

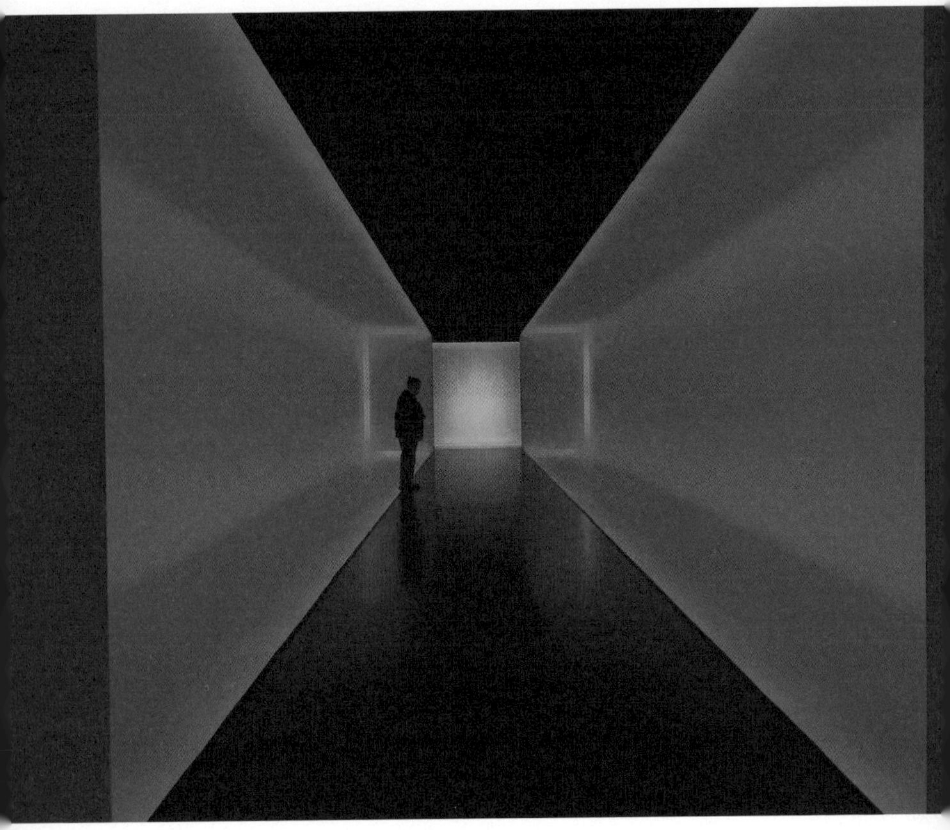

• 제임스 터렐, 〈The Light Inside〉, 1999

터렐의 작품이 늘 그렇듯이 블루와 레드, 마젠타 등 몽환적인 팔레트를 오가며 우리를 비현실과 환각의 세계로 데려갑니다. 단순히 뮤지엄의 빌딩을 잇고 오가는 터널이지만, 이 공간에도 명상과 사유 그리고 최고의 예술 작품을 설치한 휴스턴 뮤지엄의 기획력에 감탄했습니다.

터렐의 작품 말고도 킨더 빌딩에 위치한 셰리 앤 짐 플로레스 터널에는 카를로스 크루스디에스의 작품 'Chromosaturation'이 설치되어 있으니, 터널을 오가며 함께 감상하기를 추천합니다.

6장

이제 예술은
라라랜드로_LA

더 브로드
: 전 세계에서 가장 비싼 현대미술 작품들이 이곳에!

미국 LA의 놀라운 뮤지엄으로 가보도록 할게요. 이번에 함께 여행할 곳은 LA 다운타운의 그랜드 애비뉴에 위치한 더 브로드The Broad입니다.

LA 여행에서 그랜드 센트럴 마켓은 꼭 들를 텐데요, 이 그랜드 센트럴 마켓 앞에 앤젤스 플라이트라는 교통수단이 있어요. 영화 〈라라랜드〉에서 두 주인공이 키스를 하는 아름다운 장소로 등장하기도 했었죠. 앤젤스 플라이트는 이 도시가 생기던 100년쯤 전에 생긴 교통수단입니다. 요금은 단돈 1달러. 이걸

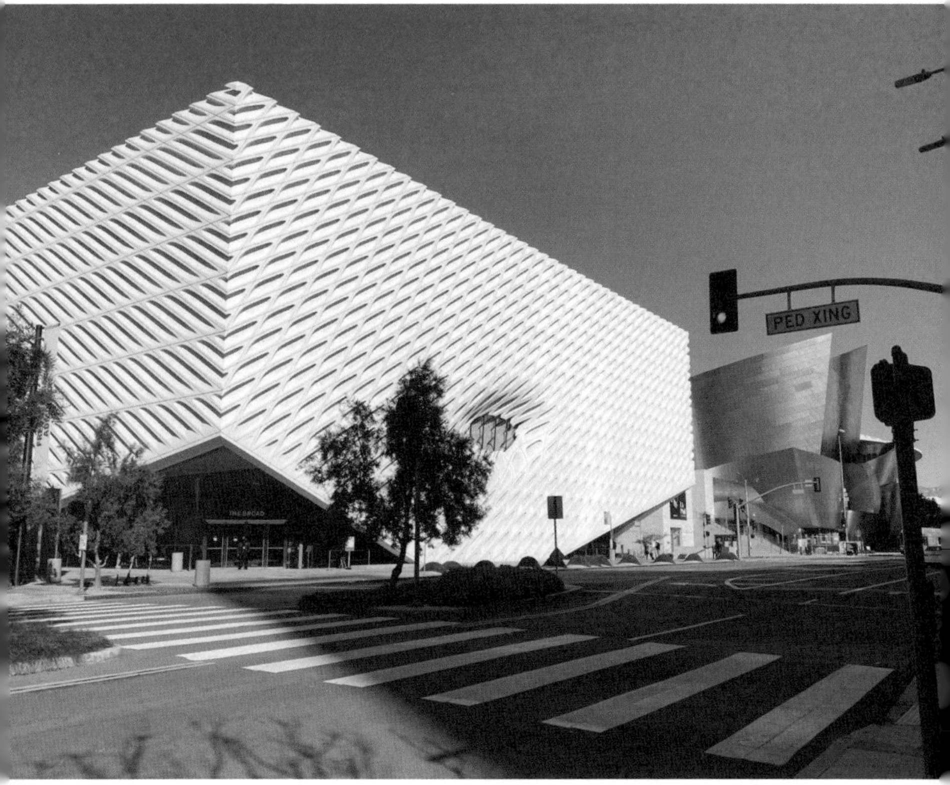

•더 브로드 전경

타면 LA 다운타운까지 2분 정도 걸립니다. 곧장 MOCA와 더 브로드가 있는 곳에 내려요. 정류장이 하나뿐이라 잘못 내리거나 헷갈릴 일은 절대 없을 겁니다.

수장고가 보이는 독특한 뮤지엄,
딜러 스코피디오+렌프로의 건축

자, 이제 더 브로드에 도착했습니다. 2015년에 개관한 이곳은 짧은 역사에 비해 압도적인 컬렉션을 보유하고 있는 곳입니다. 더 브로드 건물 자체도 뉴욕의 명소 하이라인을 만들었던 딜러 스코피디오+렌프로가 공모에 입선해 막대한 예산을 들여 지은 초현대식 건물이에요.

더 브로드는 1층에서 에스컬레이터를 타고 독특하게 꼭대기층으로 먼저 가게 되어 있는데요, 더 브로드를 지을 때 건축주 일라이 브로드가 중점을 둔 것은 그동안 수집한 어마어마한 예술 작품들을 수용할 수 있는 거대한 수장고와 전시 시설을 겸한 공간이었습니다.

급경사의 에스컬레이터를 타고 쭉 올라가면 전시실에 들어서게 되는데요, 인상적인 것은 마치 벌집 모양과도 같은 파사드와 천장이었습니다. 천장과 파사드 전부 자연광이 은은히 퍼지도록 디자인했는데, 무려 300개의 벌집이 자연광을 부드럽게

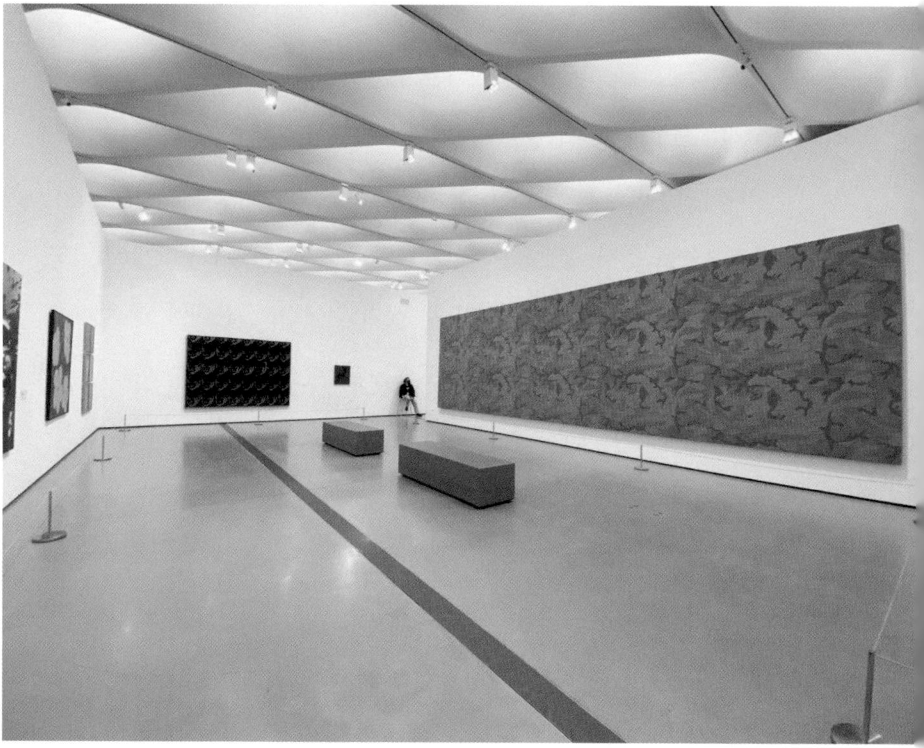

•더 브로드의 벌집 모양 천장들

걸러줍니다. LA는 사계절 내내 환상의 날씨와 햇살을 자랑하지요. 그러다 보니 실내 전시실이지만 갑갑함 하나 없이 탁 트인 공간에서 햇살과 작품들 사이를 거니는 느낌이 들어요.

그리하여 더 브로드의 중간층 부분을 수장고로 활용하고 가장 높은 층은 전시 공간으로 만든 독특한 건축물이 탄생하게 됩니다. 브로드 재단은 더 브로드를 짓기 전에 여섯 군데에 달하는 수장고가 LA에 각각 흩어져 있었는데, 더 브로드 건축 이후에 모든 작품이 한자리에 모이게 되었습니다. 관람객들은 꼭대기 층에서 내려오면서 이 수장고를 엿볼 수 있어요. 저는 이 점이 정말 흥미로웠어요. 수장고는 보통 관람객의 시야에 드러나지 않으니까요. 색다른 경험을 선사하는 뮤지엄이구나 하는 생각이 들었죠.

그뿐만 아니라 더 브로드는 살아있는 예술가들의 작품 중에 전 세계에서 가장 비싼 작품들을 다 모아놓았다고 해도 과언이 아닙니다. 2015년에 오픈한 신생 뮤지엄이지만 '최고'라는 찬사가 아깝지 않은 뮤지엄입니다.

더 브로드의 설립자, 일라이 브로드

더 브로드라는 뮤지엄 이름은 설립자

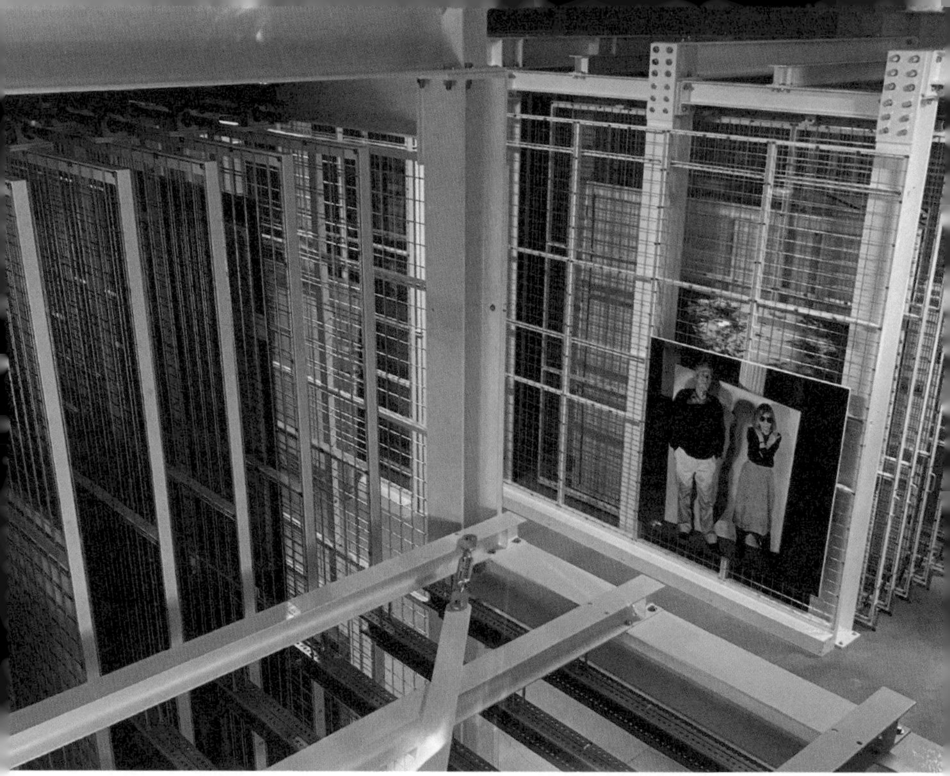

•더 브로드의 수장고

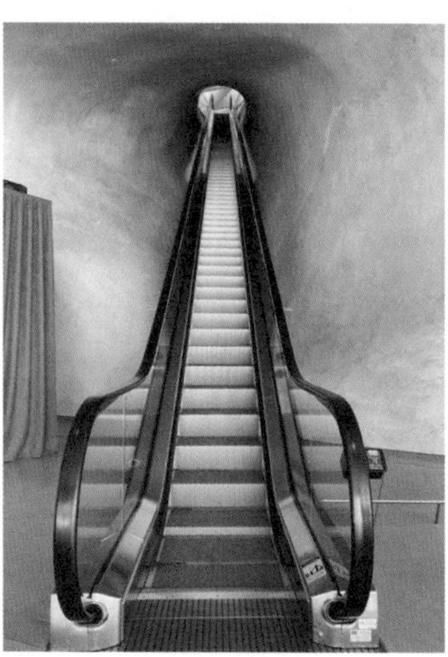

•전시실로 가는 급경사 에스컬레이터

의 이름을 따 지어졌습니다. 일라이 브로드Eli Broad, 1933-2021는 자수성가한 유대인 기업가인데요, 포브스지에서 선정하는 미국 부자 순위에 항상 들었던 억만장자로 생전에는 미국 내 기부 순위 5위 안에 드는 저명한 자선 사업가이기도 했습니다.

회계사 출신이지만 시류를 읽는 눈만큼은 2.0 이상의 높은 시력을 갖고 계신 분으로 1950년대에 미국에서 주택을 공급하는 회사를 만들었어요. 일라이는 미국의 베이비붐 세대가 가족을 꾸리고 자신들의 보금자리인 주택을 너나 할 것 없이 구매할 때 지하실을 없앤 파격적인 모델하우스를 선보입니다. 당시 이와 같은 새로운 형태의 집을 대대적으로 유행시킨 케이비 홈의 오너가 바로 일라이입니다. 건설사를 설립해 주식시장에 상장시키면서 상상치도 못할 부를 일군 사람이지요. 그 뒤로도 선 라이프라는 보험사를 사들여 AIG와 합병시키며 또 한번 억만장자가 됩니다. 이 두 기업은 모두 미국 경제 전문지 〈포브스〉의 기업 리스트에 이름을 올립니다.

브로드의 배우자 이디스 브로드는 예술을 사랑하는 자신의 감각으로 1970년대부터 작품을 수집하기 시작합니다. 처음에는 반 고흐나 피카소와 같은 작품으로 시작을 했는데요, 의외로 큰 감흥이 없었다고 합니다. 특히 오래된 캔버스 유화 작품은 보관이 까다로워 상당히 신경 쓰였다고 해요. 빛에 취약한 반 고흐의 스케치 작품의 경우 스카프에 둘둘 싸서 옷장 깊이 보관을 했다고 하네요.

그후에는 포스트모더니즘 작품들을 수집하며 미국의 예술가들과 친분을 쌓고 그들의 작품을 후원하기 시작합니다. 평생 법률가와 사업가들 사이에서 따분한 숫자 이야기에 지친 일라이 또한 예술가들과 교류하며 예술가가 세상을 대하는 신선한 방식에 충격을 받습니다. 그에게 새로운 자아가 생긴 것이죠. 그 뒤로 광적으로 미국의 현대미술을 후원하며 사 모으기 시작했고, 나중엔 브로드 재단을 세워 본격적으로 예술 작품을 수집합니다.

처음 이 뮤지엄을 알았을 때 "더 브로드, 어? 10년도 안 됐네" 하고 생각했는데, 그게 아니었어요. 뉴욕에 뮤지엄이 제일 많기는 하지만 그에 못지않게 많은 곳이 LA입니다. 일단 다음 장에서 설명할 게티 센터와 게티 빌라를 거느린 더 게티가 있고요, 인증샷을 찍기 위해 많이들 방문하는 LACMA와 MOCA가 있습니다. MOCA는 현대미술관, LACMA는 이를테면 중앙 박물관 같은 느낌이에요. 그리고 게티 센터와 게티 빌라는 고대부터 중세, 근대까지 광범위하게 작품을 수집한 뮤지엄입니다.

그중 1979년에 설립된 MOCA의 창립 멤버가 누구냐 하면 바로 일라이 브로드입니다. 일라이는 컬렉션이 빈약했던 MOCA를 위해 본인의 수준급 컬렉션을 소장할 수 있도록 로비를 하는가 하면 예산 부족에 시달리던 MOCA에 거액을 쾌척하기도 했습니다.

더 브로드 맞은편에는 MOCA가, 왼편에는 월트디즈니 콘서트홀이 자리하는데요, 월트디즈니 콘서트홀 역시 브로드의 적극적인 모금으로 세워진 곳이에요. 그 외에도 UCLA에는 브로드 아트 센터를 만들었고요. 그러니까 LA의 다운타운을 새로 건설하고 문화예술 수준을 더욱 높게 끌어올린 장본인이 바로 일라이입니다. 그는 이 도시를 사랑하는 마음으로 아낌없이 기부하고, LA가 '현대미술의 수도'가 될 수 있도록 물심양면으로 지원했습니다.

미국의 뮤지엄은 입구에 후원자들의 이름을 꼭 새겨 놓습니다. 후원한 분들에게 감사를 표현함과 동시에 후원을 독려하려는 차원에서요. 미국의 뮤지엄에 들를 때마다 후원자 목록을 상당히 유심히 보는데요, 아무리 돈이 많아도 예술을 후원한다는 것은 절대로 쉬운 일이 아닌 걸 알기 때문입니다. 역사 속에서 돈과 예술은 상당히 긴밀한 관계를 늘 유지해왔지만, 돈이 있다고 전부 예술을 사랑할 수 있는 것은 아니죠. 이를 너무도 잘 알기에 이토록 놀랍고 가슴 뛰는 일을 실천하는 사람이 누구인가 궁금해 꼼꼼히 살펴봅니다.

뮤지엄의 후원자 리스트는 보통 금액순으로 나열되어 있습니다. LACMA에 갔더니 가장 많이 후원한 사람의 최상단 자리에 역시나 일라이가 있었습니다.

1970년대부터 캘리포니아 지역 예술계에 엄청난 규모의 후원을 하던 일라이는 70대 중반에 이르러서야 자신의 이름으로 된 뮤지엄을 짓습니다. 더 브로드가 설립된 지는 10년 남짓밖에 안 되었지만, LA의 문화예술에 대한 그의 애정은 50년이 넘었다는 점이 바로 제가 깜짝 놀란 이유입니다.

브로드 재단은 무려 1,500점 이상의 작품을 소장하고 있으며 작품 평가액만 2조가 넘습니다. 그리고 이 작품들의 크기가 과장을 좀 보태면 집 한 채만 합니다. 설치미술도 꽤 많습니다. 그러다 보니 더 브로드에 가면 일단 속이 뻥 뚫리는 느낌입니다. 최근에 생겨서인지 쾌적함 역시 다른 뮤지엄에 비할 바가 아니고요.

지금 미술계에서 살아있는 작가들의 가장 비싼 작품은 여기 있다고 보면 됩니다. 데이미언 허스트, 신디 셔먼, 쿠사마 야요이, 무라카미 다카시를 비롯해 미국 예술가들의 작품 또한 많습니다. 앤디 워홀, 로이 리히텐슈타인, 재스퍼 존스, 리처드 세라, 그리고 제프 쿤스까지. 이중에서 조금 더 설명해볼 예술가로 제프 쿤스를 선택했습니다.

세계에서 가장 비싼
제프 쿤스의 작품이 이곳에

살아있는 작가 중에서 가장 비싼 작품을 만드는 예술가, 바로 제프 쿤스Jeff Koons, 1955~입니다. 쿤스는 정말 어떻게 살았길래 이런 영광을 누리나 싶을 정도로 살아있는 예술가 중에서 가장 비싸게 낙찰된 작품 1위를 늘 놓치지 않고 있습니다.

쿤스의 작품으로 'Rabbit'이 유명합니다. 작품명만 들으면 모를 수 있는데 사진을 보면 아, 할 거예요. 'Rabbit'은 전 세계에 3점만 존재해요. 그 중 한 작품이 2019년에 9,110만 달러로 수수료 포함 1,300억 원이 넘는 가격에 낙찰이 됐습니다. 2018년, 데이비드 호크니의 최고가 기록을 깔끔하게 갈아치우며 살아있는 예술가의 작품 중 가장 비싼 작품으로 랭크되었지요. 2024년 3월 기준, 쿤스는 자신의 최고가 기록을 자기가 갱신하는 아주 부러운 풍경마저 보여주고 있습니다.

이 작품은 단순히 말하면 가벼운 스테인리스로 만든 토끼 한 마리인데요, 이 부분에서 예술은 어렵다는 느낌이 몰려오는 것도 같습니다. 스테인리스 제품을 1,300억 원이나 주고 구입하면 "미쳤구나!" 할 텐데, 스테인리스 토끼는 왜 1,300억 원의 가치가 있다는 것인가 하고요.

쿤스가 한 말이 저 질문에 대한 답이 될 수도 있겠네요. "예술은 내 안의 나를 밖으로 끄집어내기도 하고 또 과거의 나로 데려가기도 한다. 나의 예술가로서의 여정은 내 안의 불안을 어떻게 없앨까 그 과정이었다."

모든 현대인이 불안감을 가지고 있죠. 예술가뿐만 아니라 예술을 감상하는 우리 역시 그 불안을 마주하고 그 불안을 없애기 위해서 그리고 '나를 찾기 위해서' 예술을 즐길 텐데요, 여기서 예술품과 평범한 사물의 차이가 생기는 거겠죠. 스테인리스 냄비에서 나의 내면과 마주할 가능성은 희박할 테니까요. 물론 뒤샹 같은 예술가라면 평범한 냄비로도 예술품을 만들 수 있을 것도 같습니다만. 그리고 이에 더해 자본주의를 오롯이 대변하는 '미술 경매'의 특성상 희소성도 커다란 원인이 되겠습니다.

이 'Rabbit' 3점 중에 한 작품을 더 브로드가 소유하고 있습니다. 이 작품 외에도 일라이가 쿤스와 막역한 우정을 나누었

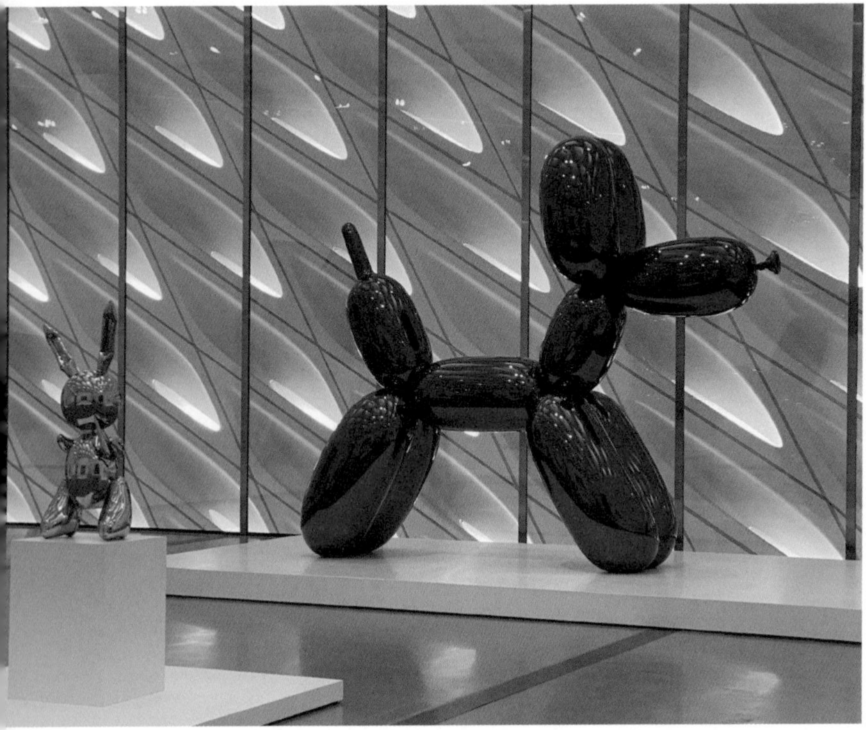

• 제프 쿤스, 〈Balloon Dog〉(Blue), 1994-2000

던 만큼 그의 작품을 36점이나 소유하고 있어요. 알 만하죠.

더 브로드가 소장한 쿤스의 작품을 하나 더 소개하자면 'Balloon Dog'(Blue)입니다. 이 작품은 색깔별로 5점이 존재합니다. 그 중 'Balloon Dog'(Orange)는 2013년에 700억 원(5,840만 달러) 가까운 가격에 낙찰되어 당시 살아있는 예술가의 작품 중, 가장 비싸게 낙찰된 작품입니다. 쿤스는 이 작품을 제작할 때 브로드에게 제작비 지원을 받았습니다. 제작비가 무려 70억 원 정도였다고 하니, 아무리 쿤스라도 제작비를 부탁할 수밖에 없었을 것 같네요.

매끄러운 거울과 같은 질감의 스테인리스로 시각적인 환각을 주는 이 작품은 빛의 눈부신 반사, 팽창된 풍선, 보는 순간 만져보고 싶은 충동에 휩싸이지만 잘 참아야 합니다. 1994년에 등장한 후, 몇십 년간 줄곧 미술계에 논란을 일으키며 논쟁의 중심에 있던 이 작품을 보는 기분은 마치 아이돌을 만나는 느낌이었습니다.

이 작품은 쿤스의 'Celebration' 시리즈의 한 작품으로 작업을 할 때 쿤스는 개인적으로 아주 힘든 상황에 놓여 있었습니다. 배우자와 이혼하고 양육권을 빼앗겼으며 자신의 작품 딜러로부터 경제적 지원도 끊기게 됩니다. 악재에 악재가 거듭하던 시기였죠. '축하'라는 제목이 더욱 간절하게 표현될 시기였던 것 같네요.

쿤스는 풍선을 형상화한 예술 작업에 있어서 풍선의 매력을 이렇게 설명했습니다. "내 경험상, 나는 내면에서 밀도를 느낀다. 그리고 신체 외면은 공허하게 느껴진다. 하지만 풍선은 그 반대다. 내부는 밀도가 없이 공허하고 표면이 좀 더 밀도가 있다."

쿤스는 예술이란 관람자가 자기의 내면으로 들어가 대화할 수 있도록 유도하는 매개체라고 말합니다. 하지만 관람자가 본인의 내면을 들여다보려면 자기 스스로에게 신뢰가 있어야 한다는 말도 덧붙였죠.

더 브로드에 가면 'Balloon Dog'(Blue) 작품 앞에 'Rabbit' 작품이 놓여 있습니다. 이 작품들은 전 세계에서 가장 비싼 작품들과 같은 버전이니 꼭 보시길 추천합니다.

게티 센터
: 석유 재벌 폴 게티의 위대한 여정

LA에서 풍경 맛집을 꼽으라면 그리피스 천문대 같은 유명한 관광지가 딱 떠오르겠지만 그보다는 게티 센터Getty Center를 추천하고 싶습니다. 아름다운 LA를 한눈에 꽉 차게 담을 수 있는 멋진 뷰와 함께 고대부터 르네상스, 인상파에 이르기까지 광범위한 컬렉션을 보유하고 있는 그곳으로 함께 가볼까요.

게티 센터는 1954년 말리부에 있는 폴 게티의 별장에 처음 문을 열었습니다. 1970년 확장해 1976년에 게티 빌라 오픈을 거쳐 1997년, 드디어 45만 평에 달하는 산타모니카 산맥 부지

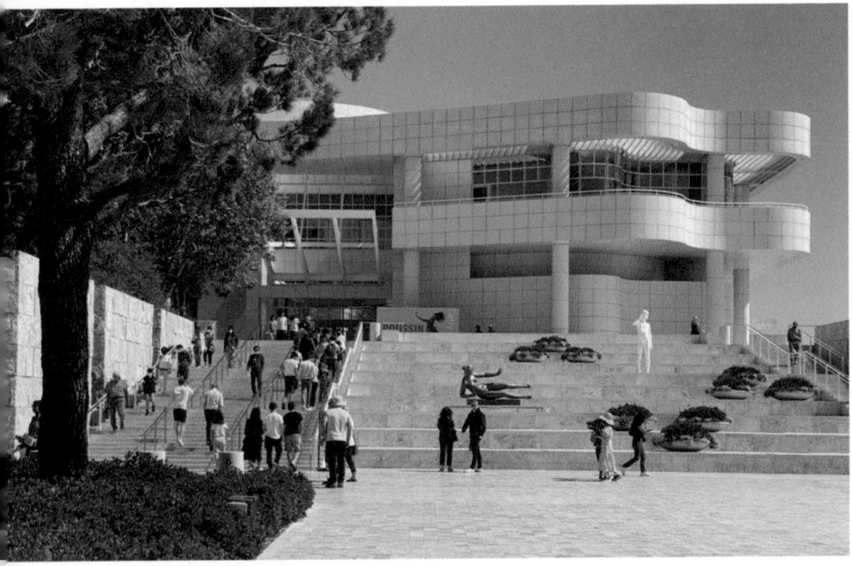

•게티 센터 입구

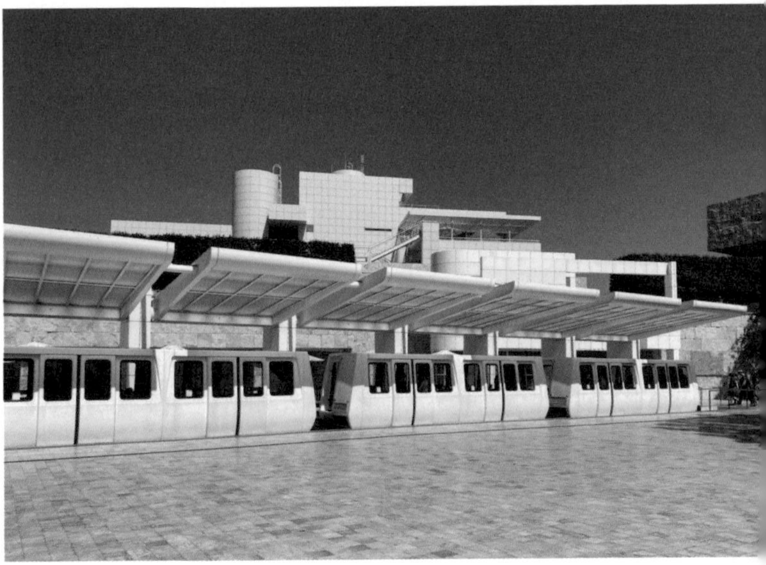

•게티 센터의 모노레일

에 지금의 게티 센터가 오픈합니다. 게티 센터는 모노레일을 타고 산 위로 올라가는 짜릿한 경험을 주는 곳입니다. 산과 태평양 그리고 하늘까지 한눈에 담을 수 있는 완벽에 가까운 뮤지엄이라 LA의 도심에서 탈출하는 설레는 느낌도 듭니다.

이 게티 센터 역시 당대 최고의 건축가였던 리처드 마이어의 설계로 1997년 대중에게 오픈되었습니다. 1984년에 프리츠커상을 수상한 마이어는 '화이트 건축가'로 불리며 르 코르뷔지에와 미스 반데어로에의 특징인 모던한 기하학에 자신만의 화이트로 건축계에 상징적인 이력을 남겼습니다. 우리나라에는 그의 디자인과 철학이 담긴 강릉 솔올미술관이 2024년 2월에 오픈했습니다. 하지만 불행히도 마이어는 얼룩진 과거 때문에 현재 건축가로서의 입지를 잃게 되었지요.

게티 센터는 마이어의 수많은 건축물 중에 가장 대표작으로 여겨지기에 이 우아하고 아름다운 상앗빛 건축물을 유심히 봐도 좋을 것 같습니다. 게티가 주로 수집했던 예술 작품이 고대 그리스로마 조각들인데, 건축물 역시 이 예술 작품들과 재료와 색깔을 맞추기 위해 세심히 디자인되었습니다.

로버트 어윈이 조성한 센트럴 가든도 꼭 봐야 할 곳으로 추천합니다. 센트럴 가든에서는 게티 센터의 아름다운 상앗빛 뮤

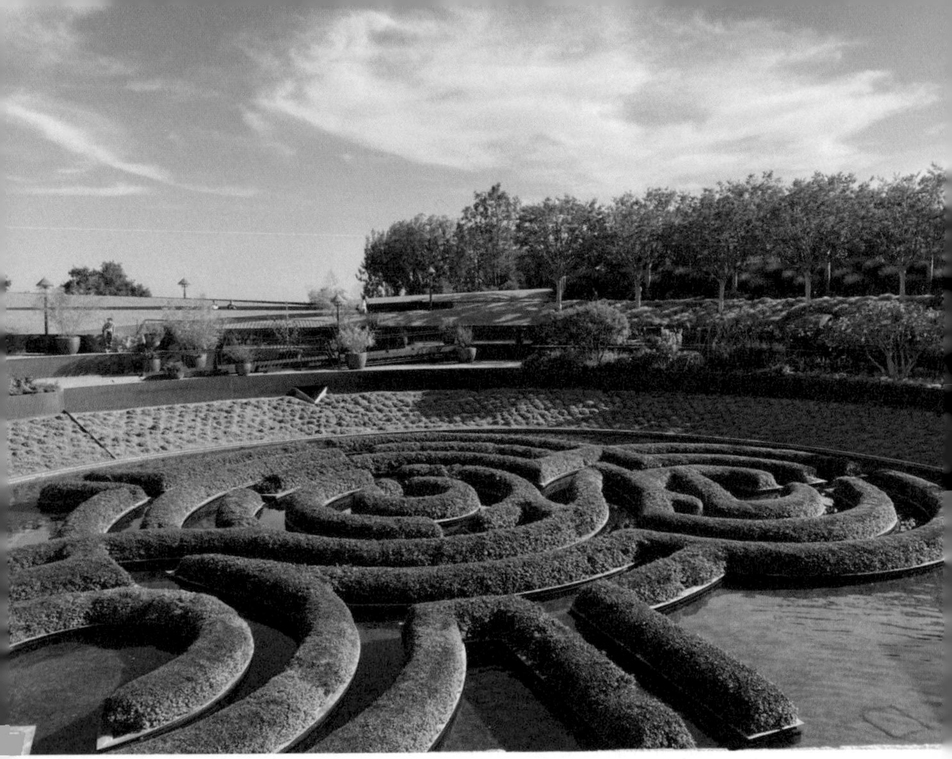

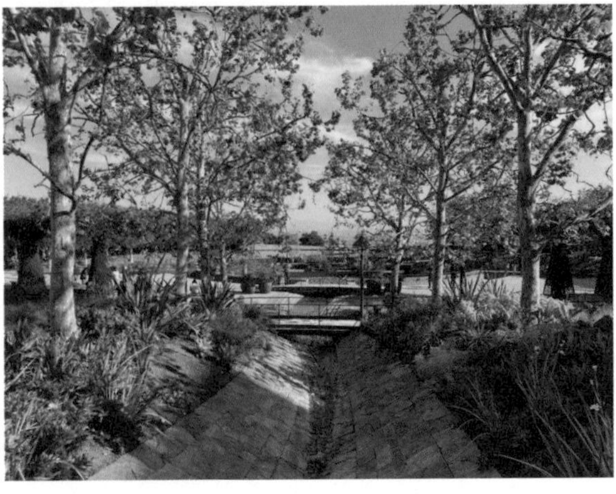

•게티 센터의 센트럴 가든

지엄이 한눈에 담깁니다. 어윈의 센드럴 가든 역시 컬렉션의 하나로 관람객과 상호작용하도록 설계되었는데요, 게티 센터에 방문한 이들을 환영하듯 물소리가 먼저 반깁니다. 이곳에 놓인 돌은 모두 어윈이 직접 고른 것입니다. 분홍색 우산이라고 불리는 부겐빌레아 나무 역시 캘리포니아를 다 뒤져서 찾아낸 것이라고 해요. 어윈은 르네상스 시대의 가든에서 영감을 받았다고 하는데, 르네상스 시기에는 하늘과 땅을 이어주는 것이 가든이었다고 합니다. 게티 센터에 가게 되면, 미로와도 같은 나선형 디자인 가든을 거닐어보세요. 캘리포니아의 마법 같은 날씨를 만끽하며, 명상에 잠기는 시간을 꼭 확보하기를 바랍니다.

컬렉션도 비즈니스처럼,
폴 게티

당대에 전 세계에서 돈이 가장 많았던 남자 바로 폴 게티Jean Paul Getty, 1892~1976 입니다. 1957년 〈포춘지〉 선정 부호 1위였던 게티는 석유 재벌이었습니다. 부모님께 물려받은 재산도 있었지만 20대에 유전을 발견해 이미 백만장자가 된 이후에도 뛰어난 사업 수완으로 재산을 기하급수적으로 불려나가죠. 기가 막힌 비즈니스 감각을 지닌 이 남자는 돈 앞에서는 한 치의 양보가 없던 무지막지한 냉혈한이었지만, 너무나 의외로 예술을 한없이 사랑했습니다.

다섯 번의 결혼과 여성 편력으로 유명하고, 특히 아들이 뇌종양으로 아픈데도 아들의 병원비 지출까지 아까워했던 구두쇠로도 유명합니다. 압권은 손자가 납치되었을 때 납치범이 요구한 현상금을 거절했던 사건입니다. 이유는 순순히 현상금을 내어준다면 다른 손자들도 줄줄이 납치될 거라는 나름의 설득력 있는 추론 때문이었죠. 손자의 신체 일부분이 잘린 채로 배달되어 오자 그제야 납치범과 현상금을 합리적 금액으로 낮추기 위해 '협상'을 벌인 지독한 할아버지입니다. 방문객과 손님들로 영국 서리에 마련한 대저택의 전화 요금이 많이 나오자, '공중전화'를 설치한 것 역시 그의 구두쇠 면면을 보여주는 유명한 일화입니다.

예술 작품 소장에서도 본인만의 구두쇠 철학이 드러납니다. 마음에 드는 예술 작품이 시장에 나와도 가장 헐값으로 떨어질 때까지 기다려 구매하는 독특한 소장 이력을 자랑하죠. 그가 돈을 아끼게 된 배경에는 세계 대공황이 있습니다. 어릴 때부터 수집벽이 있던 게티는 자신보다 앞서 대부호가 된 이들이 이미 좋은 작품들을 휩쓸어갔다며 한탄했던 시절이 있었습니다. 하지만 곧 세계 대공황이 찾아오고 유럽의 귀족과 왕족 들이 소유하고 있던 예술 작품들이 헐값에 시장에 나오게 됩니다. 이때부터 게티는 30여 년간 예술 작품 컬렉션에 거의 중독된 상태에 다다릅니다. 그의 안목은 너무나도 뛰어나서 훌륭한 작품이지만 저평가된 것을 기가 막히게 찾아 사들였죠. 그런 예술 작품들이 그에게는 또 다시 대박을 터트려줄 하나의 숨겨진 석유 유전처럼 보였거든요. 심지어 예술 작품 컬렉션이 사업보다도 가장 신나고 만족스러운 일이라고 했을 정도니까요.

게티가 본인의 컬렉션에 대해 집필한 책 《수집의 즐거움》을 보면, 작품을 구매하는 과정 역시 사업에서 느꼈던 '승부욕'과 '성취감'으로 가득했던 것을 알 수 있는데요, 그는 컬렉션을 일컬어, 낭만, 열정, 흥분, 서스펜스, 전율, 승리라고 표현했습니다. 작품을 저렴하게 투자한 후, 그 작품이 대박이 날 때의 희열은 무엇과도 바꿀 수 없었나 봅니다.

게티에겐 종종 행운이 따랐는데, 게티 센터에 전시된 거대하고도 가장 상징적인 작품, 루이 14세의 초상화를 단돈 145파운드(약 725달러)에 구매한 기록이 있어요. 정말 대단합니다. 1938년에 구매했으니 지금의 화폐 가치와 다르긴 하겠지만 뮤지엄 직원에게 이 얘길 들었을 때 저는 부러움을 넘어서 질투까지 났었죠.

게티의 저서를 읽어보면 귀하고 귀한 작품을 손에 넣기 위해 협상과 노력을 했던 일화들이 많이 나옵니다. 주로 그리스로마 시대의 유물과 청동을 사랑했지만, 그의 마음을 끌어당겼던 렘브란트와 인상파 작품 역시 많이 수집했습니다.

인간은 누구나 노력하며 살아갑니다. 살아있는 동안 노력한 결과가 자신의 죽음 이후에도 빛을 발하고, 나아가서는 나라의 운명이 바뀌고, 심지어 문명이 바뀌어도 지속된다는 것은 얼마나 어려운 일이겠습니까? 그런 행운이 허락된 예술가와 작품은 세계 역사 속에 극히 일부에 불가한 것이 사실입니다. 몇몇 예술가가 남긴 작품들은 그런 행운을 얻어 수백 년 혹은 수천 년간 생명을 얻죠. 그 작품과 예술가 들이 게티를 끌어당겼고, 저 역시 그런 매력 때문에 예술 작품에 걷잡을 수 없이 빠져드는 것 같습니다.

게티는 모든 예술 작품은 살아있으며 예술가의 희망과 꿈, 좌절을 반영한 거울이라고 말했습니다. 로마의 황제, 그리스의 철학자가 소유했던 작품들을 자신도 직접 느끼면서 수천 년 전의 사람들과 소통하고 이야기하는 감동을 느꼈다고 하죠. 이 감동을 본인 혼자가 아닌 많은 사람과 공유하고 싶어 만든 뮤지엄이 바로 게티 센터와 말리부의 게티 빌라입니다.

꼭 한 작품만 보고 떠나야 한다면, 반 고흐의 아이리스(1889)

빈센트 반 고흐만큼 짧은 인생을 살며 굴곡이 심했던 예술가도 없을 겁니다. 짧게 요약하려 해도 불가능할 정도인데요, 모든 예술가에게는 놀라운 공통점이 보입니다. 바로 결핍입니다. 많은 예술가들이 "예술을 왜 하나요?"라는 물음에 본인 내부에 있는 결핍을 치유하기 위해라고 답하곤 합니다.

반 고흐는 동생 테오의 서포트를 받으며 그림을 시작하지만 전혀 팔리지 않습니다. 동생은 구필 갤러리에 입사해 그림 영업을 하며 착실한 생활을 해나가는데, 자신의 그림은 아무리 해도 팔리지 않고, 얼마나 스트레스를 받았을지….

그러던 반 고흐는 동생 테오를 따라 프랑스 파리에 살면서 예술 세계의 전환점을 맞이합니다. 탕기의 갤러리에 드나들며 일본 우키요에를 접한 뒤 작품의 분위기가 밝게 변하고 붓칠 역시 빠르게 칠해나가는 스타일로 바뀌죠.

일본을 동경하던 반 고흐는 파리에서 아를로 내려가는데 여기서 고갱과 불화를 겪고 귀를 자릅니다. 그리곤 스스로 정신병원에 입원합니다.

혹시나 이 뮤지엄에서 단 하나의 작품만 보고 급히 떠나야 한다면 역시 반 고흐의 작품입니다. 뮤지엄에 갈 때마다 놀라는 것이 반 고흐의 인기예요. 저는 보통 문 열자마자 입장하기 때문에 내부가 한가할 때가 많거든요. 그런데 여느 전시실에서는 보이지 않던 관람객들이 모여 있는 곳이 있어요. 바로 반 고흐의 그림 앞입니다. 매번 반 고흐의 인기에 깜짝 놀라곤 하지요.

게티 센터에는 1987년에 전 세계에서 가장 비싼 그림으로 낙찰 기록을 세운 반 고흐의 '아이리스' 작품이 전시되어 있습니다. 게티 센터는 1990년에 이 작품을 낙찰자로부터 구매했습니다. 가격은 알려지지 않았지만, 전 세계에서 가장 비싼 그림이 게티 센터로 가게 된 사실이 큰 화젯거리가 되어 뮤지엄 홍보를 톡톡히 해냅니다.

반 고흐가 아를의 병원에 입원하자 이웃들은 반 고흐를 위협적으로 여겼습니다. 아를에서 반 고흐를 쫓아내기 위해 서명운동까지 벌였습니다. 친하게 지냈던 자신의 이웃사촌들이 자신을 버린 것을 알게 된 반 고흐는 어떤 기분이었을까요? 1889년 5월 반 고흐는 생레미로 갑니다. 여기서 그린 그림만 100점이 넘는데, 생폴 드모솔 병원에 도착한 첫 주에 그린 작품이 바로 이 '아이리스'입니다. 병원에서 나갈 수 없었기 때문에 병원 내부에서 그린 그림이죠. 이 작품에서 우리는 여러 추측을 해

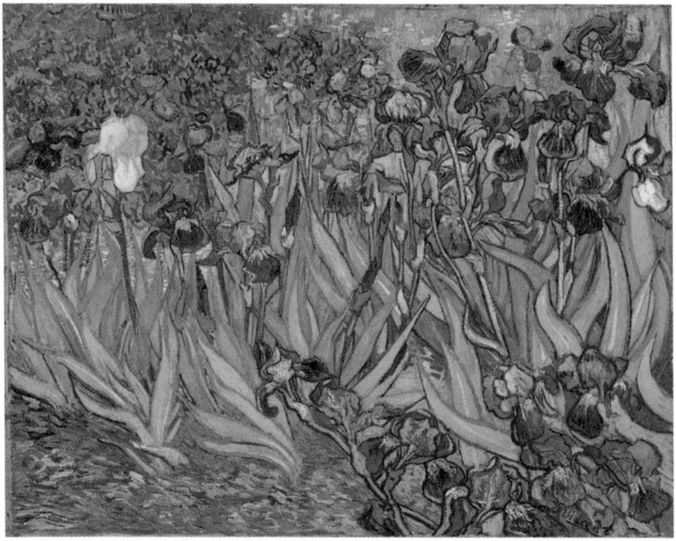

•빈센트 반 고흐, 〈아이리스〉, 1889

볼 수 있어요. 일단 이젤의 위치입니다. 이 그림을 그릴 때 반 고흐의 시선은 어디에 있을까요? 이젤과 캔버스는 어디에 놓고 그렸을까요? 그림을 자세히 보면 답이 나옵니다.

네, 그렇습니다. 반 고흐는 땅바닥에 앉아 그림을 그렸습니다. 캔버스 역시 바닥에 놓고 그렸어요. 아니면 눈높이에 맞춰 이젤을 놓고 그렸을 텐데요, 상당히 궁금해집니다. 가부좌를 틀고 앉아서 무릎 위에 캔버스를 놓고 그렸을까요? 아니면 쪼그려 앉았을까요?

또 하나의 포인트는 경계선들을 강하고 두텁게 그린 점입니다. 반 고흐의 다른 그림에서는 느껴지지 않는 특징이지요. 일본의 우키요에에 영향을 강하게 받은 것 같아요.

마지막으로 눈여겨볼 것은 색의 대비인데요, 녹색 잎들이 붉은빛을 띠는 흙과 대비되는 게 보이나요? 가장 눈길을 잡아끄는 건 바로 꽃 색깔입니다. 뒤편에는 오렌지색과 노란색의 꽃들이 흐드러져 있고, 앞쪽 꽃 대부분이 청색을 띠는 반면 단 한 송이의 꽃잎만이 흰색을 띠고 있어요. 이건 무슨 의미일까요? 반 고흐가 우리에게 남긴 수수께끼라고 생각이 드는데요, 다양한 해석이 나올 수 있을 것 같아요. 병원에 입원해 있는 자신의 고독한 신세를 표현한 걸까요? 아니면 청색 꽃밭과 흰색 꽃밭

이 어우러져 있는 곳에서 청색 꽃만을 중점에 둔 것일까요? 자신만의 해석으로 그림을 본다면 좋은 관람이 되지 않을까 생각해봅니다.

반 고흐는 자연 속에서 많은 위안을 얻었던 것 같습니다. 몸도 마음도 상처가 가득했던 한 남자가 병원에 감금되다시피 갇혀 지내면서도 꽃과 그림으로 위로를 받고자 했던 사실에 마음이 뭉클해지네요.

폴 게티가 사랑한
렘브란트의 마르텐 루텐 초상화(1632)

게티의 컬렉션 중에서 제가 꼭 언급하고 싶은 그림이 바로 이 렘브란트 작품입니다. 원래는 LACMA에 전시되어 있던 작품인데, 게티가 구매해 LACMA에 기증했다가 현재는 게티 센터에서 보관하고 있습니다.

'마르텐 루텐 초상화'에 대한 게티의 존중과 배려는 큰 흥미를 자아냅니다. 이 작품은 여러 주인을 거쳐서 1928년에 네덜란드 사람 안톤 멘싱의 손에 들어가게 됩니다. 멘싱은 프랑스와 영국에 소장되어 있던 이 그림을 조국인 네덜란드로 가져오기 위해 직접 구매합니다. 1936년 그가 사망하면서 멘싱의 컬렉션 대부분이 경매로 나오는데, 이 소식을 들은 게티의 눈이 반짝입니다. 게티는 이 작품을 보자마자 반하고 맙니다. 마르텐 루텐이 그림 밖으로 나와 관람객에게 직접 말을 거는 듯한 느낌을 받았다고 합니다.

게티는 이 작품이 경매에 나온 걸 알고서도 당시 바쁜 비즈니스로 네덜란드에 갈 수 없어 결국 대리 입찰을 하게 됩니다. 이 낙찰가 역시 너무나 질투가 나는데, 멘싱이 1928년에 이 작품을 구매할 때 가격은 20만 4천 달러였습니다. 하지만 게티는 단돈 6만 5천 달러에 이 작품을 낙찰받게 됩니다. 문제는 그림을 낙찰받은 후에 일어납니다. 암스테르담 시민들이 단체로 항의하고 나선 겁니다. 귀중한 렘브란트의 그림 '마르텐 루텐 초상화'를 이름도 모르는 미국인에게 뺏기다니! 시민들은 암스테르담 국립 뮤지엄과 정부는 대체 뭘 하고 있었냐며 이 같은 상황에 개탄합니다. 멘싱이 큰 금액을 들여 어렵게 네덜란드로 되가져온 그림이 이번엔 머나먼 미국으로 가 다시는 고국에 오지 못할 것을 생각하니 네덜란드 국민들의 상심이 컸던 겁니다. 이 때문에 게티는 한동안 이 작품을 낙찰받은 사람이 본인이라는 사실을 숨겼습니다. 하지만 렘브란트 그림에 대한 게티의 사랑과 애정이 결국 네덜란드 시민의 마음을 움직입니다.

게티는 그림을 소유한 뒤에도 마르텐 루텐 연구를 계속해나

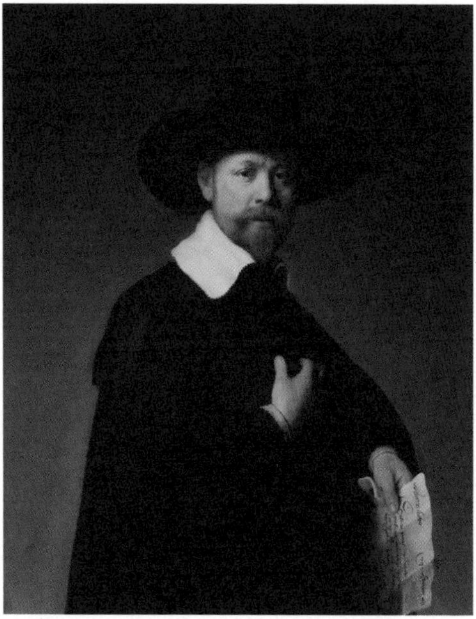

• 렘브란트 판레인, 〈마르텐 루텐 초상화〉, 1632, LACMA

갔습니다. 미국의 한 기자로 신분을 바꿔 자료를 수집했었죠. 그후 게티는 렘브란트 최고 권위자인 판 딜렌 교수와 만나게 됩니다. 판 딜렌 교수는 렘브란트가 이름 모를 미국인에게 팔려간 것을 가장 분노하던 주인공이었습니다. 게티는 판 딜렌 교수와 만나서 렘브란트와 '마르텐 루텐 초상화'에 대해 이것저것 물었고, 판 딜렌 교수는 자신과 대화하고 있는 상대방이 단순한 기자가 아니라는 것을 즉각 알아차렸습니다. 판 딜렌 교수는 왜 '마르텐 루텐 초상화'의 사소한 것에도 그토록 흥분하는지 이유를 물었고, 게티는 결국 자신의 신분을 밝힙니다. 교수는 한동안 말을 잇지 못합니다. 게티는 자신의 이야기를 담담히 이어갔습니다. 당신과 네덜란드가 사랑하는 '마르텐 루텐 초상화'는 미국에 빼앗긴 것이 아니며, 영원히 네덜란드 그 자체가 될 것이라고. 그리고 미국의 국민에게 네덜란드 문화의 훌륭한 대사 역할을 하고 있다고 말합니다. '마르텐 루텐 초상화'가 어떻게 전시되고 있는지, 얼마나 많은 사람이 그 그림을 감상했는지 앞으로 또 얼마나 많은 이들이 감상할지 이야기합니다. 당시에 게티는 아직 자신의 뮤지엄을 짓지 않은 상태였기 때문에 이 작품을 LACMA에 기증한다는 계획도 덧붙였습니다. 판 딜렌 교수는 자신 앞의 낯선 미국인이 자신만큼이나 이 그림에 애정이 많다는 것을 바로 이해했습니다. 그리고 게티의 암스테르담 방문 이후엔 네덜란드 미술계의 모든 적대감 역시 사라지게 되었죠.

정말 감동적인 일화입니다. 이 그림은 게티가 LACMA에 기증해 그곳에서 오래도록 관람객들을 맞이했지만, 현재 LACMA 유럽 전시실 공사로 게티 센터에서 보관하고 있습니다.

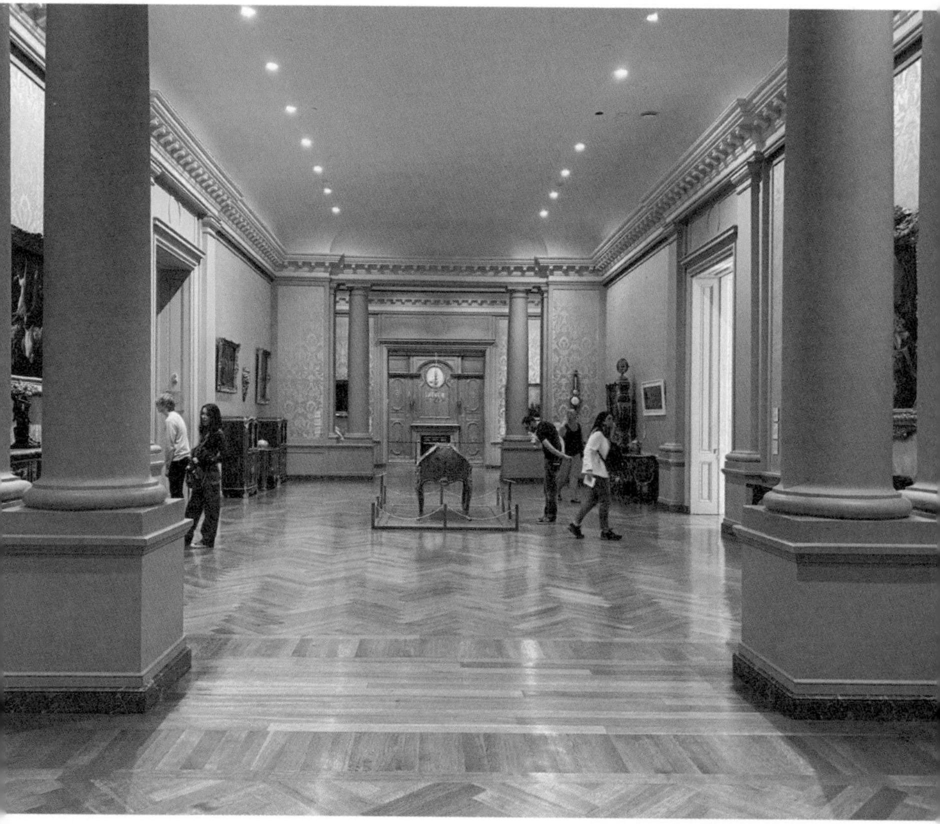

• 게티 센터 전시실 전경

LACMA
: 현대미술을 서비스하는 빛의 공장

1961년에 설립되어 1965년에 지금의 위치에 오픈한 로스앤젤레스 카운티 뮤지엄Los Angeles County Museum of Art, 일명 LACMA는 LA 시민들이 가장 사랑하는 미국 서부 최고의 뮤지엄입니다. LACMA는 2008년에 브로드 부부의 컬렉션으로 브로드 현대 미술관, 일명 BCAM을 개관합니다. 브로드 재단에서 6천만 달러를 후원했죠. LA의 뮤지엄을 돌아다닐 때마다 브로드 부부의 존재감이란. 이 도시가 부러울 따름이네요.

2010년에는 레스닉 부부의 후원으로 레스닉 파빌리온을 개

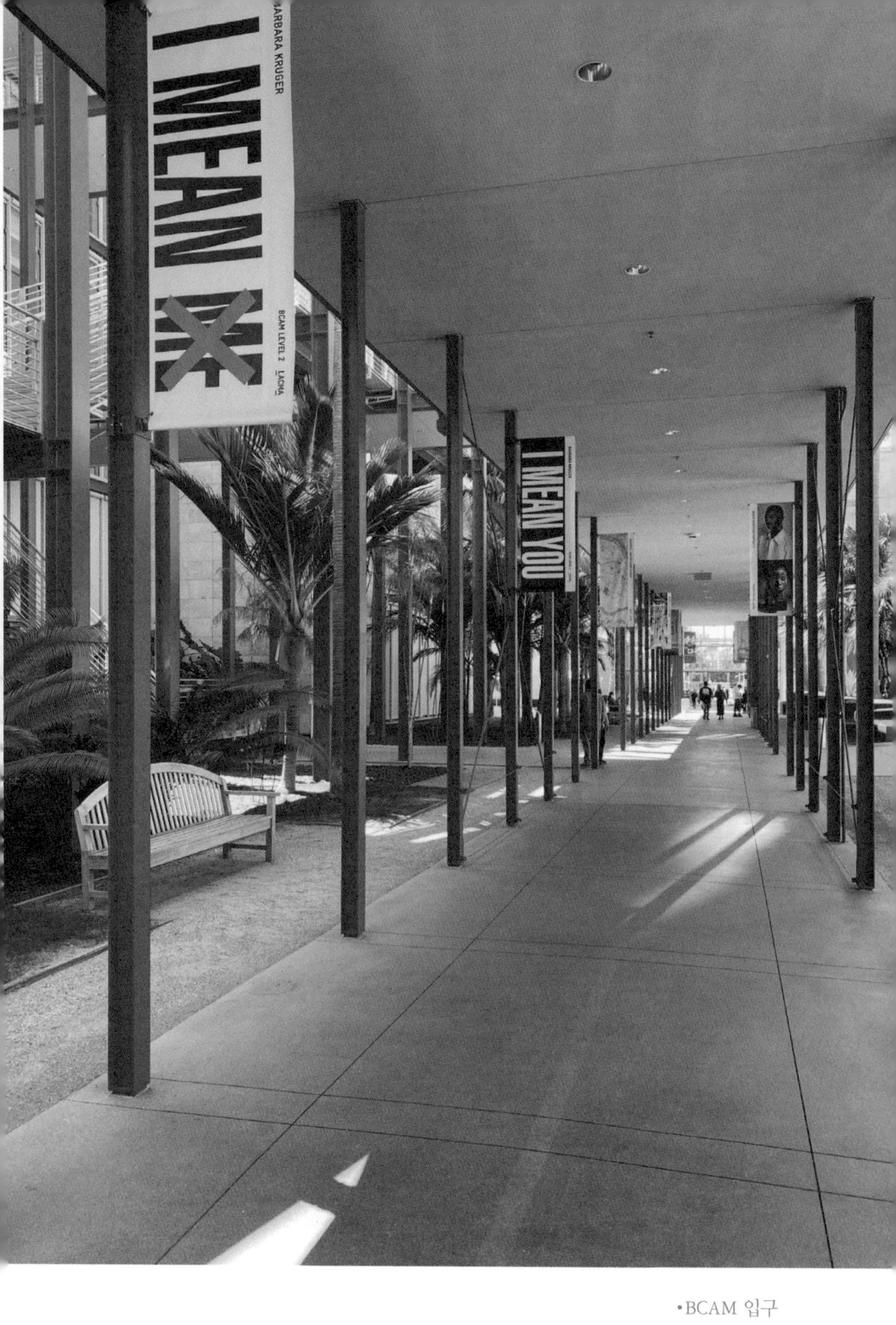

•BCAM 입구

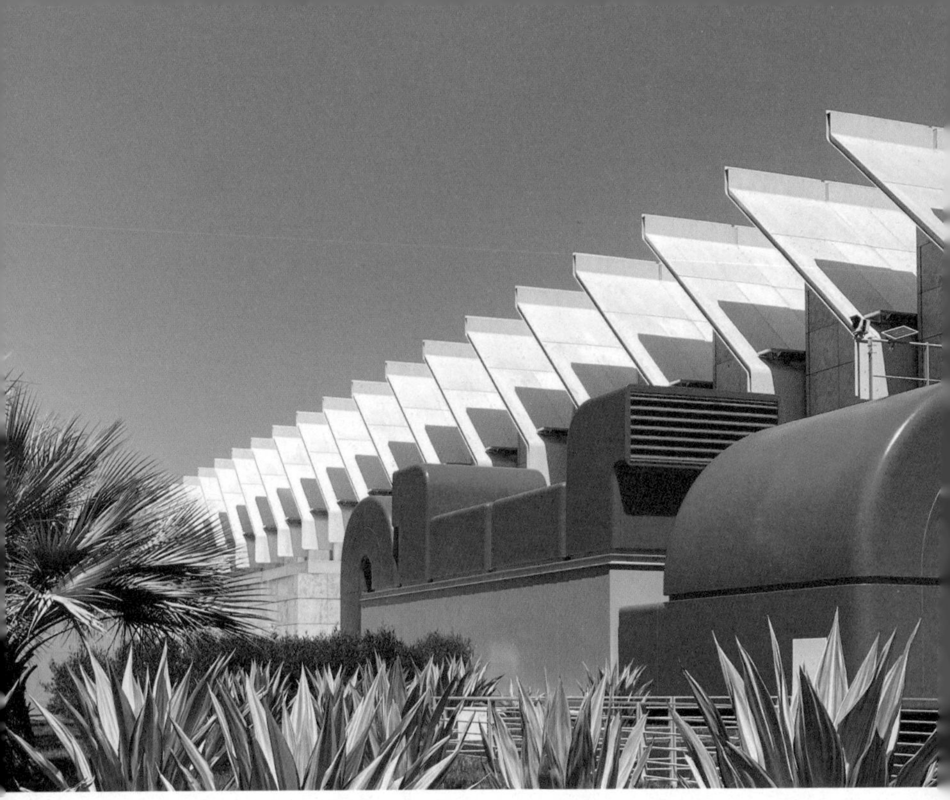

•레스닉 파빌리온

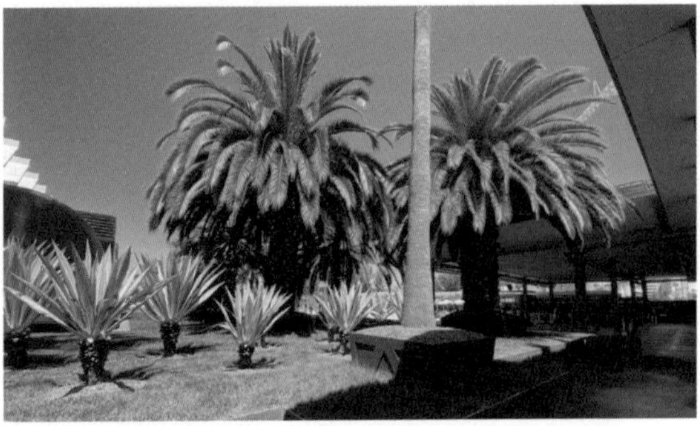

•로버트 어윈, 〈Primal Palm Garden〉, 2010

관합니다. 이 두 건물 모두 렌초 피아노가 설계했어요. 현재는 BCAM과 레스닉 파빌리온 오른쪽 편에 프리츠커상 수상 건축가 페터 춤토어가 설계한 데이비드 게펀 갤러리가 개장을 준비하고 있습니다.

로버트 어윈의 작품 'Primal Palm Garden'을 눈여겨 봤으면 합니다. BCAM과 레스닉 파빌리온 사이에서 볼 수 있습니다. 이 작품의 야자수는 모두 원시 품종을 사용했다고 합니다.

레스닉 파빌리온과 BCAM 모두 톱니 모양 지붕과 석회 외관이 마치 공장을 떠올리게 하는데, 실제로 현대미술을 서비스하는 공장이라는 개념으로 지어졌다고 합니다. 내부는 말 그대로 빛의 범람이라고 표현할 수 있겠네요. 이토록 많은 양의 빛이 쏟아져 들어오는 전시실이라니! 매우 옳습니다.

BCAM 입구에서 강렬한 빨강색 야외 에스컬레이터를 타고 곧장 3층으로 올라갈 수 있도록 되어 있는데요, 올라가자마자 바라라 크루거의 거대한 엘리베이터 작품 'Untitled(Shafted)'를 만날 수 있습니다.

텍스트의 힘, 바바라 크루거

텍스트와 이미지. 이 둘은 단어로만 들었을

때는 언뜻 아무런 감흥도 흥분도 불러일으키지 않는 것 같습니다. 하지만 텍스트와 이미지가 완벽하게 결합한 순간 이야기는 달라지죠.

한편의 도발적인 광고 같은 바바라 크루거Barbara Kruger, 1945~의 작품들은 복잡한 생각들을 아주 단순한 언어로 표현한다는 점 자체로도 그렇지만, 시선을 무자비하게 강탈하는 점 역시 광고 같다고 느낄 수 있을 겁니다. 그는 어떻게 이토록 강렬한 시각 이미지를 창조해낼 수 있었을까요?

크루거는 뉴저지의 중산층 노동 가정에서 자랐습니다. 방 두 개 반짜리 집에서 자기 방을 가져본 적이 없다고 합니다. 장학금을 받아 대학에 가서도 자신이 친구들과는 다른 계급에 소속된 거 같다는 느낌을 받았고, 그 때문에 정치 성향이 없는 집에서 자랐지만 지금과 같은 예술을 하고 있다고 말합니다. 계급 차이에 대한 인식은 어릴 때부터 크루거에게 민감하게 작용합니다.

크루거는 원래 패션 일러스트레이터를 희망했던 듯 보입니다. 예술가가 될 생각은 없었는데 학교 졸업 후 패션잡지 〈마드모아젤〉의 디자이너로 일하면서 인생의 방향이 바뀌게 됩니다. 이 잡지사는 당시 1960년대에 여성이 제대로 '일'을 맡아 할 수

있는 몇 안 되는 회사였죠. 크루거의 회상에 따르면 그때는 미국에서도 여성이란 회사에서 바닥 청소를 하고 커피를 타는 일을 하는 사람이었거든요. 이 패션지에서 일하면서 크루거는 여성의 직장 인식과 페미니즘에 대해 생각하게 됩니다. 또 잡지 디자이너로서 사진과 텍스트를 결합하는 것이 독자들에게 감정적·심리적·지적으로 영향을 미친다는 통찰력을 갖게 됩니다. 독자들이 빨리 보고 빨리 읽게 하는 효과를 지닌 마법의 텍스트. 이때의 경험이 크루거를 시각 예술의 대가로 성장하게 만든 계기였습니다.

그의 예술은 독특합니다. 분명 순수 미술인데 필요한 사진을 작가 본인이 촬영한 게 아니라 티브이나 잡지, 광고 같은 다른 데서 가져와 썼습니다. 특히 흑백사진을요. 사진을 잘라서 화면에 꽉 차게 배열해 쓰는 방식은 〈마드모아젤〉 편집장이었던 알렉산더 리버만의 '안티-디자인' 방식에서 영향을 받았습니다. 이는 특유의 디자인 방식을 고집하는 것이 아닌 열린 디자인 방식이었는데요, 두 장의 사진을 강렬하게 두 페이지에 넣는 게 아니라 20장의 사진을 두 페이지에 넣는 방식이었죠.

훗날 크루거의 이런 콜라주 방식과 '푸투라 볼드 오블리크' 폰트로 만들어진 작품을 보고 평론가들은 소비에트 구성주의

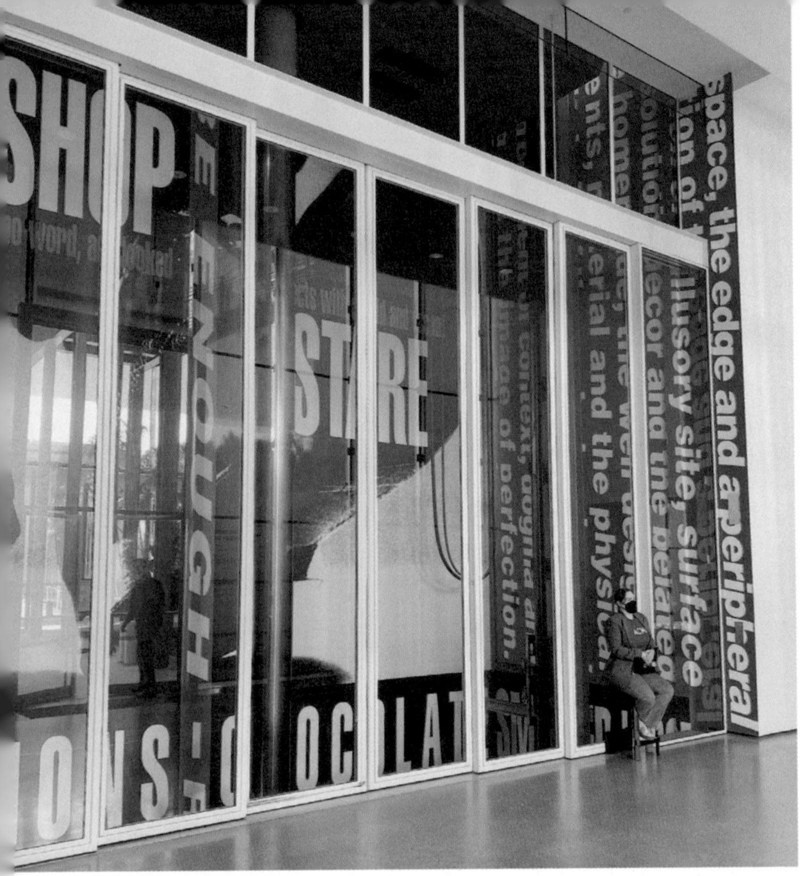

•바바라 크루거, 〈Untitled(Shafted)〉, 2008

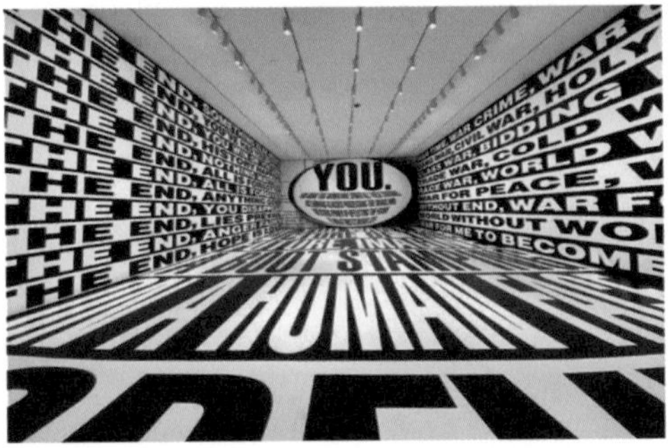

•바바라 크루거,
〈Barbara Kruger: Thinking of You. I Mean Me. I Mean You〉, 2022, 설치 전경

라고 말하지만, 크루거는 이를 들어본 적도 없고 전혀 몰랐다고 합니다. 그냥 잡지 디자인을 했을 뿐이라고 하지요.

1970년대 후반에는 벼룩시장과 중고가게에서 산 책과 잡지의 사진을 잘라 검정 밴드를 사선으로 붙인 다음 다시 사진을 찍어서 인쇄물과 확대한 작품으로 제작했습니다. 이렇게 하나의 프레임 속에 넣어놓았던 작품은 1990년대 초부터 건축적 규모로 커지게 됩니다.

BCAM에서 만난 크루거의 특별 순회 전시는 역시나 스펙터클하고 도발적이었습니다. 텍스트와 이미지로 벽과 바닥, 천장까지 온통 뒤덮어버려 마치 작품 안에 포위된 것 같았습니다. 공간에 들어선 순간 최면에 걸리고 넋이 나가는 느낌이었어요. 텍스트가 이토록 엄청난 에너지를 가지고 있구나 싶었죠. 텍스트를 써내려가는 직업을 가진 제 입장에서도 텍스트라는 존재가 다르게 보였던 순간이었답니다.

어쩌면 전형적인 사각 프레임에 갇혀 있던 크루거의 작품은 1990년대부터 그 프레임을 벗어나 말 그대로 건축적인 작품으로 바뀝니다. 워싱턴 D.C.의 허시혼 뮤지엄을 비롯해 이곳 BCAM에서도 이를 제대로 느껴볼 수 있었는데요, 이러한 규모는 크루거의 건축에 대한 끊임없는 애정에서 비롯되었습니다.

그는 수학을 잘하지 못해 건축가는 못 되었지만, 작품 속에서 이 애정을 표현 중이라고 말했습니다.

BCAM에서 만난 크루거의 도발적이고 도전적인 질문과 선언의 텍스트들은 어느 시선에서든 뚫어질 듯 대담하게 관람객을 쳐다보고 있었습니다. 작품이 주는 감정들에 오롯이 휘감기는 느낌을 받을 수 있어요. 저는 텍스트로 뒤덮인 강렬한 전시실에 들어선 순간, 그냥 바닥에 누워버릴까 싶었습니다. 제 안의 응축되어 있던 어떤 감정이 터지는 느낌이었고, 그게 마치 비상구로 탈출하는 느낌이었거든요. 행복했습니다.

크루거는 오늘날 살아있다는 게 과연 어떤 느낌인지를 단어와 이미지의 조합을 이용해 객관화 혹은 시각화해보고 싶다고 이야기했어요. 웃기고 재치있게 시각화해볼 수도 있겠지만, 단어와 문장이 불러오는 그 자체의 느낌과 표현에서 오히려 삶에 대한 의문을 자아내고 싶다고요. 그 조합은 바로 감정들에 바탕을 두고 있는데요, 그 감정들이 긍정적이기보다는 부정적이고 역겨운 감정들이라는 점은 생각해볼 문제입니다.

그가 다루는 감정들은 편견, 욕망, 오만, 탐욕, 분노, 공포, 무력함 등이에요. 그리고 이런 감정들이 파생되는 억압적인 개념들을 타파하기 위해 작품 활동을 하고 있습니다.

크루거는 일단 권력 자체에 의문을 제기합니다. 보통 갑을 관계라고 부를 수 있는 이런 일들은 우리가 인식하지 못하는 사이에 모든 사회에 스며 있으며, 사회 곳곳에서 발견됩니다. 이에 더해 크루거의 정체성이기도 한 페미니즘도 작품의 주된 주제입니다. 남자 입장에서는 생각해본 적 없던 여자의 입장과 여자의 삶의 방식을 수면 위로 올린 겁니다.

제가 특별히 마음에 들었던 주제는 엘리트주의와 자신감을 경계하는 작품들이었어요. 크루거가 이런 작업을 하는 이유는 뭘까요? 저는 예술과 인문학은 포용을 위해서 하는 것, 즉 공감을 위해 하는 것이라고 생각하는데요, 크루거의 작품 속 글을 읽으면서 누군가의 입장을 생각해볼 기회를 얻게 된 것 같습니다. 알고 있던 단어에 다른 얼굴이 있다는 것을 깨닫고 고정관념을 흔들어볼 기회도 되고요. 크루거가 원하는 것은 자기 작품을 통해 누군가의 입장에 공감해보는 겁니다. 그 때문에 나, 너와 같은 표현을 쓰면서 관람객이 저절로 상황에 대입되어 작품에 녹아들도록 하는 거고요. 그는 예술가의 역할이란 '연결'을 만드는 것이라고 했습니다. 이를 위해 일부러 공격적인 텍스트를 쓴다고 밝혔고요. 나와 사회의 연결, 남자와 여자의 연결, 갑과 을의 연결…. 여러분도 크루거의 전시실에서 그가 적어 내려간 텍스트에 휘감겨보길 바랍니다. 한번도 느껴본 적 없는 감정을 느껴보고, 고정관념에서 벗어나 '공감'을 바탕으로 한 '연결'을 느껴보기를요.

커다란 바위가 머리 위에,
마이클 하이저와 Levitated Mass(2012)

LACMA에 입장하고 퇴장하는 경로는 여러 가지가 있습니다만 제가 좋아하는 동선은 마이클 하이저의 커다란 바위 작품 아래로 지나가는 것입니다. 'Levitated Mass'라는 작품인데요, 작품 그 자체를 담백하게 표현한 제목 '부유하는 질량'답게, 무서우리만치 어마어마한 무게가 공중에 부유하듯 떠 있는 작품입니다.

하이저는 거의 50여 년 전부터 이 프로젝트를 구상했던 것 같습니다. 하지만 당시에는 집채만한 돌덩이를 운반할 방법이 없었습니다. 크레인은 부러져버리고, 예산 역시 여의치 않았으니까요. 40년이 흘러 결국 하이저는 마음에 쏙 드는 거대한 돌덩이를 다시 발견했고, 이 돌덩이는 지금 LACMA에서 우리의 머리 위를 압도하고 있습니다. 폭만 무려 7미터에, 무게는 340톤 가까이 됩니다. 하이저가 이 돌덩이를 발견하고 LACMA로 옮길 때 사용된 트럭의 크기는 축구장 만했으며, 옮겨오기까지

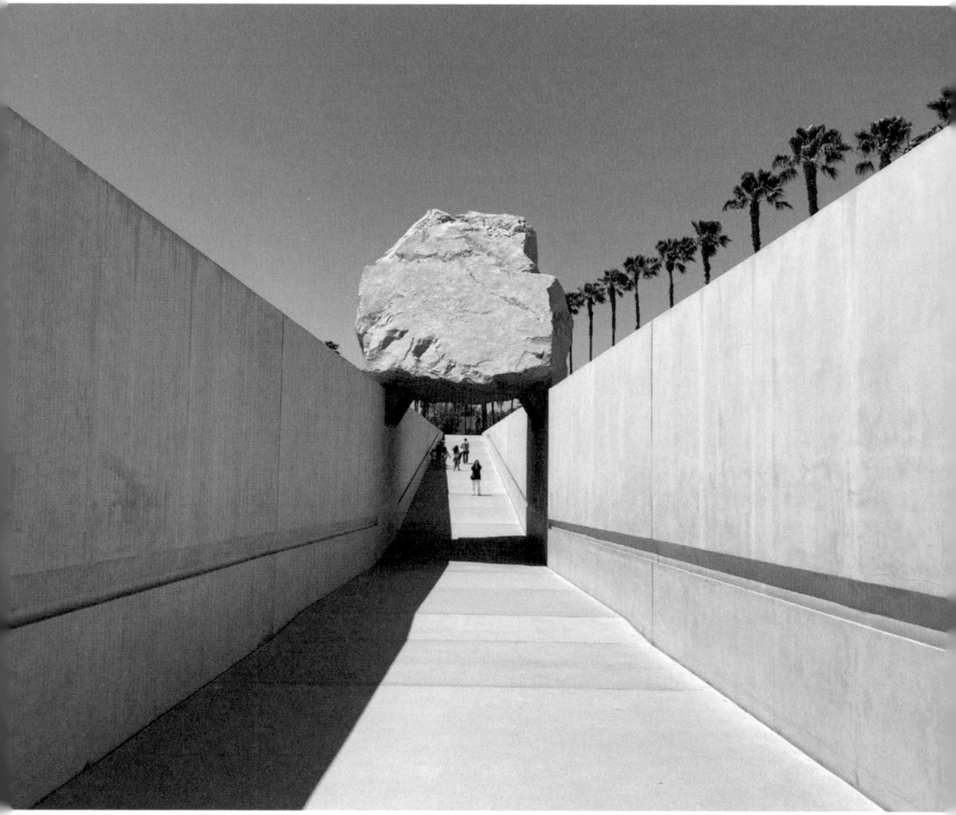

•마이클 하이저, 〈Levitated Mass〉, 2012

11일이 걸렸고, 설치에는 한 달 그리고 비용은 1천만 달러가 들었다고 합니다.

인간이 날고 뛰어도 어쩔 수 없는 것이 지구의 중력입니다. 그리고 저마다의 개념 속에 '크다'라는 기준과 '규모'라는 단어에 대한 각각의 정의를 가지고 있죠. 이 두 가지의 상식적인 개념을 모두 부숴버리는 것이 바로 하이저의 작업입니다. 그의 작품에서 또 하나 눈여겨봐야 할 건 '돌'이 가진 의미입니다. 돌은 선사시대부터 인류에게 경외의 대상이었습니다. 우리 인간들은 고인돌과 같은 커다란 돌에 종교적 의미를 부여하곤 했죠. 돌은 그 자체로 영속성을 지니는 물질입니다. 존재 자체로 '영원'을 뜻하는 것이죠. 세월이 조금만 지나도 캔버스 위에서 갈라지는 물감과는 그 시간 개념 자체가 다릅니다. 지금 개개인이 가지고 있는 온갖 고민들, 나아가서 세계가 직면하고 있는 전쟁과 바이러스 심지어 우리의 모든 문명이 끝나도 돌은 아마 그대로 있을 겁니다. 그런 이유로 돌을 재료로 예술 작업을 하는 작가들이 많지요. LACMA에서 종교의 상징처럼 자리하고 있는 이 돌도 무려 1억 5천만 년의 나이를 먹은 물체입니다.

저는 여러 예술가의 인터뷰에서 자신의 작품이 화석이 될 때까지 지속되길 바라는 예술가를 많이 보았습니다. 인간의 삶은

유한합니다. 스스로의 삶이 끝나도 자신의 존재감을 영원히 보존하고 싶은 것은 예술가 그리고 인간의 기본적인 욕망일 텐데요, 하이저 역시 이 작품의 지속 기간을 3,500년으로 책정하고 있습니다. 그날이 궁금하네요. 3,500년 후 작품의 모습이요. 아주 큰 변화는 없을 것 같아요. 사람은 당장 자신의 35년 후도 알기 힘든데 3,500년이라니요. 삶이란 얼마나 덧없는 것인가요. 그리고 예술의 힘이란 얼마나 웅장한가요. 다시 한번 전율이 오는군요.

가로등이 '팝하게' 빛나는 순간,
크리스 버든과 Urban Light(2008)

LACMA에서 관람객을 반기는 작품 중 가장 SNS에 최적화된 작품은 크리스 버든Chris Burden. 1946~의 'Urban Light'일 겁니다. 낮이건 밤이건 그 앞엔 인증샷을 찍으려는 분들이 늘어서 있어요. 2008년에 설치된 이 작품은 캘리포니아 남부의 100년 전 가로등을 복원한 작품으로, 202개에 달하는 가로등이 설치되어 있습니다. 버든은 가로등을 계속해서 수집하면서 전시할 공간을 찾았습니다. 그러나 규모와 예산 때문에 마땅한 장소를 발견하기 어렵다가 우여곡절 끝에 LACMA에 설치하게 된 거예요. 〈로스앤젤레스 타임

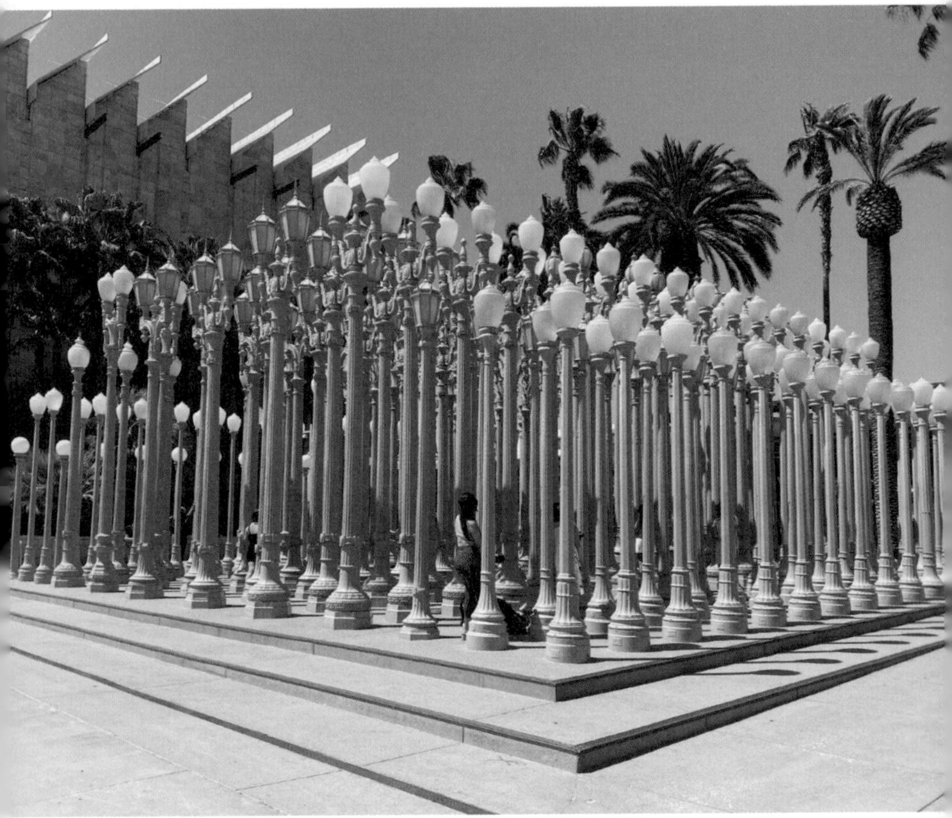

• 크리스 버든, 〈Urban Light〉, 2008

즈〉의 평론가는 이 작품을 가리켜 '팝의 사원'이라고 표현했습니다. 맞습니다. 정말 사원을 거니는 느낌이에요. 언뜻 종교적인 공간인듯 하지만 엄숙하거나 고요하지 않고, 팝하게요! 이런 찰떡같은 표현이라니, 저절로 고개가 끄덕여집니다.

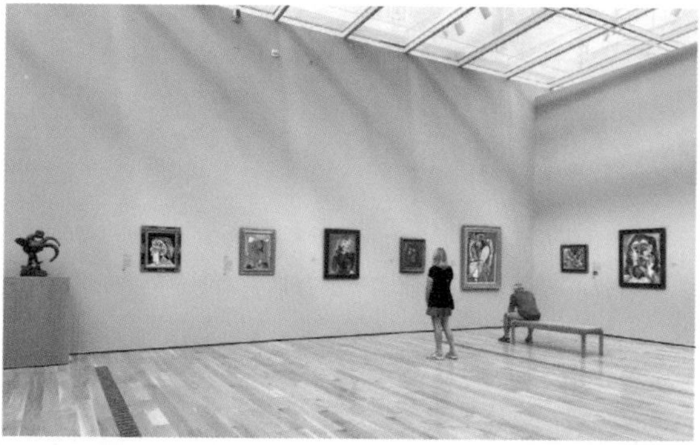

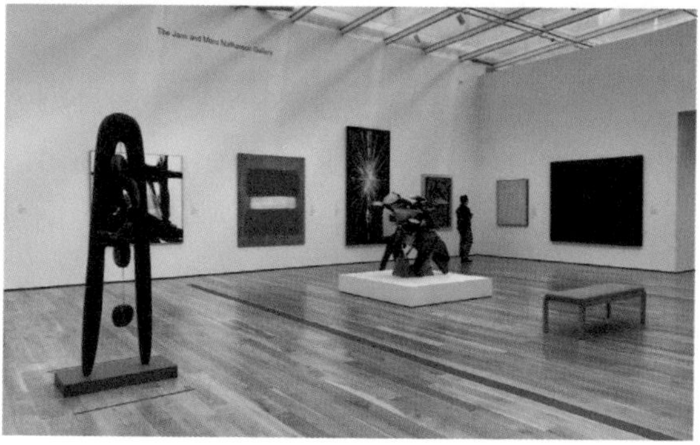

•LACMA 전시실 전경

그리고 반드시 가봐야 할 미국 뮤지엄

시카고 뮤지엄(The Art Institute Of Chicago) 1879년에 설립된 미국에서 가장 규모가 큰 뮤지엄 중 하나다. 2009년에는 렌초 피아노의 건축으로 대대적으로 확장해 모던 윙을 새롭게 개관했다. 20세기 미술을 대표하는 작품 에드워드 호퍼의 'Nighthawks'와 그랜트 우드의 'American Gothic'이 전시되어 있어, 이 두 작품을 보기 위해서라도 방문할 가치가 있다. 또한 미국을 대표하는 미술가 조지아 오키프의 작품을 대규모로 소장해 뮤지엄 애호가의 가슴을 뛰게 하는 곳이다.

보스턴 뮤지엄(Museum of Fine Arts, Boston) 1870년에 설립되어 오랜 역사를 자랑하는 미국의 대표 뮤지엄. 1915년에 미국 고무 사업 재벌의 미망인 마리 앙투아네트 에반스 헌트가 전액 후원하여 지금의 위치에 에반스 윙을 포함해 개관했다. 1981년에는 건축가 아이엠페이의 디자인으로 웨스트 윙(현재는 '린드 패밀리 윙')이 개관한다. 대외적으론 다른 뮤지엄에 대여할 만큼 상징적인 인상파 컬렉션을 소장하고 있으며, 세계 최대 규모(일본 제외)의 일본 예술 소장품 목록을 자랑하고 있다.

이저벨라 스튜어트 가드너 뮤지엄(Isabella Stewart Gardner Museum)

보스턴 부호의 딸로 태어난 이저벨라 스튜어트 가드너가 설립한 뮤지엄. 첫아들을 잃고 아끼는 주변인들의 죽음마저 연달아 겪으며 깊은 우울증을 앓던 가드너는 남편 잭 가드너와 유럽으로 여행을 떠나며 살아갈 희망을 얻고, 예술품 컬렉션의 꿈을 키운다.

백만 달러가 넘는 유산을 물려받은 후 본격적으로 컬렉션을 시작해 보티첼리와 벨라스케스 등 유럽 회화와 태피스트리를 주요하게 소장한다. 남편 사망 후에 르네상스 베니스 궁전 스타일의 뮤지엄을 짓고, 이곳에 미국 최초의 거대 온실 정원을 만들었다. 1903년에 개관한 이저벨라 스튜어트 가드너 뮤지엄은 열정적인 여행가, 예술 후원자였던 그의 삶을 증명하는 곳이기도 하다.

샌프란시스코 현대미술관
(San Francisco Museum of Modern Art, SFMOMA)

20세기 현대 미술을 선보이는 미서부 최초의 뮤지엄. 1935년 앨버트 벤더의 1,100점에 달하는 소장품 기증으로 시작했다. 성공한 이민자였던 앨버트 벤더는 당시 프리다 칼로와 디에고 리베라를 후원한 최초의 미국인이었다. 설립 60주년을 맞이해 세계적인 건축가 마리오 보타의 디자인으로 1995년 확장 개관했다. 2009년에 의류 브랜드 '갭'의 창업자이자 세계 10대 아트 컬렉터이기도 했던 도널드 피셔의 소장품을 인수하게 되면서 세계적인 현대미술 컬렉션을 갖추게 된다. 피셔는 당초 자신의 뮤지엄을 지을 계획이었지만, 여러 반대에 부딪힌 후 소장품을 전부 샌프란시스코 현대미술관에 기증한다. 이는 뮤지엄의 예산으로는 넘볼 수 없는 수조 원에 달하는 컬렉션이었으며 게르하르트 리히터, 윌렘 드 쿠닝, 앤디 워홀, 로버트 라우센버그, 잭슨 폴록, 사이 톰블리, 엘스워스 켈리 등 현대미술계의 수퍼스타 작품을 총 망라하고 있다.

비즈카야 뮤지엄 앤드 가든(Vizcaya Museum and Gardens)

마이애미에서 무조건 방문해야 할 뮤지엄. 미국 농업계 거물이었던 제임스 디어링이 1916년부터 애정을 가지고 10년간 가꾸었던 화려하고 아름다운 겨울 별장이다. 100여 년 전 당시에 발전기, 전화, 난방, 엘리베이터까지 갖추었던 최첨단 주거지로, 이탈리아 르네상스 시대로 돌아간 듯 압도적인 호사스러움을 자랑한다.

SNS 인증샷의 성지가 될 정도로 별장 곳곳이 영화 속 한 장면 같다. 독보적인 아름다움 덕에 국빈 영접이나 정상회담 장소로도 애용되던 곳이다. 현재는 국립 유적지로 등록되어 있다.

자녀가 없었던 디어링은 모든 예술 작품을 자신의 이복형인 찰스 디어링의 자녀들에게 남겼는데, 찰스 디어링과 그 딸들은 시카고 뮤지엄의 가장 중요한 후원자들이기도 했다.

이미지 출처

한 번쯤, 뮤지엄

제1판 제1쇄 발행일 2024년 9월 20일

박소영 지음

펴낸이·곽혜영 | 편집·김단희, 박철주 | 디자인·소미화 | 마케팅·권상국 | 관리·김경숙
펴낸곳·도서출판 산하 | 등록번호·제2020-000017호
주소·03385 서울특별시 은평구 연서로26길 27, 대한민국
전화·02-730-2680(대표) | 팩스·02-730-2687
홈페이지·www.sanha.co.kr | 전자우편·sanha0501@naver.com

ISBN 978-89-7650-617-7 03600